LACENAIRE

Paris, — Typographie et Lithographie LACOUR, rue Soufflot, 18.

LACENAIRE

SES CRIMES, SON PROCÈS ET SA MORT

SUIVIS DE SES POÉSIES ET CHANSONS

ET DE DOCUMENTS AUTHENTIQUES ET INÉDITS

RECUEILLIS PAR

VICTOR COCHINAT

PARIS
JULES LAISNÉ, LIBRAIRE-ÉDITEUR
PASSAGE VÉRO-DODAT

1857

A MES CAMARADES

DE LA

DISTRACTION.

La DISTRACTION est le nom d'une maison de campagne, située aux environs de Saint-Pierre-Martinique, dans un paysage plein de soleil et d'une végétation luxuriante. Là se réunissent chaque jour un grand nombre de ceux qui ont été, en d'autres temps, les compagnons de lutte et de plaisirs de l'auteur de ces pages ; et comme les habitués de ce cercle champêtre, ou plutôt de cette *flâne*, — pour me servir de l'expression même du pays, — sont grands amateurs de contes et d'histoires, ainsi que tous les méridionaux, l'ami qui combat loin d'eux, dans la bataille de la vie, leur envoie ces récits fugitifs qui serviront à alimenter le bivouac des *Trois-Ponts* à l'heure où les flâneurs se couchent dans les ravines, aux revers des grands mornes, ou sous les parasols que forment les bananiers, aux feuilles de satin vert.

Victor COCHINAT.

PRÉFACE

Au moment où ce petit volume va paraître, nous sentons le besoin de protester contre une intention qui nous a été prêtée, lors de la publication de ces pages dans le journal *le Figaro*.

On a prétendu que nous avions répandu sur le criminel dont nous avons raconté la vie un intérêt nuisible, et que Lacenaire se trouvait *poétisé* dans le cours de notre récit.

Certes les gens qui nous ont fait ce reproche ont tenu peu de compte de tous les passages de notre travail où Lacenaire est flétri ainsi qu'il le mérite, et ils n'ont pas pensé à une chose, c'est que si quelque prestige a suivi durant son procès et après sa mort un pareil homme, la faute en a été aux dames, aux avocats et aux journalistes de son temps, qui l'ont aidé de toutes leurs forces à élever le piédestal sur lequel il a tant posé devant la Cour d'assises.

Nous avons cherché au contraire à réagir contre ce travers d'une autre époque, et nous allions le faire plus énergiquement encore aujourd'hui, lorsque nous avons eu la bonne fortune de lire un article de M. Léon Gozlan, inséré en janvier 1836 dans la *Revue de Paris*.

Jamais document n'a mieux exprimé nos propres pensées sur un homme, que ne l'a fait celui qui est sorti de la plume brillante de l'auteur des *Tourelles*, et comme nous désespérons de dire plus juste que lui, nous consignons purement et simplement en guise de préface au commencement de ce livre, les réflexions pleines de sens que l'engouement public a inspirées au spirituel écrivain.

Voici ce que, dans sa haute raison, il disait à propos de Lacenaire. Il est impossible de prémunir plus complétement les lecteurs que M. Gozlan ne le fait contre les piéges où les grands sentiments du criminel pourraient les jeter :

« Par une comparaison dont nous voudrions adoucir les angles, nous croyons qu'il existe, dans l'échelle des êtres créés, des hommes d'élite, comme il y a des métaux, des plantes, des pierres, des arbres, des animaux d'élite, c'est-à-dire, pour compléter toute notre pensée, qu'il y a, selon nous, des hommes imparfaits, à côté d'animaux imparfaits, des hyènes et des Lacenaire. On ne doit pas s'effrayer de cela, le monde étant toujours assez vigoureux pour rejeter ce qui ne s'assimile pas à lui.

« Tout animal qui n'est pas doué d'un instinct propre à se plier aux conditions d'une existence privée doit être notre ennemi, comme nous devons être le sien ; c'est au plus fort. Le tigre refuse de ramper à nos pieds comme le chien ; qu'il meure, il nous dévorerait. S'il est un homme qui ne consente pas à partager avec nous le fardeau des gênes sociales, la contrainte salutaire des lois, le poids de la famille, que celui-là meure encore, car il nous tuerait. La société ou la mort. « J'ai demandé à Lacenaire, dit quelqu'un, pourquoi il n'avait pas eu l'idée de s'engager dans un régiment. — C'est parce que je ne sais pas obéir, » me répondit-il. Notre apparente dureté ne blessera personne : nous n'employons ici, et nous n'emploierons jamais le mot de mort que comme l'équivalent d'anéantissement, disparition, absence. S'il était un moyen de balayer pour toujours un criminel de la surface de la terre ou du milieu des hommes, sans lui ôter la vie, c'est ce moyen que nous conseillerions d'adopter, de préférence à tout autre. La peine de mort ne peut paraître juste que parce qu'elle est absolue. Elle conclut. C'est la plus géométrique de toutes les punitions. On voit qu'avec nous la loi calcule et ne se venge pas. »

. . . .

PRÉFACE.

« S'il avait eu de l'esprit, il n'aurait été que plus coupable. Est-ce que l'esprit n'est pas la raison perfectionnée ? S'il avait eu de l'esprit, il aurait été prudent. Il aurait prévu qu'on ne commet pas deux meurtres dans la société sans payer le premier du repos de sa conscience, et le second de sa tête, deux supplices, dont le premier est le plus cruel quand on a de l'esprit. Profanation ! on a appelé cet homme poète ! La poésie ! cette exaltation qui fait d'un mortel un Dieu ! la poésie ! c'est-à-dire une fraternité sainte avec les anges ! la poésie ! cette abnégation de la terre, de la fortune, de tout, à celui qui arrache un cœur tout vivant de la poitrine d'un homme, et va s'asseoir, une heure après, aux Variétés, et s'essuie les doigts sur le velours des banquettes ! Je défie un poète d'arracher une aile à un papillon ! »

. . . .

« Les avocats du barreau de Paris ont peut-être à se reprocher l'importance inusitée qu'on a donnée à cette affaire, hors des limites de la Cour d'assises, d'où, sans eux, elle ne serait pas sortie. On a interprété à l'avantage de Lacenaire, et presque en faveur de son innocence, les témoignages publics d'admiration qui lui ont été prodigués durant les débats, qu'il a, pour ainsi dire, dirigés lui-même, par une inexplicable complaisance du président, subjugué, il paraît, comme le reste du barreau. Sans doute l'admiration est un sentiment louable, et nous ne blâmons pas absolument les avocats d'avoir saisi, en dehors de leurs habitudes, une occasion de la faire éclater, sans s'arrêter à la cause plus ou moins légitime de cette admiration. Quand l'éloquence, ou ce qu'on croit l'éloquence, se montre là où la modestie des locataires ne veut pas la considérer comme une habituée du logis, il y aurait de la dureté à ne pas permettre qu'on lui fît bon accueil. On doit des égards aux étrangers.

« De cette effusion admirative est résultée au dehors l'opinion que Lacenaire était aussi, lui, un fameux légiste, un superbe parleur, un président de cour d'assises honoraire. Et de bonnes gens ont dit : « Puisque cet homme fait des vers magnifiques, et qu'il parle comme un avocat, ce n'est pas un homme ordinaire. » Trois jours après sa condamnation, il était un demi-dieu pour la rue. Les chiffonniers hochaient la tête d'incrédulité lorsqu'on leur annonçait la mort prochaine de Lacenaire. « Il a trop d'esprit pour ça, » disaient-ils ! On le voit, déjà l'impartialité de la loi était mise en doute par le gros peuple qui, à force d'entendre parler de l'esprit de cet homme, et jamais de son crime, s'imaginait qu'on allait être absous désormais de tout crime par l'esprit seul sans l'innocence.

« Quant aux résultats produits dans les prisons par la jactance de Lacenaire, ils sont irréparables : le mal est fait. Lacenaire est un dieu pour Poissy, pour Rochefort, pour Brest et pour Bicêtre. Il a élévé la guillotine au niveau de la gloire. Lacenaire est un saint, sa légende est dans la *Gazette des Tribunaux*, ce martyrologe édifiant de tous les scélérats de la terre. Son nom, au moment où j'écris, se pique, se tatoue avec du sang sur les bras, sur les poitrines des hôtes de Poissy. On l'invoque tout bas; on s'encourage de son souvenir; on se raffermit par son exemple. Vienne le jour où la Cour d'assises ouvrira ses portes à quelque nouveau criminel spirituel, il aura pour surnom Lacenaire; il aura fait partie d'une affiliation appelée Lacenaire. Merci aux avocats! Cet homme est immortel. Il a dit quelque part : « Le jour où je serai exécuté, il gèlera. » S'il eût gelé, Lacenaire eût été non seulement un rédempteur prophétique pour les bagnes, mais encore pour la moitié du faubourg Saint-Marceau. Mais le jour de son exécution, il y eut dégel, et Lacenaire ne sera pas dieu. Ce ne sera qu'un saint, être faillible à quelque degré. Merci aux avocats! »

LACENAIRE

CHAPITRE PREMIER.

Le voyageur.

Vers le milieu du mois de janvier 1835, un voyageur élégamment vêtu, et de passage à Beaune, était amené d'urgence devant le juge d'instruction, afin de s'expliquer sur une escroquerie qu'on l'accusait d'avoir commise dans la ville.

Cet individu, qui prétendait s'appeler *Jacob Lévi*, et auquel on reprochait aussi de s'être affublé de ce faux nom, après avoir protesté vivement contre ces deux accusations, dans un langage correct, facile et précis, avait presque réussi à convaincre le magistrat de son innocence et de son identité, et il était sur le point d'être mis en liberté, lorsque le procureur du roi, désirant se renseigner davantage sur son compte, ordonna son arrestation par mesure de précaution.

Quelques jours après, le chef du parquet de Beaune apprenait, non sans étonnement, que son prisonnier de hasard n'était autre que le fameux Lacenaire, auteur, entre autres crimes, d'un double assassinat commis tout récemment au passage du *Cheval-Rouge*, à Paris, sur un nommé Chardon et sur sa mère, vieille femme presque septuagénaire.

On sait quel retentissement eut dans la France entière le procès de Lacenaire, et quelle sensation y firent le cynisme tranquille, l'orgueil démesuré et les théories froidement sanguinaires de ce malfaiteur, qui versait le sang, pour ainsi dire, *sans haine et sans crainte*.

Il se révéla aux Parisiens étonnés comme un spéculateur aux yeux duquel un meurtre n'était qu'une *affaire*, comme un homme qui apportait dans la conception et le calcul des chances d'un assassinat le sang-froid d'un banquier, et dans son exécution, le calme d'un chirurgien éprouvé.

Il fit frémir les uns, passionna les autres, et se fit, — ô misère! — des admirateurs enthousiastes! — Il reçut des visiteurs empressés jusqu'à l'importunité! et, — qui le croirait! — des billets parfumés et sympathiques de quelques dames du monde.

Pendant plus de deux mois, cet homme gorgé de sang absorba l'attention, l'émotion et la curiosité de la grande ville. Paris ne parla et ne voulut entendre parler que de ce Lacenaire, qui est resté dans l'imagination populaire comme le type du scélérat poli, méthodique et lettré.

C'est la vie de ce criminel célèbre, avec ses épisodes ignorés et ses crimes restés dans l'ombre; c'est son existence agitée et sa mort si controversée que nous nous proposons de raconter dans ce livre.

CHAPITRE II.

La famille d'un criminel.— Stérilité et fécondité malheureuse.

Pierre-François Lacenaire naquit, en 1800, à Francheville, village situé aux environs de Lyon, et fut le quatrième enfant d'un homme déjà vieux.

Son père, originaire de la Franche-Comté, et l'aîné d'une famille de cultivateurs, avait été pris en amitié par son curé et le seigneur de son village. Grâce à leur double protection, il reçut du premier des leçons de lecture, d'écriture, de calcul et d'orthographe, et du second, quelques lettres de recommandation pour des personnes de Lyon.

Avec ce léger bagage intellectuel, une santé de fer et une bourse contenant trente écus, le jeune campagnard vint en 1765, à l'âge de vingt ans, chercher fortune dans cette ville, et ne tarda pas à entrer chez MM. Albert frères, marchands de fer en gros.

Après une dizaine d'années d'efforts persévérants, le jeune commis gravit toute l'échelle des emplois subalternes, et arriva à la position d'associé dans la maison où il était entré presque comme garçon de magasin.

Dur, inflexible et impérieux envers tout le monde, il était, par contre, humble, souple, et même servile envers les nobles et les prêtres, auxquels, par reconnaissance, il avait voué un amour sans bornes et un dévoûment fanatique.

Il occupa, pendant vingt ans, la position d'associé dans la maison des frères Albert, et, en 1792, sa fortune étant faite, il songea à un autre étab'issement.

Il avait alors quarante-huit ans, et non-seulement il était encore célibataire, mais on n'avait jamais connu aucune liaison, même la plus passagère, à cet homme, dont la rudesse et l'âpreté effarouchaient les tendres affections.

Il y avait alors à Lyon une veuve que de grands malheurs venaient de frapper. Son mari, peintre distingué, après s'être ruiné au jeu, avait échappé au remords par le suicide, laissant dans la misère sa femme et quatre enfants.

Afin de nourrir sa famille, la pauvre veuve avait pris chez elle des pensionnaires ; mais comme l'aîné de ses enfants était une jeune fille d'une rare beauté, qu'elle élevait avec une chasteté ombrageuse, elle ne s'attachait à recevoir chez elle que des hôtes graves et austères.

Les pleurs de sa mère, dont elle était le discret témoin, les silencieuses angoisses que la misère mettait dans le ménage, avaient imprimé à l'esprit de cette pauvre enfant une teinte sérieuse, et à sa physionomie ce cachet de résignation souffrante et de grâce mélancolique qui pénètre les cœurs les plus durs. Sa beauté était la seule chose qui ne fût pas monotone et froide dans cette maison, où elle répandait le parfum de sa jeunesse, comme ces fleurs qui s'entr'ouvrent à l'ombre des vieux murs et embaument les cours des maisons en ruine.

Douce et pudique, pieuse et dévouée, elle promettait de faire une femme parfaite. M. Lacenaire l'avait vue se développer sous ses yeux, dans toute sa pureté, jusqu'à l'âge de dix-huit ans, et bientôt, pour elle, l'amour succéda à l'estime dans son cœur jusqu'alors fermé.

Pourtant, il hésita longtemps à la demander en mariage, non pas, comme on pourrait le croire, à cause de l'inégalité de fortune qui existait entre eux : cette circonstance lui était indifférente ; mais à cause de l'effrayante disproportion d'âge qui semblait s'opposer à cette alliance.

L'amour sans argent opère déjà des prodiges, jugez donc de ce qu'il peut faire lorsqu'il est aidé de la fortune ! Aussi, entre cet homme mûr et riche et cette belle fille pauvre, un mariage fut-il conclu sans difficulté.

. Mais, hélas ! dès les premières années de cette union, madame Lacenaire commença à entrevoir les chagrins qu'elle avait appelés sur sa tête, en unissant sa destinée à celle d'un homme aussi sauvage et aussi sombre que l'était son mari.

Il était devenu très jaloux, et pour lui complaire, la jeune femme s'était séquestrée du monde. Elle pleurait sa jeunesse dans un isolement qui lui pesait d'autant plus, qu'aucun enfant n'en était venu rompre le silence.

On était en 1797, M. Lacenaire avait toujours continué

le commerce des fers. Un ordre de choses qu'il détestait avait enfin prévalu en France, et le calme venait d'y renaître après les orages de la politique. Se voyant sans enfant, et ayant perdu l'espoir d'en avoir, après cinq années de mariage, le négociant quitta les affaires avec une fortune de plus de cinq cents mille francs, et acheta à Francheville une superbe propriété, où il se retira avec sa femme.

Cependant, un an après avoir quitté Lyon, madame Lacenaire, qui se croyait à jamais stérile, devint enceinte et accoucha d'un fils, dont la naissance fut accueillie comme une véritable faveur de la Providence. Elle concentra sur lui toutes ses affections. Bientôt après, une fille vint augmenter la famille, et fut reçue avec moins de joie que l'aîné. Elle mourut à dix-sept ans.

A peine ces deux enfants étaient-ils sevrés qu'une seconde fille vint au monde, et le couple Lacenaire, qui avait si longtemps désespéré d'avoir un héritier, vit, encore après, un autre garçon venir augmenter les charges de leur ménage. — Ce quatrième enfant était celui qui devait devenir si célèbre dans les annales du crime.

Voici le portrait que, dans ses Mémoires, Lacenaire a tracé de lui-même, *tel qu'il est sorti des mains de la nature:*

« Quant au physique, j'avais un corps grêle et délicat en apparence, comme encore aujourd'hui (1835); quoique j'aie toujours été d'une constitution robuste, je crois qu'il y a bien peu de personnes plus maigres que moi; mais, comme pour donner un démenti à cette chétive construction, je n'ai jamais été malade de ma vie. J'étais très coloré dans ma jeunesse ; je pense même, sans avoir été précisément beau garçon, que j'avais une physionomie assez remarquable. J'avais de fort beaux cheveux, quoique clair-semés. S'ils ont blanchi avant le temps ordinaire, c'est plutôt à l'étude et à une réflexion continuelle qu'il faut l'attribuer, qu'aux malheurs et aux chagrins, qui ont eu peu de prise sur mon âme, aussitôt que je l'ai voulu.

« Il semble que la nature se soit fait un jeu cruel de rassembler en moi tous les dons les plus précieux pour me faire parvenir *à ce que le monde appelle* le comble de l'infamie *et du malheur.* J'étais né avec toutes les qualités qui peuvent faire le bonheur de l'individu et l'ornement de la société. *Est-ce ma faute si j'ai été obligé de les fouler aux pieds moi-même?* J'avais un cœur délicat et sensible! Porté à la reconnaissance et aux plus tendres affections, j'aurais voulu voir tout le monde heureux autour de moi. Rien ne me paraissait si doux et si digne d'envie que d'être aimé. La vue du chagrin d'autrui m'arrachait des larmes. Je me souviens, à l'âge de sept ans, d'avoir pleuré en lisant la fable des *Deux Pigeons.* Je devinais à cet âge, étant seul et isolé, quel sentiment c'était que l'amitié. Mon esprit vif et pénétrant eût fait de moi un homme plus brillant que solide, si les injustices dont j'ai été l'objet au sein de ma famille ne m'eussent pour ainsi dire forcé de me replier en moi-même, de chercher mes jouissances dans mon propre cœur et de me dépouiller d'une sensibilité que je dus regarder comme un présent funeste et dont la nature ne dotait que ceux dont elle avait résolu le malheur. »

La naissance de Lacenaire, loin de plaire à son père et à sa mère, les aurait, au contraire, si on l'en croit, remplis de tristesse; on eut hâte de se débarrasser de lui, comme d'un hôte importun, et il fut confié aux soins d'une nourrice, dont le souvenir lui fut toujours cher, même à l'époque où il se souillait de crimes.

La fortune, si souvent accusée d'inconstance, d'injustice et d'aveuglement, est parfois railleuse et cruelle envers ses favoris!

Le fatal enfant dont nous venons de parler n'allait point mettre un terme à l'accroissement de sa famille, car, après sa venue, neuf autres grossesses laborieuses et pénibles devaient porter madame Lacenaire à regretter sa stérilité première, et lui faire maudire sa fécondité présente.

De ces treize enfants, il ne restait plus que six : le fils aîné, quatre filles, et celui qui nous occupe.

Madame Lacenaire, croyant sans doute qu'elle n'aurait jamais qu'un seul enfant, avait porté sur un seul toute la somme d'affection que renfermait son cœur. Le père avait imité sa femme sur ce point, et sa sévérité naturelle y aidant, le cadet, par suite des injustes préférences de sa famille pour son frère aîné et du peu d'amitié qu'on lui montrait, devint un enfant jaloux, maussade et dissimulé. Très intelligent d'ailleurs, et d'une nature supérieure à celle de son aîné, qui était d'une nullité complète, comme beaucoup d'enfants gâtés, il vit clairement qu'il était venu intempestivement dans la maison, et dès lors les mauvais sentiments commencèrent à germer dans son cœur. Il se replia donc sur lui-même, et alla chercher ailleurs que dans la robe de sa mère un refuge à ses petits chagrins d'enfant.

Il lisait tous les livres qui se trouvaient à sa portée et fréquentait assidûment, sans y être contraint, la maison du maître d'école du village.

Après avoir passé son enfance tout entière à Francheville, il fut emmené à Lyon par son père, qui, pour mettre sa fortune en rapport avec l'accroissement de sa famille, était revenu s'y établir et entreprendre le commerce des soieries, branche d'industrie toute nouvelle pour lui.

L'enfant fut d'abord placé, avec son frère comme externe dans une institution dont les élèves suivaient les cours du lycée de Lyon, mais bientôt on l'en retira pour l'envoyer au collége de Saint-Chamond, à douze lieues de la ville. Le petit Lacenaire partit avec joie de la maison paternelle, où il ne trouvait qu'indifférence et rigueurs. Il fit de rapides progrès et remporta quatre prix à la fin de l'année. Mais ces succès ne causèrent pas à l'élève autant de joie qu'on serait disposé à le croire, car le jour de la distribution des prix, aucun de ses parents ne fut présent à son triomphe.

Suivant l'usage, le jeune lauréat alla passer les vacances dans sa famille, précédé de renseignements favorables sur sa conduite et de preuves évidentes de son application au travail. M. Lacenaire le reçut très bien, quoiqu'en moralisant toujours, ainsi qu'un père de comédie. Sa mère semblait s'être dépouillée de ses préventions contre lui; elle l'embrassa en versant des larmes, le pressa sur son sein et le couvrit de mille baisers.

L'enfant joignit ses larmes aux siennes, sans articuler un seul mot, tant la joie l'étouffait.

« Il est certain, dit Lacenaire, que si ma mère m'eût continué ces marques de tendresse, elle eût changé son existence et la mienne. »

Il faut pourtant dire la vérité; le fils, une fois ces premières effusions passées, conserva à l'égard de sa mère la froide réserve, la taciturnité et la raideur que ses premières injustices lui avaient inspirées. Peut-être quelques marques d'amour filial lui eussent-elles ramené dès ce jour le cœur maternel, mais il ne l'essaya même pas, et, le lendemain de son arrivée, tout rentra dans l'ordre accoutumé.

C'est à partir de ce moment que les torts furent de son côté et y restèrent malheureusement toujours.

Après deux autres années de séjour à Saint-Chamond, l'élève fut renvoyé de ce collége pour avoir médit de la religion catholique et fait l'éloge du protestantisme.

CHAPITRE III.

Révolte au collége. — La liste des conjurés et la table des proscriptions. — Première communion. — La Prédiction.

A sa sortie, il fut placé au séminaire d'Alix, à quelques lieues de Lyon. C'était un triste séjour que celui de cet établissement. A l'exception de M. Reffay de Lusignan, un des professeurs, tout le personnel enseignant était d'une sévérité outrée et d'un rigorisme ridicule. Les élèves étaient *cafards* et s'espionnaient les uns les autres au profit des supérieurs. Le collégien de Saint-Chamond ne tarda pas à prendre cette maison en horreur et à faire tout son possible pour en être chassé ; il n'y réussit que trop. On le renvoya alors au lycée de Lyon.

Il s'y trouvait à peine depuis deux mois qu'une révolte y éclata. On était alors en 1815. L'Empereur s'échappait de l'île d'Elbe et marchait sur Paris.

Les provinces placées sur sa route étaient dans une agitation extrême, et la fermentation descendait pour ainsi dire de la tête des hommes à celle des enfants. Les collégiens de Lyon se soulevèrent et crièrent : *Vive la République!*

Contrairement à ce qui se passe dans le monde, les chefs de ces conspirateurs imberbes se compromirent plus que les simples soldats, et furent tous renvoyés. On se réserva d'en finir avec les autres quelques jours après.

Lacenaire n'avait pas trempé dans cette insurrection universitaire ; car, en dépit de Tite-Live et de Démosthène, il n'a jamais eu de goût pour la république, fût-elle grecque ou romaine. Mais comme les principaux agents de la révolte l'avaient porté sur une « *liste des conjurés*, » qu'ils s'étaient crus obligés de faire pour obéir aux saines traditions classiques, et comme de tout temps cette fameuse liste, si inutile entre gens qui se connaissent, n'a jamais été composée que pour tomber *aux mains du tyran*, dans le quatrième acte des tragédies, celle des lycéens se trouva naturellement au pouvoir du proviseur. A son tour, ce fonctionnaire dressa *sa table de proscription*, et expédia l'ex-séminariste à sa famille par une des premières fournées qui eut lieu. Quand on reconnut l'innocence de l'expulsé, on ne voulut jamais, malgré les démarches persistantes de son père, le réintégrer au lycée qu'en qualité d'externe.

Cette injustice fut commise à l'instigation d'un maître d'études, affligé d'un vice infâme, que Lacenaire avait surpris en flagrant délit d'attentat aux mœurs.

Devenu externe, l'élève se livra avec passion à la pratique de l'école buissonnière, et forma, avec une douzaine de gaillards de son âge, un cercle ambulant dont les séances se tenaient dans les petits cafés borgnes de la ville ou dans les auberges situées le long des *saulées* de la Saône. Ce genre de vie coûtait cher à mener, et le jeune Lacenaire, qui soupçonnait à peine à Saint-Chamond et à Alix de quelle utilité pouvait être l'argent, ressentit tout d'un coup un grand besoin d'en avoir. Ce n'était pas chose facile! Il songea tout d'abord, pour se tirer d'affaire, à la première opération qui vient en tête au collégien ayant des passions à satisfaire, et résolut de tirer parti de ses livres classiques. Il commença timidement par négocier son *Jardin des racines grecques*; mais en ayant tiré peu de fruit, comme dirait un vaudevilliste, il livra à la circulation une collection de dictionnaires grecs et latins, et plusieurs autres livres.

Son escarcelle se remplit au moyen de ces spéculations de librairie fréquemment renouvelées; mais toute chose a une fin, surtout la bibliothèque d'un lycéen, et l'élève se trouva encore au dépourvu. Ce fut alors qu'il forma avec son frère aîné une association dont le but était l'exploitation de l'armoire de leur mère. Madame Lacenaire y plaçait l'argent que son mari lui donnait pour subvenir aux dépenses du ménage ; mais les sommes diminuaient si rapidement, que, pour les soustraire aux tentatives de son second fils, — qu'elle soupçonnait à tort, — elle avait placé sa clef dans un endroit connu d'elle seule, et confié à son favori ses soupçons et le secret de cette cachette. Ce qu'il y avait de comique dans la conduite de la pauvre femme, c'est que ce n'était point le cadet, mais au contraire l'aîné de ses enfants, son préféré, qui la dévalisait.

Ne pouvant plus voler par lui-même, l'hypocrite voulut déterminer son frère à retirer, comme un autre Raton, les écus de l'armoire. Il lui indiqua la place où se trouvait la clef du trésor, et il fut convenu que, pendant que l'un volerait, l'autre cajolerait la mère dans une autre pièce de l'appartement.

— Et combien faudra-t-il prendre chaque fois, demanda l'initié ?...

— C'est selon, dit l'aîné : quand je dirai à maman : Embrasse-moi vingt fois, trente fois, soixante fois, tu prendras vingt, trente, soixante francs...

— C'est bien.

Ce qui était convenu fut exécuté avec un aplomb, une adresse et une précision dignes des industriels les plus adroits. Ils perfectionnèrent leurs moyens d'exécution, inventèrent des combinaisons, des signes et un argot tout particulier pour s'entendre, et ils furent d'accord en effet jusqu'au jour où, pour un louis, ils se disputèrent et rompirent la société.

Ce fut précisément pendant cette époque de dissipation et à cette heure où les défauts de l'adolescent se changeaient en vices, qu'on songea à lui faire faire sa première communion. Ce n'était pas chose facile, car l'externe, esprit fort, regardait comme *une corvée* l'accomplissement de cet acte. Aussi, lorsque, la veille de communier, son confesseur, voyant, au degré de son instruction religieuse et à ses allures, qu'il n'était pas préparé à recevoir le divin Sacrement, l'engagea à ajourner cette cérémonie, le pénitent lui répondit avec une bonhomie assez narquoise : — « Oh ! mon père, dans dix ans je ne serai pas mieux préparé que maintenant. » — Le prêtre était un homme simple et pieux ; il ne comprit pas le sens double et malicieux de cette réponse, et donna l'absolution au communiant, lequel se rendit immédiatement... au spectacle.

Talma jouait, ce soir-là, à Lyon, ce rôle de Manlius, qui est resté une de ses plus belles créations, et le collégien, qui ne rêvait que spectacle, l'écoutait dans l'extase.

La tragédie finie, il alla en droite ligne, le cœur encore tout palpitant des émotions de la soirée, dans la loge du concierge du théâtre, demander à voir le grand acteur, auquel il avait une prière à adresser.

Il ne put y parvenir, car tout ce qu'il y avait à Lyon d'hommes éclairés et amis de l'art encombraient la loge du tragédien. Le spectateur enthousiaste fit une ronde aux alentours du théâtre pour l'attendre à sa sortie ; mais Manlius, entouré d'une suite d'admirateurs, monta en voiture et se rendit chez un de ceux qui s'étaient disputé l'honneur de le loger.

Le jeune homme retourna mélancoliquement chez son père, mit son retard sur le compte de la retraite qui précède la communion, et monta le lendemain à la sainte table. Il en était à peine descendu, qu'il s'entourait de mystère et écrivait à Talma la lettre la plus suppliante du monde pour le prier de l'attacher à sa personne et de l'emmener à Paris « *jouer la tragédie.* » — Comme tous les hommes de grande renommée, l'artiste était en butte à toutes sortes de missives et n'y répondait qu'à son corps défendant. Il est probable qu'après avoir souri de cette requête naïve il n'y attacha pas grande importance, car le solliciteur ne reçut jamais de réponse de l'acteur tragique.

Hélas! à quoi tiennent les destinées?... Si Talma avait fait droit à cette humble demande, Lacenaire serait, en ce moment peut-être, un confident consterné à la Comédie-Française ou un traître enroué au boulevard ; mais soit qu'il dût finir par s'aigrir le caractère à force d'écouter des récits et des songes classiques ; soit qu'il dût s'égosiller à *enroyer* au public les tirades de MM. Dennery et compagnie, mieux eût valu pour lui être réduit à ces extrémités que de briller d'un si sombre éclat sur la scène criminelle.

Un matin, son père et lui traversaient ensemble la place des Terreaux. C'était un jour d'exécution. Ils ignoraient tous deux cette circonstance, et ne s'en aperçurent qu'en face de la guillotine. M. Lacenaire, furieux contre son fils, qui venait de commettre une nouvelle escapade, s'arrêta, et lui montrant l'échafaud avec sa canne :

— Tiens, lui dit-il, regarde; si tu ne changes pas, c'est ainsi que tu finiras!...

Cet horoscope funeste impressionna à tel point le jeune homme, qu'il y pensait encore longtemps après.

« Dès ce moment, racontait-il plus tard, un lien invisible exista entre moi et l'affreuse machine. J'y pensais souvent sans pouvoir m'en rendre compte. Je finis par m'habituer tellement à cette idée, que je me figurais que je ne pouvais pas mourir autrement. Que de fois j'ai été guillotiné en rêve. Aussi ce supplice n'aura-t-il point pour moi le charme de la nouveauté ! Il n'y a, à vrai dire, que depuis que je suis en prison que je ne fais plus de ces rêves-là. »

Le jour de cette exécution, M. Lacenaire conduisait son fils chez un ouvrier pour le mettre en apprentissage et lui faire connaître la fabrique, selon l'usage des Lyonnais, car les affaires du négociant se dérangeant de plus en plus, il avait renoncé à faire suivre toute autre carrière à son cadet que celle du commerce. Cette résolution dont on lui cachait la cause réelle affligeait fort le jeune homme, et il protesta de toutes ses forces contre son exécution.

Un mois après avoir commencé cet apprentissage, il quittait Lyon pour entrer au collége de Chambéry. Il y fut heureux pendant dix mois, mais à la fin de l'année scholaire, s'étant battu avec un prêtre qui remplissait les fonctions de maître d'études, il fut congédié. L'élève récalcitrant avait remporté deux prix. En retournant à Lyon, le collégien révolté s'arrêta au pont de

Beauvoisin pour passer la nuit, et ce fut là qu'il fut initié par une servante d'auberge à des sensations qu'il ignorait encore. Revenu à Lyon, il entra chez un avoué, non pas pour se préparer aux luttes futures du barreau, ainsi qu'il le désirait vivement, mais, comme le lui apprit son frère, pour apprendre un peu de procédure et de chicane, choses si utiles dans les affaires.

Ces paroles furent une nouvelle déception pour le clerc, et le dégoûtèrent sur-le-champ de l'étude. On l'envoya chez un banquier, et ce fut à un bal donné par son patron qu'il rencontra la seule femme qu'il ait jamais aimée sincèrement de sa vie. Cet amour, qui fut couronné de succès, dura deux ans. Celle qui l'inspira était une femme mariée, que nous nous abstiendrons de désigner, car, à l'heure présente, elle est veuve et vit encore à Lyon.

Après la banque, le commis aborda le notariat; il travailla en qualité de clerc chez un des premiers notaires de la ville. La maison de son père lui était devenue à charge. Ce n'était pas assez de tous les éléments de discorde qui s'y trouvaient déjà : la politique y vint encore jeter ses brandons. Le père était un royaliste exalté et fanatique; le fils s'était mis, pour faire comme les autres jeunes gens, avec les libéraux, et quand M. Lacenaire apprit cette circonstance, sa fureur ne connut plus de bornes. Pendant cet état d'excitation, on accusa le jeune homme d'avoir détourné de l'étude dix francs, affectés à la levée d'un certificat d'hypothèque. C'était faux, le clerc était innocent; mais son père faisait chorus avec ses accusateurs, et ne voulait point entendre ses raisons ni ses justifications.

— Je ne suis pas encore un voleur! dit-il impatienté.

— Celui qui vole ses parents peut voler partout, monsieur, lui répondit sentencieusement M. Lacenaire.

Le jeune Lyonnais quitta sa famille après ces paroles, et se rendit à Paris.

Hélas! son père ne croyait pas si bien dire, car il ne manquait au jeune homme, pour devenir un des plus fameux bandits de son temps, que deux choses : la nécessité et l'occasion. Aussi, lorsqu'elles se réuniront pour le tenter, on verra de quoi il sera capable. C'était à Paris que Lacenaire devait montrer son savoir-faire, et c'est là en effet que nous allons le voir déployer son énergie pour le crime.

CHAPITRE IV.

Paris. — Le jeu. — Le faussaire.

Comme tous les jeunes gens qui ont eu l'imprudence de s'adonner à la rime en province, Lacenaire arriva à Paris avec d'immenses illusions et l'intention d'y vivre de sa plume. Hélas! il était loin alors de soupçonner les déboires et les désespérances qu'amène cette résolution en apparence si raisonnable, et combien, pour quelques écrivains qui arrivent à l'aisance, il en est qui s'épuisent en luttes stériles contre l'indifférence et la misère! Mais, fort de ses vingt-cinq ans, de sa confiance en lui-même et de ce qu'il croyait savoir, il se mit à l'œuvre et envoya aux journaux plusieurs articles de polémique que leur insignifiance ne sauva pas du panier.

Il songea alors à employer, pour vivre, la ressource désespérée des jeunes gens brouillés avec leur famille et amoureux de l'oisiveté. Il s'engagea.

Il n'y aurait eu rien à dire à cela, s'il s'était borné à utiliser ses aptitudes dans l'état militaire, mais il n'avait aucune intention semblable, et la preuve, c'est qu'il commença à se faire incorporer sous un faux nom. Ce fut là son point de départ dans sa route fatale.

Après s'être fait au régiment plusieurs affaires plus désagréables les unes que les autres, par son caractère indisciplinable, il s'en attira une dernière d'une si fâcheuse nature que, pour éviter le conseil de guerre, il eut recours à la désertion et retourna à Lyon. Là il mit son absence sur le compte d'un voyage imaginaire en Angleterre et en Ecosse, et sut si bien broder son histoire, que personne ne douta de sa véracité. Il lui fallait cependant utiliser son temps dans cette ville industrieuse, et pour le moment, il se fit commis voyageur pour les liqueurs. Les affaires étaient mauvaises et difficiles, l'impatience le saisit, il se dégoûta de la partie et retourna à Paris, muni d'une centaine de francs. Le jeu l'aida à doubler la somme, et ses illusions sur la fortune de son père l'empêchant de modérer ses dépenses, il fit réellement alors, comme certains menteurs, ce voyage en Ecosse qu'il avait raconté par anticipation à ses compatriotes. C'était sans doute pour voir si ses inventions se rapprochaient de la réalité.

Lorsque son opinion se fut formée sur ce point, il regagna Paris, ayant en sa possession un millier d'écus récoltés sur les tapis verts d'Edimbourg; mais le soir même de son arrivée, la roulette du Palais-Royal les lui enleva.

Il fallait remédier à ce désastre, et il s'adressa à son frère, devenu chef de la maison de Lyon.

Au lieu d'argent, le jeune homme ne lui envoya que des conseils, chose toujours aisée. Le moindre billet de banque eût mieux fait son affaire.

Opulent hier encore, le touriste, maintenant aux abois, répondit courrier par courrier, à son aîné, que si, dans trois jours, il ne recevait aucun secours plus efficace que des préceptes et des avis, il saurait s'en procurer d'une façon qui ne ferait pas plaisir à sa famille.

Nulle réponse ne fut faite à cet *ultimatum*. Lacenaire résolut donc de mettre son projet à exécution; mais, avant de commencer, il tenta un emprunt près d'une tante qu'il avait sous la main, rue Barre-du-Bec. Cette négociation lui procura trois cents francs. Il les hasarda encore au jeu; le trente-et-quarante les engloutit. Sans se décourager il retourna chez la brave femme, et lui arracha cent autres écus. Cette fois-ci, la roulette, un peu plus expéditive que le trente et quarante, les dévora en trois coups.

Irrité contre tout et contre lui-même, honteux de sa défaite, le joueur, si maltraité par la chance, ne perdit cependant pas la tête. Il était très versé dans la calligraphie, et ferré sur l'imitation de l'écriture d'autrui. Il chercha donc à se dédommager des rigueurs du sort en mettant à profit cette dernière et déplorable faculté.

Un ami de tripot lui prêta dix francs, et, sans autres frais de route, il prit la diligence de Lyon.

Si le voyageur était léger d'argent, il avait en revanche sur lui force lettres de change ; et, certes, il en devait connaître la valeur, car lui-même les avait fabriquées.

Étant encore à son coup d'essai pour ces sortes d'opérations, il s'était contenté de n'en faire que pour *dix mille francs* seulement. Un faussaire modeste aurait pu être effrayé d'une pareille émission, mais Lacenaire, qui préludait à de plus grandes choses, ne la considérait que comme un ballon d'essai. Cependant, comme il était homme de précaution avant tout, il avait eu soin de ne mettre son véritable nom que sur les deux premiers effets, afin de diminuer sa part de responsabilité en cas de découverte prématurée.

A Lyon, il convertit toutes ces valeurs en or, et alla se distraire au spectacle de ses travaux financiers. Il y aperçut son frère. Le jeune négociant abasourdi de cette rencontre inopinée, en attendait l'explication dans une muette anxiété.

— Eh bien ! ne vas-tu pas me regarder toute la soirée avec ta bouche ouverte et tes yeux hébétés ? lui dit enfin Lacenaire, animé par son antipathie jalouse.

— Que viens-tu faire ici, à ton tour ? lui répondit son frère ; réponds, parle.

— Ce que je viens faire est déjà fait, je te prie de le croire.

— Qu'est-ce que c'est enfin ?... Tu me fais frémir.

— Frémis tant que tu voudras, je ne t'en empêche pas.

Moi, je n'en ai pas le temps; je suis venu négocier ici des valeurs que j'avais en portefeuille, et dans quelques jours j'en serai parti.

— Des valeurs! Qui te les as confiées?

— Personne. Elles m'appartiennent et sont tirées par les meilleures maisons de Paris sur d'excellents négociants de la place, et comme c'est moi-même qui les ai remplies, je ne crois pas qu'on y puisse trouver la moindre irrégularité.

— Mais, malheureux, tu vas te faire arrêter en allant toucher cet argent, et tu nous déshonores!...

— Pas de grands mots... Il est impossible qu'on puisse m'arrêter en allant *toucher*, car j'ai l'argent dans ma poche, et je suis ici; rassure-toi donc. — Quant à vous déshonorer, ceci est une autre question. Mais j'aimerais encore mieux en arriver là que de mourir de faim.

— Silence, au nom de Dieu! et sors d'ici, car tu me fais peur! Dis-moi au moins où tu as négocié ces fausses lettres?

Le faussaire, avec une tranquillité parfaite, donna à son frère tout tremblant l'adresse des escompteurs, écouta avec attention le reste du spectacle, applaudit aux bons endroits, fit la moue aux mauvais, comme un amateur éclairé, et regagna son hôtel en fredonnant des motifs d'opéra; après quoi il s'endormit avec sérénité.

Son frère crut devoir avertir le chef de la maison, et celui-ci sa femme, du malheur qui les menaçait. Malgré la position commerciale plus que critique du père, il résolut de faire tout pour éviter à son nom la souillure de la cour d'assises et la flétrissure d'une peine infamante. A force de sacrifices, il réalisa cinq mille francs, dédommagea une partie des porteurs de fausses traites et prit des arrangements avec les autres.

Autant par prudence que pour obéir à la prière de sa femme, cet homme justement indigné, se méfiant de sa violence, évita de voir son fils, tant il craignait de se laisser aller à quelques excès envers lui. Quant au coupable, il se promenait tranquillement par la ville, sans que le feu des commentaires des amis de sa famille le fit sourciller. Fatigué enfin de cette bravade impie, il s'en alla en Suisse d'abord, puis en Italie. C'est à Vérone qu'il devait commettre son premier meurtre.

CHAPITRE V.

Vérone. — Un assassinat.

Lacenaire n'était que faussaire à l'époque où il traversa la Suisse, et l'on a pu voir avec quelle aisance il opérait. Il est donc assez intéressant de le voir à l'œuvre dans des situations encore plus sérieuses que toutes celles qu'il a traversées jusqu'ici.

De la Suisse, il se rendit à Vérone et se lia justement avec un habitant de Genève logeant dans la maison même où il était descendu. Il avait laissé en France une personne de confiance chargée de l'avertir de la tournure que prendraient ses affaires de banque, et, pour dérouter les recherches de la police, en cas de poursuites, il avait prescrit à ce confident de ne lui écrire que sous le couvert de sa nouvelle connaissance.

L'ami exécuta cet ordre, mais si maladroitement, que le Génevois put décacheter avec une apparence de raison la première lettre adressée réellement à Lacenaire. A travers toutes les réticences et toutes les obscurités de la missive, l'intermédiaire vit clairement la situation dans laquelle se trouvait son nouveau camarade. Il n'eut rien de plus pressé que d'aller tout raconter au maître de l'hôtel d'abord, et à une des autorités de la ville ensuite. Cet individu agissait doublement mal en cela, car, ayant eu besoin en diverses occasions de celui qu'il dénonçait, il avait toujours trouvé sa bourse ouverte. Il faut rendre justice, même à un faussaire : Lacenaire était serviable.

Un jour il crut saisir des allusions assez directes à sa situation personnelle dans la conversation de l'hôtelier, et il le soupçonna vaguement d'avoir fouillé dans sa malle; mais, ayant appris le lendemain, par le secrétaire même du fonctionnaire averti, que ses secrets étaient divulgués et lui-même trahi par le Suisse, son obligé, sa colère fut extrême, et il résolut de tirer une vengeance éclatante de cette p‑‑‑‑‑. Cependant il dissimula son ressentiment et fit le doucereux jusqu'au lendemain.

Ce jour arrivé, il invita le traître à déjeuner. Plein de confiance dans l'ignorance présumée de Lacenaire, le Suisse accepta avec empressement ce repas et une promenade à la campagne, que son convive lui proposa au sortir de table. Tout en cheminant ensemble et en causant de bonne amitié, Lacenaire conduisit insensiblement son convive au milieu d'un petit bois. Arrivé au plus épais du taillis, il tira de sa poche deux petits pistolets. Le promeneur pâlit, et fixa sur son compagnon un regard inquiet.

— Monsieur, lui dit alors Lacenaire, vous vous êtes conduit comme un lâche envers moi ! Vous avez abusé d'un secret que vous n'avez pénétré qu'en commettant un abus de confiance. Vous avez voulu me perdre, moi qui n'ai eu que de bons procédés à votre égard, vous allez m'en rendre raison.

Et il présenta l'un des deux pistolets à son adversaire tremblant.

Le Suisse voulut se justifier et balbutia quelques excuses.

— N'ajoutez pas un mot à votre perfidie, monsieur, je sais tout, et je vais vous raconter dans les moindres détails votre méchante action.

Et il le fit de façon à prouver au coupable qu'il était au courant de tout.

— Je vous supplie de m'excuser, monsieur Lacenaire, s'écria le dénonciateur pris au piège, je ferai tout ce qu'il faudra pour arranger cette affaire. Croyez bien que si j'ai si mal agi envers vous, c'est par faiblesse et non par méchanceté. J'y ai été poussé par le maître de l'hôtel, qui est un gueux !

Ces derniers mots, en faisant voir à Lacenaire que l'hôtelier était décidément au courant de ses méfaits, achevèrent de l'exaspérer.

— Défendez-vous, dit-il au suppliant, je ne veux plus

entendre raison! De ces deux pistolets, il y en a un qui est chargé, l'autre ne l'est pas. Choisissez-en un et tirons!

— Mais c'est un véritable assassinat, cela! s'écria le Génevois, au comble de la terreur. Je ne suis pas préparé à me battre ainsi, je ne le veux pas!...

— Ah! vous ne voulez pas vous battre!... Décidément, vous ne le voulez pas, répondit Lacenaire, en prenant dans la main droite le pistolet chargé — qu'il ne connaissait que trop. — Une fois?...

— Non.
— Deux fois!
— Non.
— Trois fois!
— Non! non!
— Eh bien, j'en suis fâché pour vous!

Et, pressant la détente de l'arme, il lâcha le coup au beau milieu du visage de l'homme désarmé. Le malheureux poussa un cri navrant et porta les deux mains à sa figure ruisselante de sang; puis, les deux bras ouverts comme un homme aveuglé par la foudre, il trébucha, tomba d'abord sur ses genoux, et enfin la face contre terre.

Il était mort.

Le meurtrier jeta froidement le pistolet fumant encore à côté du cadavre, pour laisser planer sur l'homme assassiné des soupçons de suicide, replaça soigneusement l'autre dans sa poche, regagna tranquillement son hôtel d'un air aussi calme que d'habitude, fit sa malle, et une heure ne s'était pas écoulée depuis sa sanglante expédition, qu'il filait sur la route de Genève.

CHAPITRE VI.

Genève. — Tentative de meurtre. — Utilité de l'ivrognerie.

Cette ville est pour les Lyonnais brouillés avec leurs créanciers, ce qu'est Bruxelles pour les Parisiens dans la même situation. Les banqueroutiers n'y manquent guère, et, à l'auberge où il descendit, Lacenaire fit connaissance avec l'un d'eux. Le commerçant réfractaire, très déconsidéré dans l'établissement, très ivrogne, et, qui pis est pour un maître d'hôtel, dépourvu d'argent, allait être chassé, si le nouvel arrivant ne lui avait pas prêté quelques francs. Cette fois-là, en rendant service, Lacenaire avait un but intéressé. L'événement de Vérone ne l'avait pas corrigé de l'envie de faire des escroqueries. Il en méditait d'autres, et assignait en pensée un rôle actif à son obligé dans ses futures opérations.

Comme pour mieux persévérer dans cette idée, il s'était hâté de dissiper, quelques jours après son arrivée à Genève, l'argent restant de ses faux, et il se trouvait en proie à ces embarras sans cesse renaissants qui assaillent les dissipateurs.

Grâce à sa bonne tenue, à ses manières affables et à ses façons de vivre larges et aisées, au comptant ou à crédit, il sut capter la confiance d'un de ces courtiers-marrons qui hantent les voyageurs afin de leur vendre toutes sortes de marchandises. Il se fit passer à ses yeux pour un horloger en tournée, et le courtier lui proposa un marché, qu'il se hâta de conclure, comme on pense bien. Le soi-disant commerçant acheta au faiseur d'affaires, à un terme assez court, *dix mille* francs de montres de Genève; il reçut presque aussitôt la moitié de la commande; le reste devait lui être livré bientôt, et il comptait tout vendre à vil prix, n'importe où.

Malheureusement pour Lacenaire, l'indiscrétion du Suisse assassiné ne l'avait pas rendu plus circonspect à l'égard de sa correspondance, et il se faisait adresser ses lettres à Genève, à l'adresse du Lyonnais. Le nouvel intermédiaire agit avec le même sans-gêne que son devancier, et se trouva au courant des affaires de son terrible compatriote. Pour une récompense de cinquante francs, il dévoila ses manœuvres frauduleuses au vendeur, lequel sut se faire rendre les objets déjà fournis, en menaçant son client de le signaler à la police.

Lacenaire devina sur-le-champ à qui il était redevable de ce coup, et, se voyant *brûlé*, c'est-à-dire découvert et reconnu, il résolut de partir au plus vite, mais après avoir fait payer à son dénonciateur de Genève, aussi chèrement qu'à celui de Vérone, la trahison dont il souffrait une seconde fois.

Il ne varia pas son programme. Il invita son compatriote à déjeuner. Le Lyonnais accepta l'offre avec avidité. Après le déjeuner, il lui mit en tête de faire une promenade pareille à celle qui fut si fatale à l'infortuné Génevois. Comme celui-ci, le nouveau convive accepta la partie, et se mit en route; mais, dès les premiers pas, la soif l'ayant saisi à la gorge, selon l'ordinaire, il entra dans un cabaret-auberge situé à la sortie de la ville, et vida coup sur coup plusieurs chopes. Cette libation ne l'ayant pas désaltéré, il avala ensuite comme *pousse-bière* la moitié d'un verre ordinaire d'eau-de-vie; puis il se disposa à repartir après ce *rafraîchissement*.

Mais, au moment de franchir la porte du cabaret, le pétillement d'une lèchefrite s'élevant de l'intérieur vint chatouiller son appareil olfactif. Le banqueroutier n'était pas seulement un ivrogne distingué, c'était encore un gourmand de première classe. Heureusement pour lui! — Il se retourna vivement, ouvrit les narines comme un cheval de guerre au son de la trompette, et aspira le parfum pénétrant qui remplissait d'appétit l'air de la maison; puis, jetant un coup d'œil mélancolique sur le beurre qui sautait dans la poêle et retombait en gouttes écumantes sur ses parois :

— Il n'y a qu'en Suisse, dit-il, qu'on entend la friture... quelle odeur! quelle dorure!

Lacenaire avait autre chose à faire qu'à écouter les accents de ce lyrisme culinaire; il saisit vivement par le bras le gourmand enthousiasmé pour le faire sortir de cet état d'exaltation. Le Lyonnais résista à cette pression; en résistant, il trébucha comme Silène sur les marches de la porte, et tomba les quatre fers en l'air aux grands éclats de rire de plusieurs Allemands qui fumaient et buvaient au fond de l'établissement.

Furieux déjà d'être obligé de partir, et heureux de trouver un prétexte pour se rattacher à cette cuisine irrésistible, il fit volte face et alla en trébuchant vers les rieurs.

— Pouvez-vous me dire *mein herr*, ce que vous trouvez de si réjouissant dans ma chute? — leur demanda-t-il avec l'accent traînant et empâté d'un homme qui veut lutter contre l'ivresse.

Les habits souillés, le regard atone et la trogne vermillonnée de l'interpellateur redoublèrent l'hilarité des fumeurs. Alors, sans ajouter un seul mot à son discours, l'homme ivre saisit un *moth* vide et le jeta à la tête de l'un des rieurs. Mais le coup fut heureusement si mal dirigé, que l'individu menacé put éviter ce choc désagréable. La dispute s'alluma alors. D'un seul de ces coups de poings allemands que le prince Rodolphe devait distribuer avec tant de succès plus tard au *Chourineur* des *Mystères de Paris*, on étourdit le malencontreux assaillant.

Lacenaire laissait les horions grêler sur sa tête. Il aurait voulu le voir assommer d'un seul coup; mais, la chose tardant à se faire, il fut obligé, par une pudeur hypocrite, de le dégager de la bagarre. La chose faite, il chercha à l'entraîner dehors, de peur d'un nouvel abordage qui n'aurait fait que retarder sa vengeance; mais le vaincu ne voulut jamais s'éloigner du cabaret.

— Mon chapeau est trop défoncé, mon visage passe à travers... attendons la soirée ici, — disait le Lyonnais meurtri.

Ce n'était qu'un prétexte pour colorer sa résistance. En réalité, la poêle où chantait la friture odorante attirait notre homme comme un invincible aimant. Ses grands yeux de beurre le fascinaient. Malgré tous les raisonnements, il resta sous leur charme, et comme il avait encore en poche une trentaine de francs, reste de sa délation, il voulut à toute force dîner dans l'auberge.

Il est sûrement aussi difficile de chasser de la tête d'une femme coquette l'image d'un bijou désiré, que du cerveau d'un homme en ribotte une fantaisie née dans l'ivresse. Il n'y eut pas moyen de détourner celui-ci de son idée fixe. Il fit donc dresser triomphalement une table en face de ses antagonistes, et demanda bruyamment de l'absinthe. Il aurait, certes, pu se passer de ce dernier poison, mais, cesser de boire devant des adversaires... allons donc! — L'ivrogne tombe et ne se rend pas!...

Lacenaire fut instamment sollicité de partager ce repas, car son compatriote tenait d'autant plus à le régaler qu'il l'avait trahi. Comme compensation du tort qu'il lui avait causé, il voulait manger avec lui le salaire de la dénonciation. C'était sans doute au fond des choppes précédemment vidées que le délateur repentant avait puisé l'idée de cette expiation. — La bière lave les consciences.

La colère rongeait le cœur de Lacenaire pendant tout ce temps perdu inutilement. Son impatience de laisser le soulard au coin de quelque bois augmentait avec toutes ces lenteurs, et il voyait sa vengeance se retarder indéfiniment; car, au train dont allait son camarade, on ne pouvait prévoir à quel moment il sortirait de ce cabaret maudit.

Il fut obligé de faire contre fortune bon cœur, en attendant une occasion favorable au nouvel assassinat qu'il méditait, et promit à son ami de dîner avec lui. Ce consentement obtenu, le banqueroutier se prépara à faire honneur au festin commandé, et, pour mieux y parvenir, il se recueillit, posa sa tête alourdie dans ses deux mains, superposa le tout sur la table, et se mit à ronfler un instant après, comme jamais ne le fit une contre-basse.

Les poings crispés par une rage silencieuse, Lacenaire avait envie de saisir un couteau pour en frapper l'ivrogne endormi, mais de plus en plus effrayé de son affaire avec le courtier-marron, tremblant d'être arrêté en rentrant en ville, force lui fut de laisser son amphitryon à ses rêves gastronomiques et de filer pendant un des interminables points d'orgue qu'il exhalait dans son sommeil.

Deux jours après il était à Lyon.

Qu'on dise après cela qu'il n'y a pas un Dieu pour les buveurs!

CHAPITRE VII.

Le régiment. — Le déserteur.

Une fois à Lyon, Lacenaire chercha à tirer encore de l'argent de sa famille, mais la situation de son père était trop triste pour que la chose fût possible. Sa croyance persistante à la fortune du négociant lui faisait trouver un caractère d'atrocité dans ses refus, et les privations qu'il endurait le remplissaient de tristesse. Il était d'autant plus désespéré de cette situation que, ayant emprunté *sur parole* d'un de ses meilleurs camarades, six cents francs sur une somme de quinze cents, consacrés par le jeune homme à son remplacement dans l'armée, il voyait le prêteur sur le point de partir, et lui-même dans la nécessité de briser l'avenir d'un ami dévoué, en manquant à sa parole; car, — chose étrange, et qui prouve combien chacun entend l'honneur à sa manière, ce débiteur, déjà faussaire et assassin, gémissait de ne pouvoir tenir un engagement dont sa loyauté était la seule garantie; — et, il était en cela tellement sincère, que, pour obtenir de son père l'argent nécessaire à l'extinction de cette dette, il lui proposa en retour, de partir et de s'engager.

Il pouvait le faire impunément; — tout le monde ignorait sa première incorporation. M. Lacenaire y consentit, fit encore un effort, et acquitta l'emprunt sur le vu de l'acte d'engagement. Mais il ne voulut pas laisser plus longtemps le jeune homme à Lyon, et l'envoya momentanément à Grenoble.

Madame Lacenaire remit en secret cent écus à son fils. Sa répugnance pour lui avait entièrement disparue, et, maintenant qu'il n'était plus digne de ses caresses, elle les lui prodiguait et se montrait, à son égard, mère tendre et dévouée. Il était trop tard! Elle l'embrassa avec des larmes de douleur, comme si elle pressentait la destinée de ce triste enfant... Hélas! elle ne devait jamais le revoir!

Le séjour de Lacenaire à Grenoble ne fut qu'une longue débauche avec les étudiants de cette turbulente Faculté. Il ne songea à regagner son régiment, alors en garnison à Montpellier, et désigné pour faire partie de la fameuse expédition de Morée, que lorsque sa bourse fut entièrement vidée.

A Valence, il se trouva littéralement sans un sol et obligé de continuer son voyage militairement, c'est-à-dire à pied. C'était même chose assez curieuse de le voir, vêtu d'habits de forme élégante, mais couverts de poussière, faisant ses étapes, la canne à la main, avec l'aisance d'un promeneur du bois de Boulogne. Il avait pris son parti en brave, et fait dix-huit lieues de pays sans s'arrêter pendant les plus fortes chaleurs d'un été du Languedoc. C'est que, sous une apparence grêle, et quoique dépourvu d'une grande force physique, il avait un tempérament des plus robustes.

Soldat pour la seconde fois, il forma le projet de devenir un être purement passif au régiment; mais, ne pouvant réussir à s'annihiler assez complétement pour rester indifférent devant les injustices, il déserta, après en avoir subi une, et regagna Lyon de nouveau. Il y arriva plein de joie et d'espoir, mais sa félicité ne fut pas longue à s'évanouir. La première chose qu'il y apprit fut la dispersion de sa famille, à l'exception d'une tante indifférente, et même hostile aux siens.

— Tu prends bien ton temps pour revenir ici, lui dit-elle brutalement; ton père est parti avec ta mère, ton frère et tes deux sœurs, pour la Belgique. Il a fait une faillite qui nous a ruinées ma sœur et moi, et tous ceux de ses amis assez bêtes pour lui confier leurs fonds. Nous voilà bien lotis, maintenant!

Le premier étourdissement passé, Lacenaire s'expliqua la catastrophe par l'incapa   de son père dans le commerce des soirées. N'ayant pour tout bien que son équipement militaire, il ne pouvait séjourner à Lyon, et pensa naturellement à Paris, le refuge universel. Il vendit son sabre, prit la diligence et tomba chez sa tante de la rue Barre-du-Bec.

La tante parisienne le reçut aussi mal que celle de Lyon. C'était tout simple : la dame venait de perdre vingt-mille francs dans le désastre de son frère.

Embarrassé au dernier point, le fils du failli écrivit à sa mère, reléguée à Bruxelles, et la pauvre femme, rassemblant ses ressources suprêmes, envoya cinq cents francs à son enfant. Le déserteur prit alors la diligence du Havre, et descendit dans ce port, avec l'intention de passer en Amérique; mais l'insuffisance de la somme l'empêcha de réaliser ce projet. Il retourna à Paris, où il acheva de dépenser son argent.

Après un voyage pareil, dans ce temps où les chemins de fer étaient relégués parmi les rêves chimériques, et le caractère du voyageur étant donné, qu'on juge s'il lui fut facile de liquider son avoir!

Sans ressource encore, il lui fallut se mettre en quête d'un emploi. Il ne fallait plus penser aux journaux, car une vie semblable à celle de Lacenaire n'est pas précisément faite pour former un publiciste, et ce n'est pas en vagabondant de régiments en tables d'hôtes et de cabarets en tripots, qu'on acquiert le don si rare du style.

« Je fus réduit, au bout de quelques jours, » dit-il dans ses Mémoires, « à être sur le point de mourir de

« faim, et, dès ce moment, je devins voleur et assassin *d'intention.* »

Il paraît qu'à Vérone, en s'emparant de l'unique pistolet chargé, et en laissant à son adversaire le droit de *choisir* l'autre, il n'avait pas eu la pensée d'assassiner le Genevois. Quel aplomb!

« C'est à cette époque, » continue Lacenaire, « que commença *mon duel* avec la *société*, duel interrompu quelquefois par ma propre volonté, et que la nécessité m'a forcé de reprendre en dernier lieu. Je me résolus à devenir le *fléau de la société*, mais seul je ne pouvais rien. Il me fallait des associés... Où en prendre?... J'avais ignoré longtemps ce que c'est qu'un voleur de profession, mais enfin, je venais de lire les *Mémoires de Vidocq*, je m'étais formé une idée de ce qu'était cette classe en continuel état d'hostilité contre la *société* (encore?). — C'est là, me dis-je, qu'il faut aller chercher des bras qui puissent me seconder. Je passais ainsi le Rubicon. Il ne s'agissait pour cela que de commettre un vol de peu d'importance. »

Et ce fut bientôt fait!

CHAPITRE VIII.

Le cabriolet. — Le dépôt de la Préfecture. — Premières leçons d'argot.

Il alla louer un jour un cabriolet dans une remise située au faubourg Saint-Denis, et se fit conduire rue

Barre-du-Bec, devant la maison même de sa tante.

Arrivé devant la porte cochère, il retira de sa poche une lettre préparée à l'avance, et chargea le cocher de la porter à un locataire du premier étage, de la part de M. de Linval, un nom de fantaisie.

Le cocher obéit, mais il n'était pas encore au second, que Lacenaire, resté dans la voiture, disparaissait avec elle et allait la vendre à un commissaire-priseur moyennant deux cents francs, payables le lendemain.

Le vendeur à ce qu'il prétendit alors, laissa à l'acheteur une facture en bonne forme de l'objet livré, tant il avait, ajouta-t-il, « *l'intention bien arrêtée de se faire prendre.* »

En ce temps-là il fréquentait le café de la Bourse, où toute l'affaire avait été traitée, et, quoique le *Constitutionnel* du temps eût raconté le vol dans ses faits-Paris, l'auteur du délit n'avait pas interrompu pour cela les habitudes qu'il avait dans cet établissement.

Quant au commissaire-priseur, il avait à se reprocher un manque de délicatesse dans cette affaire, et presque une complicité tacite, car la permission de la Préfecture de police, délivrée au nom du loueur, était restée dans le coffre du véhicule. Ce détenteur, qui avait visité la voiture, et l'avait gardée pendant vingt-quatre heures avant paiement, avait dû évidemment prendre connaissance de son véritable propriétaire. Pourtant, il ne se résolut à l'aller trouver que sur l'observation d'un de ses amis, frappé de la ressemblance existant entre la voiture volée, signalée par le journal, et celle qui venait d'être vendue.

Le commissaire-priseur et le possesseur réel du cabriolet vinrent ensemble trouver l'escroc au café de la Bourse. On pria l'habitué de descendre, lorsqu'il fut en bas le premier demanda au loueur, en lui désignant Lacenaire :

— Connaissez-vous monsieur?

Nullement, répondit cet homme après avoir examiné le voleur des pieds à la tête.

— Moi, je vous connais très bien, dit à son tour Lacenaire : vous demeurez faubourg Saint-Denis, et c'est à vous que j'ai loué la voiture que j'ai vendue à M. le commissaire-priseur.

Les habitués du café, présents à cette scène, ne revenaient pas du sang-froid de ce singulier filou, et le loueur stupéfait, ne savait quel parti prendre.

— Alors, si ce que vous dites-là est vrai, venez avec nous à la Préfecture...

— Non pas, c'est inutile! s'écriait à son tour l'acheteur; puisque monsieur, — il désignait Lacenaire, — puisque monsieur a une tante rue Barre-du-Bec, il vaut mieux aller lui demander si elle ne veut pas payer pour son neveu.

Le commissaire-priseur ouvrait cet avis dans l'espérance de rattraper ses deux cents francs déjà fort loin. Son conseil fut suivi. En attendant, on conduisit Lacenaire à son propre hôtel où il fut gardé à vue. Sa tante ayant montré tout d'abord de favorables dispositions et demandé un délai de quatre heures pour réfléchir, on délivra le prisonnier; mais, comme, au dernier moment, elle refusa de débourser de l'argent, on alla de nouveau chercher Lacenaire au café de la Bourse, où il avait eu le front de retourner. De là il fut conduit au dépôt de la Préfecture.

Dans ce vestibule de la Cour d'assises, il se joua entre lui et les autres détenus une petite comédie assez comique :
Lacenaire avait trop de vanité pour n'en pas faire paraître un peu dans un pareil endroit, et il s'efforça tout d'abord de ne point passer parmi les habitués du lieu, pour un petit voleur. Il commença donc par payer, sans se faire tirer l'oreille, et le plus largement possible, la bienvenue ordinaire, à la façon d'un homme au fait des usages locaux; puis, il garda un silence dédaigneux envers la plèbe des fripons, comme il sied à un *grinche* d'importance, tout en ayant soin de se montrer moins roide avec ceux qu'il soupçonnait d'être les gros bonnets de l'endroit, les sommités de la salle. Ce plan, qui ne l'empêchait pas cependant de garder une certaine réserve à leur égard, lui réussit complétement, et il parvint à se faire prendre pour une *vieille maison*, un *cheval de retour* en garde contre les reconnaissances intempestives. Deux ou trois membres de la *haute pègre* daignèrent même se remémorer son visage, comme celui d'un camarade de *là-bas*, c'est-à-dire du bagne.

Lacenaire déclina cet honneur; mais ses négations étaient si molles, et, pour ainsi dire, si affirmatives, qu'on le considéra aussitôt comme une notabilité digne de figurer dans l'état-major du dépôt.

Il en était charmé; mais une chose le gênait horriblement : c'était sa complète ignorance de l'argot. —

Et qu'est-ce qu'un voleur qui ne sait pas l'argot?

Cette fausse position arrêtait donc toute expansion chez le nouvel incarcéré et le gênait dans ses observations. Aussi, pour se dispenser de causer, affectait-il une grande préoccupation d'esprit.

A cette époque, la mystérieuse corporation des criminels maintenait dans toute sa pureté son bizarre idiome, et ni le *Dernier jour d'un Condamné*, ni les *Mystères de Paris* n'étaient venus populariser la langue argotique dans la jeunesse dorée et chez les vaudevillistes. Les filous seuls *dévidaient le jars*, et le bourgeois qui se serait passé cette fantaisie avec quelques amis, dans les épanchements de l'intimité, ne serait parvenu qu'à captiver les regards de la police et à se faire surveiller avec une touchante sollicitude.

Lacenaire faisait donc semblant de méditer pour légitimer son mutisme, mais, en réalité, il cherchait à pénétrer avec le plus grand soin les tournures fantasques et les obscurités de style de ses compagnons. Il s'y appliqua si bien, qu'au bout de trois ou quatre jours il fut en état de se mêler à leur conversation sans crainte de risquer le moindre barbarisme, et, à la fin de la semaine, non-seulement toutes leurs locutions, mais encore toutes leurs manières de voler, tous leurs *trucs*, lui étaient devenus familiers. Ce n'était pourtant pas tout à fait pour cela qu'il s'était fait enfermer, si on devait l'en croire;—il aurait cherché à séjourner un peu dans les prisons, d'après son dire, pour étudier les mœurs de leurs habitants, examiner les instincts de ce monde à part et noter les caractères sur lesquels il pourrait compter au besoin pour ses futures expéditions. En sortant de la rue de Jérusalem, il fut conduit à la *Force*, dans la cour de la Madeleine, mais ce Diogène d'un nouveau genre ne put trouver son homme dans la population de ce quartier.

Il n'y avait là, en effet, que des rôdeurs de barrières, des gens enfermés pour voies de fait, de petits criminels indignes, en un mot, de fixer l'attention d'un explorateur. Quelques voleurs en rupture de ban se montraient bien çà et là dans le préau, mais le nouveau venu savait déjà combien on doit faire peu de fond sur de semblables coquins; aussi, attendait-il impatiemment le moment de sa condamnation pour être transféré à Bicêtre; et comme il n'avait aucun antécédent mauvais, connu au moins de la police, il s'attendait à n'être condamné qu'à six mois de prison au plus.

Nous verrons si l'événement justifia cette prévision; mais pendant que Lacenaire est en prévention à *la Force*, pour le vol du cabriolet de remise, et dans l'attente de son jugement, arrêtons-nous sur une affaire assez malheureuse qu'il eut antérieurement à ce délit, et dans laquelle fut victime le parent d'un des personnages les plus fameux de l'époque.

CHAPITRE IX.

Le neveu de Benjamin Constant. — Un duel.

On était alors en 1829. La lutte entre les libéraux et les royalistes était dans toute sa force, les ressentiments dans toute leur âcreté. En ce temps de discussions envenimées, malheur aux tièdes! — La politique se mêlait à tout, s'infiltrait partout : dans les tabatières à la Charte; dans les réimpressions de Voltaire, de l'éditeur Touquet; dans les chapeaux à la Bolivar, et dans ceux dont les coiffes étaient illustrées de portraits de Lafayette, de Laffitte, de Dupont (de l'Eure), etc. Au restaurant, au café, au cercle, on ne se groupait qu'avec les gens de son bord, et jusque dans les maisons de jeu non publiques, la ressemblance des opinions assortissait les adversaires.

Lacenaire fréquentait assidûment ces derniers endroits, autant par plaisir que par nécessité, et il avait rencontré dans l'un d'eux le neveu de Benjamin Constant, le célèbre orateur de l'opposition.

Le jeune homme était aussi joueur que son illustre parent, mais il n'avait pas cette générosité dans le gain, cette insouciance dans la perte, et cette exquise urbanité qui faisaient de son oncle, soit à la tribune, soit autour d'un tapis vert, le plus accompli des gentilshommes.

Il se fâcha après quelques pertes réitérées, et chicana Lacenaire, contre lequel il jouait, sur un coup douteux.

A l'imitation de ceux qui se sentent véreux, ou tout au moins suspects, Lacenaire mit avec emphase en avant son honneur et sa délicatesse.

— Je n'ai pas besoin de parler de tout cela, lui répondit M. de Constant; le nom que je porte est une garantie de ma loyauté, tandis que je me demande encore si je ne suis pas un sot de me faire gagner mon argent par des inconnus...

— Il est vrai, lui répondit son adversaire piqué, que je n'ai aucun oncle député et orateur; mais au moins, dans ma famille, jamais on n'a chanté la palinodie ni fait le saltimbanque.

— Que voulez-vous dire, monsieur, je ne vous comprends pas! — reprit le neveu pâle de colère et les lèvres frémissantes.

— Ce n'est pas à moi de vous l'expliquer, monsieur, si vous ne connaissez pas l'histoire contemporaine et les sauts de carpe de monsieur votre oncle à l'époque des Cent-Jours!

En parlant ainsi, le joueur faisait allusion à une fameuse et virulente protestation dirigée par Benjamin Constant contre l'Empereur, marchant de l'île d'Elbe sur Paris, et à l'acte qui en fut la suite.

En effet, Benjamin Constant avait lancé contre le fugitif une des plus brûlantes invectives dont les fastes de la politique fassent mention, et il avait pris, en prévision de la réinstallation de Napoléon sur le trône, une de ces résolutions stoïques dont les grands écrivains trouvent plus souvent la formule sous leur plume que le courage de les accomplir dans leurs cœurs. Dans cette objurgation passionnée comme une catilinaire, il disait en parlant du vaincu de la coalition européenne :

« Il reparaît sur notre territoire, cet homme teint de
« notre sang; il reparaît, cet homme poursuivi naguère
« par nos malédictions unanimes.

. . . .
« Il redemande sa couronne, et quels sont ses droits?
« C'est un chef armé qui fait briller son sabre pour
« exciter l'avidité de ses soldats; c'est Attila, c'est Gen-
« ghis-Khan, plus terrible, plus odieux, qui prépare
« tout pour régulariser le massacre et le pillage. Quel
« peuple serait plus digne que nous du mépris si nous
« lui tendions les bras? Nous deviendrions la risée de
« l'Europe, après en avoir été la terreur; nous repren-
« drions un maître que nous avons nous-mêmes couvert
« d'opprobre; notre esclavage n'aurait plus d'excuse, notre
« abjection plus de bornes, et du sein de cette abjection
« profonde, qu'oserions-nous dire à ce roi (Louis XVIII)
« que nous eussions pu ne pas rappeler?
« Non, Parisiens, telle ne sera pas notre conduite,
« telle ne sera pas du moins la mienne. J'ai vu que la
« liberté était possible sous la monarchie. J'ai vu le roi
« se rallier à la nation. Je n'irai pas, misérable trans-
« fuge, me traîner d'un pouvoir a l'autre, couvrir l'in-
« famie par le sophisme, et balbutier des mots profanes
« pour racheter une vie honteuse! »

Après une page d'une éloquence aussi enflammée et aussi fière, le dernier qui dût se vendre au despotisme impérial, était sans contredit celui qui l'avait écrite, à moins de livrer la parole humaine à la dérision la plus universelle et la plus légitime. Cependant le tribun n'ayant pas fui au 20 mars; l'Empereur, revenu aux Tuileries, l'y fit appeler, et, à l'issue d'une entrevue où fut jouée entre les deux personnages la scène d'Auguste pardonnant à Cinna, Benjamin Constant, supplié d'accepter les fonctions de conseiller d'État, céda à Napoléon, et se rallia à lui au milieu de la stupéfaction générale.

Ce trait de versatilité dévoilé devant les assistants, à l'époque où Benjamin Constant était justement considéré comme une des colonnes du parti libéral, contrariait trop vivement son neveu, pour ne pas donner lieu de sa part à des provocations directes. Aussi un duel fut-il proposé par M. de Constant et accepté par Lacenaire.

Le lendemain, les combattants, accompagnés de leurs témoins, se rendirent au bois de Boulogne, rendez-vous ordinaire alors de tous les duellistes, et, dans un fourré voisin de l'allée des Princes, le combat eut lieu au pistolet.

L'issue en fut fatale pour le neveu de l'orateur libéral. Il tira le premier et manqua son adversaire. Lacenaire le visa froidement et l'atteignit au sein droit d'une balle homicide.

CHAPITRE X.

Diogène en prison. — Poissy. — L'écrivain public.

Ce cadavre de plus sur la conscience ne devait point le distraire de son idée fixe, le vol; et c'est après ce triste événement qu'il avait escroqué et vendue si impudemment la voiture de remise. Au lieu des six mois de prison auxquels il s'attendait en punition de cette filouterie, on le frappa d'un an de détention. C'était donc à Poissy qu'il devait faire son temps.

Cette aggravation de peine l'exaspéra, et, quoique son existence n'eût été avant, comme après la mort de M. de Constant, qu'une longue station dans les cafés et les maisons de jeu, quoique sa vie fut entachée déjà d'escroquerie, de faux et d'assassinat, ce jugement affermit en son âme les résolutions les plus sinistres.

C'est donc avec des sentiments excessivement haineux que Lacenaire se mit en devoir d'étudier la nouvelle société qu'il s'était presque choisie, et il y était d'autant plus à l'aise pour y faire ses observations que malgré ses dehors polis et distingués et quelques dégoûts passagers, il s'y était assez facilement acclimaté.

Avant d'entrer à la maison centrale de Poissy, il lui fallut passer trois ou quatre semaines à Bicêtre, et il a assuré pourtant depuis, que lorsqu'il se trouva au milieu de tous ces forçats destinés pour Brest, Rochefort ou Toulon, la vue de ces hideuses illustrations du vol et du meurtre lui fit regretter son dessein de vivre des produits du crime, et surtout la manière dont il avait commencé à mettre son projet à exécution.

Que trouvait-il, en effet, parmi tous ces misérables?... une résignation apathique à leur sort et aux châtiments de la justice, un abrutissement complet dans ceux que la vindicte publique vouait à des peines pires que la mort; des rêves chez les condamnés passibles de plusieurs années de prison, ou des projets insensés dont la réalisation était ajournée à leur sortie.

C'est, en effet, une chose digne de remarque, combien la captivité énerve l'homme et le rend incapable d'énergie pour tout ce qui est étranger à son évasion. Les piliers de prison, qui, tout en la maudissant par habitude, peuvent y vivre sans effroi avec un avenir de plusieurs années de détention devant les yeux, ne sont bons à rien et ne laissent pas d'être dangereux. Ils n'ont pas le courage du crime, et ce n'est pas un de ces êtres que cherchait ce raccoleur de bagne.

Pour trouver son séide, il avait de prime abord observé soigneusement tous ceux qui devaient sortir à peu près en même temps que lui, et, dans cette foule de bandits, il n'avait distingué aucune nature trempée pour le crime. Il n'y avait donc rien à faire avec ces êtres voués à un éternel mépris par leur basse et vulgaire abjection. Les prisonniers doués d'un peu d'énergie, *ayant de la race* ou *du cachet*, comme on dirait aujourd'hui, ne devaient être libres qu'à des époques très reculées; il était aussi imprudent qu'inutile de leur faire des propositions pour l'avenir.

Lacenaire ajourna à un temps meilleur ses projets d'embauchage pour l'assassinat, et se livra exclusivement à ce qui fut toujours chez lui presqu'une monomanie : à la versification.

Il a prétendu, et nous n'avons pas de peine à le croire, qu'en se consacrant à ce passe-temps, il redevenait plus heureux qu'il ne l'avait jamais été, même à l'époque où le jeu et l'escroquerie lui permettaient de satisfaire toutes ses fantaisies.

« Si j'aime la poésie, dit-il à ce propos avec une fatuité excessive, rien n'est aussi assommant pour moi que d'écrire en prose. C'est dommage qu'il soit si difficile au langage des Muses de se dépouiller de l'hyberbole. *Sans cela, lecteur, tu aurais eu le plaisir de lire mes Mémoires en vers, et cela m'eût beaucoup moins coûté que cette mauvaise prose.* »

Méry n'eût pas mieux dit, lui qui écrivait à Alexandre Dumas : « Mon cher ami, pardonnez-moi de vous écrire en vers : — je suis très pressé. »

Ce n'est certes pas nous qui nierons les joies attachées à l'enfantement heureux d'une élégie, d'une ode ou d'un poëme, et le charme que répand sur la vie le culte de la poésie; mais nous n'admettrons jamais, pour l'honneur des lettres, — et parce que cela n'est pas vrai! — qu'on puisse être en même temps voleur, meurtrier et *poëte*. Un bandit, quel qu'il soit, peut faire des vers, c'est possible; mais, quant à avoir dans le cœur cette fibre attendrie, dans le cerveau cette étincelle sacrée qui font le vrai poëte, c'est autre chose!

La tante de Lacenaire l'avait assisté pendant son séjour dans ses diverses prisons; mais, deux mois avant la sortie de Poissy de son terrible neveu, elle cessa de lui témoigner le moindre intérêt, et partit pour la campagne sans lui laisser son adresse. Elle se contenta seulement de faire déposer pour le détenu, chez le concierge, quelques effets d'habillement.

La vieille dame avait peur d'avoir sur les bras un parent aussi gênant. Le condamné reçut fort à propos ces vêtements pour quitter la maison centrale; sans cela il risquait fort de s'en aller presque nu, et, comme il ne s'était formé aucune espèce de *masse* par son travail manuel, il n'avait à recevoir, avant de franchir le guichet, qu'une somme de cinq francs pour tout secours. Aussi, le jour de sa délivrance, ce *beau jour*, comme on l'appelle ordinairement, ne lui inspira qu'un sentiment de tristesse: car, malgré ses idées de révolte sociale, il voyait, comme tous les brigands, dans leurs moments lucides, l'échafaud dressé à l'extrémité de sa route.

Sans ressource encore une fois, le libéré alla faire des démarches chez ses connaissances, mais ce fut vainement. Il trouva toutes les portes fermées et resta abasourdi du triste résultat de ses visites. La seule chose en ceci qui nous étonne à notre tour, c'est l'étonnement de Lacenaire. Les gens du monde comprennent jusqu'à un certain point le vol chez les gens placés au bas de l'échelle sociale ou chez les individus dont l'intelligence et les ressources sont nulles, mais ils se montrent impitoyables envers ceux des leurs qui dérogent et se déshonorent en vue d'un mince résultat.

Au bout de quelques jours, Lacenaire fut obligé de tirer parti, pour ainsi dire, de sa propre détresse en troquant, moyennant un retour, ses habits à moitié usés contre d'autres plus délabrés encore. Cet argent épuisé, la misère se montra tout à fait à lui dans sa hideuse réalité ; il resta deux jours sans manger. La faim rugissant dans ses entrailles et aiguisant ses dents, les instincts de la bête de proie se réveillèrent en lui. « Oh ! si dès lors je n'eusse rêvé la vengeance, écrit-il, j'aurais tué dans la rue le premier passant, et je me serais écrié:

Oui, c'est moi qui l'ai tué! Puisque vous me refusez la vie, vous me donnerez bien la mort, maintenant! Quant au suicide, je n'y pensais même pas; c'eût été trop généreux de ma part. Celui qui reçoit plusieurs blessures sur le terrain doit continuer le combat tant qu'il a la force de tenir son épée. Qui sait s'il ne trouvera pas le défaut de son adversaire? »

Le soir de son troisième jour de diète, il rencontra par hasard un de ses camarades de régiment. Lui peindre sa situation et l'apitoyer sur ce qu'elle avait d'horrible fut facile à Lacenaire. Son ami était lui-même très mal dans ses affaires, mais, comme il avait bon cœur, il fit ce qu'il put. De sa bourse d'abord, si plate qu'elle fût, de ses conseils ensuite, il aida son ancien compagnon de garnison, contrairement à ce qui se pratique chez les gens heureux, et, grâce à quelques francs généreusement partagés, Lacenaire put entrer dans une petite gargote située rue de la Monnaie, en face le Pont-Neuf. Il se jeta avec avidité sur les premiers plats de ce repas inespéré. Les mets qui le composaient n'étaient pas succulents, mais jamais on ne fit plus d'honneur à ceux des festins d'Apicius.

— Pourquoi ne cherches-tu pas de l'ouvrage chez les écrivains publics? dit le brave garçon au mangeur affamé dans un intervalle de répit.

— Tiens! je n'y ai jamais songé, répondit le dîneur, un peu soulagé de sa crise famélique; — c'est une idée, ça!

— Eh bien! il faut y penser dès demain. Tu as une bonne écriture, elle est belle même; tu es vif, et ferré sur l'ortographe, tu ne peux manquer de faire ton affaire.

— Crois-tu ?

— J'en suis sûr.

— Mais où trouver tout de suite un bureau où je puisse être employé?

— Oh! mon Dieu! cela ne manque pas, va! Rôde un peu aux environs du Palais de Justice, et tu trouveras immédiatement à te caser.

Effectivement, le lendemain, Lacenaire se mit à courir tous les bureaux d'écrivains, et entra, le jour même, dans un des meilleurs de la ville.

Une fois placé là, il gagna beaucoup d'argent par sa promptitude et son habileté. C'était quelques semaines après la révolution de Juillet. On pétitionnait de toutes parts, et la France était en proie à une fièvre de places et d'emplois qui tenait du délire. Chacun faisait valoir ses services réels ou prétendus à la cause libérale, et proclamait ses titres par dessus les murs.

— J'ai conspiré contre le gouvernement déchu, disait l'un.

— Moi, j'ai été condamné sous la branche aînée, disait l'autre.

— Je suis une victime! s'écriait un troisième avec violence.

— J'ai tué tant de Suisses! disait fièrement un troisième.

— Et moi tant de gardes royaux... soupirait un quatrième avec un air de componction.

— A moi une indemnité, messieurs les députés!

— A moi une place, monsieur le ministre !
— A moi la croix d'honneur, sire !

Quel tableau ! Et comme il subit peu de varations à chaque époque ! C'était donc un état superbe que celui de copiste dans un temps pareil. En effet, les lettres anonymes s'entre-croisaient dans l'air. Les méchancetés, les dénonciations, les trahisons rampaient dans l'ombre, en prenant leur point de départ de la boutique du calligraphe, l'homme le mieux placé en ce temps de trouble et de fermentation pour voir monter à la surface de la société la boue qui séjourne en ses bas-fonds.

CHAPITRE XI

Le père Soubise et ses cinq filles. — Un prince de Bohême.

A cette époque d'insouciance, de travail facile et productif, le génie du mal accorda une trêve à Lacenaire, et notre homme mena presque une bonne conduite. Il fréquentait alors, avec quelques étudiants assez brouillés avec leurs études, un taudis établi près du Luxembourg, non loin de l'endroit où fut construite depuis la *Closerie des Lilas*. Cette maison, d'apparence suspecte, composée d'un seul d'étage, d'un rez-de-chaussée et d'une cour encombrée des objets les plus disparates, était tenue par un nommé Soubise et par sa femme, grande créature maigre et sèche, qui traînait à sa suite cinq filles embarrassantes et rousses. Leur père était cependant un petit homme brun, grêlé, à la physionomie mobile, aux regards vifs, ombragés d'épais sourcils gris. Il avait un tel cachet d'originalité, un accent et un caractère gascons si vivement accusés, que si, à l'heure qu'il est, il n'existait encore, on aurait pu le prendre pour une figure de fantaisie.

Le père Soubise, comme l'appelaient ceux qui hantaient sa maison, était prêt à tout faire pour nourrir son incommensurable famille, et, de fait, il faisait tout.

Tailleur, il achetait à ses clients des effets d'habillement, que ses filles retournaient et vendaient à des ouvriers; limonadier marron, il donnait à boire en cachette aux ivrognes de son voisinage; croupier clandestin, il faisait tailler au fond d'une salle de son rez-de-chaussée, ornée de quinquets en fer-blanc, de petites bouillottes assassines, et prêtait aux initiés malheureux de chétives sommes en stipulant des intérêts corrosifs. Aucune profession ne lui était étrangère : comme armurier, il raccommodait les vieilles armes et les louait pour le tir ou la chasse, avec des chiens qu'il dressait lui-même; vétérinaire, il prenait en pension ceux qui étaient malades, ce qui ne l'empêchait pas d'élever pêle-mêle avec ces quadrupèdes des lapins, des poules et des oiseaux. Jamais un dissentiment ne se manifestait entre ces animaux sous le regard dominateur de Soubise. Incapable de se livrer complètement au repos, ne fût-ce qu'un quart d'heure, sa seule distraction était le maniement ou l'enseignement du bâton, son arme favorite. Lacenaire, son élève chéri, éprouvait le plus grand plaisir à le faire causer sur les avantages qu'on pouvait retirer de cet art, et lorsqu'il était parvenu, — chose toujours facile, — à amener le professeur sur ce sujet, le père Soubise ne reculait devant aucune hyperbole.

— On ne sait pas quelle est la puissance d'un moulinet en pleine branle, disait-il un jour à Lacenaire; tenez, en Russie... — il faut qu'on sache que le conteur prétendait avoir fait *toutes* les campagnes de l'Empire; — en Russie j'ai arrêté, pendant plus d'un quart d'heure, avec une simple canne ferrée, dix Cosaques qui tournoyaient autour de moi comme des corbeaux, et aucun de ces mangeurs de chandelles n'a pu m'atteindre de sa lance. J'en tuai deux et blessai grièvement trois ou quatre à la tête...

— Et les autres, lui répondit sceptiquement Lacenaire, que devinrent-ils?

— Les autres! je les étourdis de coups à la tempe. Et ils prirent la fuite... Je vous réponds qu'après cette petite séance je n'avais pas froid, malgré la neige qui m'aveuglait!...

— Mais, avec une pareille dextérité et une telle puissance dans le poignet, vous auriez pu, par vos évolutions, parer cette neige-là, et l'éloigner de vos yeux?

— Parer la neige, c'est impossible! répliqua le bâtoniste exalté; — si c'eût été la grêle, à la bonne heure!

Lacenaire adorait cet être hâbleur et naïf à force d'être exagéré; il lui faisait don d'une foule de pipes brillamment culottées, que le vieillard vendait avantageusement à des amateurs; et, quand il était en fonds, son bonheur était d'inviter Soubise à partager un souper que celui-ci préparait lui-même, car, à ses innombrables talents, le père Soubise joignait des connaissances culinaires tellement variées, que lorsqu'il s'agissait pour lui de gagner deux cents pour cent sur la dépense, il improvisait des plats avec les ingrédients les plus imprévus.

Pour Lacenaire surtout qu'il avait en haute estime, il se mettait en quatre. Au besoin il aurait fait sauter pour lui une paire de gants à la poêle. Dans la soupe à l'oignon, le père Soubise avouait modestement n'avoir pas de rival. Certes, un homme ordinaire aurait pu se contenter de ces dons rares et précieux; mais non; il paraît que ce Protée industriel visait à l'universalité, car il avait encore trouvé le moyen, dans ses impossibles loisirs, de cultiver le violon et la guitare! — Il fallait bien le penser, puisqu'un de ces instruments devenu monocorde avec le temps, pendait mélancoliquement au mur de son rez-de-chaussée.

Aussi, chaque fois que le vaniteux Lacenaire, qui avait les mœurs des phalènes, rencontrait la nuit quelques-uns des habitués de ce taudis, ne manquait-il pas de les interpeller ainsi :

— Allons-nous finir la soirée chez *le prince?*

Ce titre élevé était le sobriquet par lequel il désignait Soubise devant les étrangers, pour les éblouir ou pour les faire poser.

— Ça y est! répétaient les invités, allons au bal chez *le prince de* Soubise!

Ceux qui n'étaient point au courant de la plaisanterie ouvraient de grands yeux et refusaient la proposition, en prétextant le négligé de leur mise; mais on leur assurait tellement que *le prince* était bon enfant et ennemi du cérémonial, qu'ils se laissaient conduire chez lui, non sans épousseter leurs chaussures et sans rajuster leurs faux cols pendant toute la route.

Les farceurs arrivés devant « l'hôtel, » ainsi qu'ils appelaient emphatiquement la maison du père Soubise, frappaient d'une certaine manière.

Le *prince* mettait la tête à la fenêtre :

— Que voulez-vous maintenant? demandait-il aux jeunes gens groupés dans la rue ; tout est fermé, je suis couché, vous le voyez bien...

— Nous voulons danser, père Soubise, répondait Lacenaire, toujours délégué pour entamer ces négociations délicates ; nous avons une soif de la Méduse : donnez-nous de la bière et un bal...

— Comment me paierez-vous ça, mes enfants? vous savez qu'après minuit je ferme l'œil.

— Allons, vieux, pas de calembour à cette heure indue. Vous serez payé d'avance.

— Alors, attendez-moi une minute, mes petits amours, je suis à vous...

Les nouveaux venus commençaient dès lors à comprendre l'apologue, et les anciens à se moquer d'eux. Le père Soubise entre-bâillait doucement sa porte un instant après, tendait la main pour recevoir le salaire de ses veilles, et, la somme empochée, laissait entrer à son rez-de-chaussée mystificateurs et mystifiés. Aussitôt il allumait les quinquets en fer-blanc de sa fameuse salle, remontait au premier, afin de réveiller son violon dormant dans sa boîte et ses cinq filles ronflant dans leurs lits. Les pauvres demoiselles, encore tout ensommeillées, descendaient, flanquées de leur mère, en s'arrangeant leurs cheveux écarlates. Le quadrille ne tardait pas à s'organiser. Le père Soubise faisait entendre un prélude qui ne se détachait que plus brillamment sur le silence de la nuit et s'écriait : *la chaîne anglaise!* — Dans ce temps-là on commandait encore.

Après chaque contredanse, le *prince* déposait son violon sur une chaise, et servait à ses hôtes des petits verres d'une eau-de-vie ou d'un cassis meurtriers, soldés instantanément, et l'on se remettait en danse.

Vers quatre heures du matin, les danseuses remontaient dans leurs chambres, et les cavaliers, que cet exemple n'encourageait pas à regagner leurs domiciles, s'étendaient où ils pouvaient, et ronflaient jusqu'au jour.

Lacenaire passait assez souvent ses nuits chez le père Soubise, grâce à l'argent qu'il retirait de ses copies.

CHAPITRE XII.

Un vol par devant notaire. — Le voleur fastueux.

Cette vie d'écrivain public convenait assez à ses goûts d'indépendance. Cependant, il lui fallut la quitter encore, sans aucun tort de sa part cette fois-ci. Le propriétaire de son bureau était un ancien militaire. Un de ses camarades, revenu d'Alger, se trouvant pour le moment sans moyens d'existence, s'adressa à lui. Le chef du bureau d'écritures, n'ayant à disposer d'aucune autre ressource, proposa à son ami la place de son dernier employé, ce qui fut accepté sans délai, comme on se le figure bien.

Voilà donc Lacenaire de nouveau sur le pavé. Il se remit à chercher de l'occupation sans pouvoir en trouver, mangeant les quelques sous qu'il avait économisés, et retrouvant encore la faim devant lui.

Un jour, — il ne lui restait presque plus rien, — il eut le malheur de rencontrer, justement dans la rue de Condé, devant la porte d'un Mont-de-piété, une de ses anciennes connaissances de Poissy. Après quelques paroles, celui-ci instruit de la position de son ex-compagnon, lui offrit de participer à un vol avec fausses clefs, qui devait avoir lieu le même jour.

— Nous sommes déjà deux, dit-il; mais je déciderai mon camarade à t'adjoindre comme troisième en répondant de toi.

— Je ne suis pas bien décidé, répondit Lacenaire.

— Pourquoi cela? dit celui qui possédait l'*affaire*: je te dis que tout est sûr, et qu'il n'y a pas grand ouvrage à faire.

— Parce que je risque de me faire arrêter et envoyer aux galères. Or, je ne veux à aucun prix retourner en prison, je m'y ennuie trop. J'aimerais mieux une bonne fois, *refroidir* quelqu'un qui en valût la peine, au moins après cela j'aurais devant moi ou de l'argent ou la guillotine.

— Comme tu voudras, alors! — Quant à nous, nous ne sommes que *caroubleurs* (voleurs avec fausses clefs) pour le moment. Si c'est le *pré* que tu crains maintenant, tu as tort, toutes les précautions sont bien prises.

— C'est égal, fais l'affaire sans moi.

— En ce cas, adieu... *Motus!* n'est-ce pas?

— Tiens!... dit Lacenaire, me prends-tu pour un enfant ou pour un traître?...

L'individu s'en allait par la rue du Petit-Lion-Saint-Sulpice; Lacenaire l'avait quitté pour se diriger vers la rue de l'Ancienne-Comédie; mais il revint sur ses pas, et courut après son interlocuteur. La tentation avait fait son effet. Il atteignit le *caroubleur*, et l'arrêtant par le bras :

— Ma foi, lui dit-il, j'étais un imbécile, et, toute réflexion faite, j'accepte, je suis à ta disposition.

— Ça m'étonnait aussi de te voir si mou, répondit l'autre personne... Eh bien, trouve-toi ce soir à six heures sur le quai Malaquais; j'irai te prendre, car il faut profiter du moment où le bourgeois sera sorti, et, comme ce soir il est invité à un dîner de noce, il ne faut pas manquer cette occasion. Si ce n'est pas moi, ce sera mon associé qui viendra. Tu le reconnaîtras en le voyant jeter de la mie de pain dans la fontaine placée entre la boutique d'une liquoriste, nommée madame Moreaux, et le café Manoury.

— De façon que je puis compter sur l'un de vous d'eux, bien sûr!

— Oh! très sûrement! D'ailleurs, si lui ou moi nous tardons un peu, voilà vingt sous, rafraîchis-toi chez madame Moreaux; il n'y a pas moyen de s'y ennuyer... c'est plein d'étudiants et de grisettes.

— L'un ne va pas sans l'autre... Ainsi, voilà qui est convenu... Ah! une réflexion : si nous rencontrions la bonne du bourgeois?

— La bonne!... C'est la maîtresse de l'associé. Elle va sortir précisément cet après-midi. C'est elle-même qui a *nourri le poupard* (qui a indiqué le vol).

— Bien! très bien! dit Lacenaire en s'éloignant.

On fut exact de part et d'autre au rendez-vous. Le vol devait être pratiqué chez un marchand de modes, demeurant rue Saint-Honoré, au troisième, près le Palais-Royal. Les rôles furent distribués. Lacenaire devait arriver le premier dans la maison, en demandant un locataire du cinquième, toujours à table à six heures du soir. Son poste était sur le carré, pour donner l'éveil si, par hasard, le commerçant, sa femme, ou d'autres personnes arrivaient intempestivement. Les deux autres voleurs étaient censés venir chercher leur ami chez le locataire en question. De cette manière, le séjour des trois filous dans la maison s'expliquait parfaitement.

Le vol réussit à merveille et produisit deux mille francs en argent, une pièce de soie noire, deux autres de moire rose et bleue, une centaine de mètres de liseré en velours et plusieurs coupons de taffetas dépareillés.

Pendant que les industriels *travaillaient*, la bonne se tenait dans un fiacre en face de l'église Saint-Germain-l'Auxerrois. Ils allèrent la retrouver après, et lui donnèrent les marchandises en nature, avec une somme de deux cents francs pour sa part. Après quoi elle fila rapidement avec son butin.

Les voleurs se dirigèrent ensuite vers la rue des Prêtres-Saint-Germain-l'Auxerrois, et entrèrent dans un petit établissement, nommé le *Café Momus*, dont Murger a fait depuis le bivouac de Colline, de Schaunard et des autres personnages de *la Vie de Bohême.*

Ce fut Lacenaire qui, en sa qualité de nouveau venu, paya les frais dus *au notaire* pour *l'acte de partage.* C'est ainsi que les flibustiers désignaient le compte des consommations qu'ils firent en liquidant leur opération. Inutile de dire que le *notaire* n'était autre que le limonadier.

Le *poète* de Poissy se trouvait donc, comme ses deux autres collègues, possesseur de six cents francs. Il y avait longtemps qu'il n'avait eu autant d'argent en sa possession. Aussi prit-il un petit logement près du Louvre, dans la rue Pierre Lescot, rue disparue depuis, mais hantée à cette époque par une population suspecte à tous, et par cela même très connue de la police. Il meubla deux pièces et se mit à faire le rentier.

On conçoit bien qu'il ne pouvait parvenir à jouer ce rôle sans son accessoire indispensable, l'argent; aussi chercha-t-il à s'en procurer le plus possible.

La facilité avec laquelle il avait réussi son premier vol avec fausses clefs lui donna du goût pour ce genre d'industrie. Il le pratiqua pendant six mois, et durant ce laps de temps, il mena joyeuse vie et s'habilla comme un dandy du boulevard.

Il avait si bien combiné son plan, que personne, hors ses associés, ne savait qui il était, ni comment il existait.

Un des vols les plus forts parmi ceux qu'il commit à cette époque fut fait au préjudice d'un joaillier. Il lui rapporta six mille sept cents francs. Mais ce qui vient au son de la flûte s'en retourne au son du tambour. Le tonneau des Danaïdes de la roulette et du trente-et-quarante engloutissait ces sommes. Lacenaire était affligé d'une déveine chronique, et bien souvent il fut obligé de dévaliser radicalement les plus pauvres ménages.

« Ces vols, disait-il à la Conciergerie me pèsent plus sur la conscience que tous mes assassinats. »

Mais comme il lui fallait des gants toujours frais, des cravates irrésistibles, de fines chemises et des cigares, les pauvres gens contribuaient à cet entretient coûteux, quand les riches, auxquels il donnait la préférence, avaient trop bien pris leurs précautions.

Chose bizarre encore! Lacenaire assistait toujours les malheureux qui tendaient la main sur son passage, et il est certain qu'il a préservé des infortunés du désordre, de la misère et même du crime.

Explique qui pourra cette anomalie.

Il disait « qu'un voleur doit être généreux, » et il mettait largement en pratique cette maxime philosophique. Après la fermeture de nous ne savons plus quel théâtre, il secourut à propos un garçon d'accessoires sans emploi dont la femme était malade des suites d'une mauvaise couche. En parlant de Lacenaire, comme tout le monde le faisait, lors des célèbres débats de la cour d'assises, cet homme disait à un artiste de notre connaissance :

« — Est-ce Dieu possible qu'il ait fait ces abominations!... Quand je pense qu'il m'a donné vingt francs presque sans me connaître, un soir que je rôdais près le canal... Oui, monsieur A..., sans ces quatre pièces de cent sous, je me jetais à l'eau ou je tuais quelqu'un pour lui prendre sa montre. »

Pendant cette période d'escroqueries de toutes sortes, Lacenaire ne laissait jamais de chercher quelqu'un capable de le seconder dans un meurtre productif. On sait que c'était là son idée fixe. Il ne put y parvenir, et fut obligé, à la suite d'un désastre, de rentrer dans la société.

CHAPITRE XIII.

L'orgie des clercs. — L'apparition. — L'horoscope.

Il avait lié connaissance dans un des meilleurs cafés, de Paris avec quelques clercs de notaire qui en étaient les habitués assidus. Ses manières, ses dépenses, sa libéralité naturelle le firent aisément prendre par ces jeunes gens pour le fils d'un riche négociant de province, dépensant à Paris les revenus paternels; c'est du reste ce qu'il leur avait laissé entrevoir.

Parfois, dans la conversation, ces clercs, expansifs comme on l'est à leur âge, s'étonnaient de ce qu'un jeune homme si bien doué que lui se laissât aller complétement à l'oisiveté, et ne cherchât pas à employer ses heureuses facultés dans une profession quelconque. Il ne leur avait pas laissé ignorer qu'il avait déjà passé quelque temps dans le notariat et on l'engagea tout naturellement à s'y remettre de nouveau comme clerc-amateur, position que sa fortune lui rendrait agréable et facile.

Cette idée sourit à Lacenaire et il la saisit au passage, non pas qu'il fût dans l'intention de travailler sérieusement, mais parce qu'en entendant ce conseil, le projet d'enlever la caisse de l'étude où il serait reçu, sans se compromettre en rien, avait surgi dans sa tête.

Au bout de quelques jours, un de ces jeunes gens se trouva à même de le caser chez un des meilleurs notaires de Paris, et, pour le remercier de ses démarches, Lacenaire l'invita à dîner avec tous ses autres confrères et quelques avoués en herbe. Son futur maître clerc fut aussi sollicité de prendre sa part du festin.

Il n'est pas besoin d'affirmer que tous les convives furent exacts à leur poste, car, de mémoire de praticien, il est sans exemple qu'un clerc ait boudé à un repas qui promet d'être long, succulent et abondant en liquides. Celui qui commencerait à introduire dans la pratique ce dangereux errement serait désigné sur tous les murs, signalé sur toutes les colonnes du Palais-de-Justice, à l'indignation de la basoche, et la Chambre même des notaires, renforcée de celle des avoués, serait impuissante à le réhabiliter.

C'était un samedi que le fameux dîner devait avoir lieu, et Lacenaire devait entrer en fonctions le lundi suivant. Il avait en maniement, à cette époque, une somme de cinq mille six cents francs, et il fit carrément les choses ! Du reste, il avait affaire à des convives décidés à faire honneur à sa table et à lui montrer ce que peuvent une quinzaine de clercs excités par un chef entraînant et lancés à point sur une table chargée à mitraille.

L'action commença avec ordre et dans un silence remarquable. Au premier service, la troupe, s'animant par degrés, passa avec vivacité sur les ouvrages légers et attendit en frémissant les grosses pièces. Quand elles furent à leur portée, la valeur des assaillants ne connut plus de bornes. Elles avaient beau opposer leurs masses profondes à l'intrépidité de leurs adversaires, elles étaient attaquées à la fourchette, — cent fois plus meurtrière aux mains des clercs que la baïonnette, — et éventrées avec rage !

En vain les pâtés superbes dressaient devant les assiégeants leurs fortifications de croûte vermiculée, ils étaient abordés à l'arme blanche, escaladés, broyés et avalés en une bouchée. Nul répit n'était accordé à l'ennemi. Le combat ne cessait sur un point que pour recommencer sur l'autre. Semblable au serpent qui se mord la queue, cette bataille livrée à la chair et à la pâte semblait devoir être sans fin. Il y avait près de quatre heures qu'elle durait, mais la *furia francese*, alimentée par le sang généreux de la vigne, demandait toujours à s'assouvir au fond des flacons.

L'avant-garde succomba enfin. — Les lampes pâlirent ; — à cette époque, le gaz était presque inconnu ; — mais les clercs déchaînés, se ralliant à la voix de leur chef, tombèrent comme un seul homme, les dents encore luisantes de carnage, sur le dessert, arrière-garde du festin ! Tout fut massacré ! — Les basochiens furent beaux ce jour là ! — Il y en eut bien quelques-uns qui tombèrent blessés sous la table, au milieu des débris et des projectiles de verre, mais réveillés par la mousqueterie du champagne et exposés à la brise du soir, il se reformèrent pour prendre le café et les liqueurs avant d'abandonner le champ de bataille. — Plusieurs parlaient d'y coucher.

Ce dîner coûta plus de quatre cents francs à Lacenaire.

Le lendemain étant un dimanche, il proposa à ses héroïques compagnons de passer la nuit chez Tonnellier, une des célébrités culinaires et bachiques de la barrière du Maine, à boire du punch et à manger une soupe à l'oignon reconfortante.

La proposition fut acceptée au bruit d'unanimes acclamations.

On convint alors de prendre un repos d'une heure avant de commencer cette nouvelle campagne, et profitant de cette suspension d'hostilités envers les fioles, Lacenaire prit un cabriolet et courut à la banlieue commander du punch, du champagne frappé et une soupe à l'oignon pour quinze.

Les plus vaillants parmi les soldats de la grande affaire allumèrent des cigares, — tous les jeunes gens ne fumaient pas alors, — et se livrèrent à un écarté modéré, — les clercs n'étaient pas aussi vicieux qu'à présent. — Les autres, par un sommeil réparateur, se préparaient à de nouveaux triomphes !

En sortant de chez lui, Lacenaire s'était muni d'un billet de Banque de cinq cents francs et de dix louis. Il n'avait pas assez dépensé, et il pensait que tout devait passer au festin prémédité. Il se trouva que la carte payée, avec un pour-boire princier donné au garçon, il lui restait encore à peu près cent écus. L'idée lui vint alors d'aller au jeu gagner la dépense de la soirée, et, si la chance le favorisait, celle de la nuit.

Sans être au niveau de ses glorieux hôtes, l'amphitryon avait reçu un coup de feu dans la bagarre, et se trouvait, selon l'expression consacrée, *légèrement ému.* Il ne réfléchit donc pas davantage, descendit du cabriolet, en donnant l'ordre au cocher de l'attendre devant le passage Radziwill, et monta en titubant l'escalier du numéro 36.

Ses trois cents francs partirent aussi vite qu'une pincée de tabac au vent. Il y avait déjà quelques semaines qu'il ne jouait plus, ayant reconnu toutes les déceptions qu'amène cette habitude, mais cette perte le piqua au vif, et il ne voulut point la laisser sans compensation. Il retourna chez lui en voiture, chercher une somme nouvelle. Celle qu'il rapporta fila aussi vite que la première. Il se fit reconduire une seconde fois à son domicile et revint au 36. La déveine continua à faire le vide dans sa poche. Voulant en venir à bout, il s'élança de nouveau dans le cabriolet, et prit cette fois *mille francs;* la mauvaise chance s'acharnait à le poursuivre, et les cent pistoles s'envolèrent à tire d'aile.

Pendant ce temps-là, les clercs, repus, bivouaquaient au restaurant en attendant la fin de l'armistice. Les uns chantaient et imitaient des cris d'animaux, les autres jouaient et juraient. Un d'eux, jeune blondin, encore peu habitué au feu, avait voulu, à cause même de son inexpérience, se distinguer des plus intrépides, et, dans une ivresse opaque, il s'était juché sur la table pour prononcer un discours en faveur de la Pologne, à l'instar de M. Mauguin, l'orateur populaire du temps. Les fumées du vin, l'émotion oratoire et la chaleur de son débit lui ayant donné le vertige, il s'évanouit. — Deux clercs, l'un qui, les yeux hébétés, s'apprêtait à écouter la harangue; l'autre, rival parlementaire, qui se préparait à écraser « le préopinant » par une réponse d'homme d'État conservateur, formaient *l'assemblée* pour le tribun chancelant. Ils le reçurent dans leurs bras, le décravatèrent, l'étendirent sur la nappe en lui appliquant des serviettes imbibées de vinaigre aux tempes; puis, — par une de ces bizarreries qu'explique seule l'humeur fantasque des buveurs, — lorsqu'ils virent leur homme hors de danger, ils lui mirent des fleurs à la main gauche, un verre à la main droite, deux chandeliers ornés de bougies roses de chaque côté du corps, assujettirent sa tête alourdie dans un grand plat d'argent, et chantèrent avec d'horribles barbarismes sur l'orateur ivre-mort la prière des agonisants.

Lacenaire entra dans ce moment. Ses nerfs, excités par les émotions du jeu, son visage tiré, ses yeux enflammés, firent croire aux jeunes gens qu'il avait pris au sérieux cette farce bachique :

— Ne pleurez pas, maître, lui dit un des gardiens de l'infortuné parleur. Celui qui est couché sur ce champ de bataille, la tête sur son bouclier, a fait son devoir... Il est mort au champ d'honneur! — Laissez dormir les guerriers....

— C'est juste, dit Lacenaire, revenu à son calme habituel et faisant le salut militaire. Il faut envelopper d'un manteau de guerre ce nouveau Latour-d'Auvergne, et le déposer au tombeau jusqu'à demain. Je vais donc solliciter pour cela une couverture de laine et un lit de sangle de la complaisance du patron.

Le restaurateur fit droit à la requête de son fastueux client, et on descendit à bras, au rez-de-chaussée, le *cadavre* vivant du brave.

Ce n'était pas tout! Il restait encore à réveiller plusieurs clercs, grièvement blessés, et ronflant à terre, le long des chaises; ils étaient tombés les uns sur les autres et se trouvaient juxta-posés en pyramides comme les morts de la bataille d'Eylau, d'après le tableau de Gros. Ceux-ci tenaient avec tant de ténacité au parquet, qu'ils semblaient y être incrustés et il ne semblait pas que ce fût chose facile que de les en arracher. L'appât de la soupe à l'oignon ne les retirant point de leur léthargie, il fallut que Lacenaire, aidé des autres compagnons, employât la force pour les expulser définitivement de la salle à manger.

Il parvint enfin à les expédier à la barrière, moins le malade, en les priant de l'attendre pendant encore une heure, et il fit un quatrième voyage à sa cassette. Elle ne contenait plus que trois billets de banque, deux de mille francs et un de cinq cents.

Il les saisit d'une main tremblante et regagna au galop l'infâme maison. Le chiffre qui la désignait aux regards des joueurs brillait d'un éclat sinistre.

En montant la première fois au tripot, il avait rencontré sur les marches un vieil homme grand, sec et pâle, tout de noir habillé, et boutonné jusqu'au menton. Il n'y fit pas grande attention d'abord. Le monsieur maigre se plaça près de lui sans jouer. Chaque fois que, se trouvant décavé, il s'en allait chercher de l'argent, cet individu, dont les yeux étaient sans cesse fixés sur lui, se dérangeait aussi, venait jusqu'au sommet de l'escalier, puis rentrait dans le salon de jeu. A la dernière course que fit Lacenaire pour aller rejoindre les clercs, le personnage muet descendit tout à fait et l'escorta jusqu'au bout de la galerie d'Orléans, toujours impassible. Tout pressé qu'était notre joueur, il revint sur ses pas et vit l'homme noir en train d'arpenter le passage. Il partit un peu préoccupé de l'aspect de ce promeneur automatique. En traversant à son retour le vestibule qui conduit à la galerie de Valois, il revit l'étrange apparition. Elle interrompit alors ses allées et venues, remonta côte à côte avec lui les marches du tripot aussi silencieusement qu'auparavant.

Lacenaire se plaça devant la roulette, l'homme se mit derrière lui. Il s'apprêtait à jouer lorsqu'il sentit une main se poser lourdement sur son épaule. Il se retourna. C'était son imperturbable voisin qui l'interpellait. Lacenaire le regarda avec des yeux inquiets :

— Que voulez-vous de moi, enfin! lui dit-il avec impatience.

— Rien, jeune homme, lui répondit son mystérieux interlocuteur, en ouvrant une large bouche où branlaient deux dents longues et jaunâtres; rien. Mais sachez seulement ceci : *Le jeu mène à l'échafaud!*

Impressionné par cette sentence, Lacenaire réfléchit

une minute ou deux, puis, en souriant, et comme se parlant à lui-même :

— Bast! c'est quelque maniaque, dit-il.

Et il déposa sa mise sur la roulette.

Dix minutes après, il ne lui restait que le billet de cinq cents francs. Il le fit échanger, mit en réserve dix louis et aventura les quinze autres sur la table fatale. La sueur perlait sur son front baissé. En trois coups, il perdit ce suprême enjeu. Tout son or s'évanouissait sous l'œil terne et fixe de ce lugubre spectateur qui semblait être pour lui la personnification vivante du guignon.

Pour rien au monde Lacenaire n'aurait voulu manquer à sa parole envers les jeunes gens assemblés chez Tonnellier, et, tout ruiné qu'il était, il garda les deux cents francs extraits du dernier billet pour faire face aux dépenses de la nuit. Il descendit donc du 36. L'ironique vieillard l'accompagnait encore dans l'escalier, et son ombre se projetait sur ses murs blancs de lumière, comme une silhouette infernale. Arrivé en bas, il pressa le pas dans le sens opposé à la route de Lacenaire, et lui dit une seconde fois, mais alors avec un ricanement sarcastique : « *Le jeu mène à l'échafaud, jeune homme! le jeu mène à l'échafaud! souvenez-vous-en!* »

Puis il disparut comme un éclair à l'un des couloirs qui conduit de la galerie à la rue de Valois.

Le froid de la nuit avait saisi Lacenaire, et il eut hâte de regagner la voiture qui l'attendait.

— A la barrière du Maine, chez Tonnellier, dit-il en entrant dans le cabriolet, au cocher endormi sur son siége.

— Oh! not' bourgeois, dit l'automédon en bâillant à se désarticuler la mâchoire; c'est impossible! Jeannette ne pourra plus aller, elle est surmenée, quoi! et ne tient plus sur ses jambes, la pauvre bête!

— Allons, il est une heure passée. Voilà vingt francs, ils sont à vous, si vous y êtes dans une demi-heure, dit Lacenaire en faisant briller un louis devant les yeux clignotants du cocher.

Pour toute réponse, celui-ci secoua son carrick, rassembla ses rênes, fit claquer sa langue et enfila au grand galop la rue Saint-Honoré.

Vingt-cinq minutes après, Lacenaire entrait dans le salon bruyant du restaurateur de la barrière, et était reçu comme un triomphateur par l'assistance enthousiasmée.

— Où est-il? que je le contemple, le grand homme! dit ce même clerc qui n'avait pu discourir sur la Pologne, et dont un repos de deux heures n'avait pu calmer ni l'envie de jouer à l'orateur, ni l'exaltation conservatrice; — où est-il que je le couronne!

Alors, montant sur une chaise près de laquelle l'amphitryon s'était placé, le jeune homme au discours rentré prit une serviette par ses deux bouts et lui imprima un mouvement de rotation; ensuite, faisant faire à la toile éclatante d'une blancheur moirée un mouvement circulaire sur elle-même, il en entoura le front de Lacenaire, en la fixant à ses tempes par un nœud à rosette: puis d'un ton emphatique :

— Pardonnez-moi, sire, de n'avoir à déposer sur votre tête auguste que cette simple couronne, dit le clerc en se prosternant devant le roi de la fête. Ce n'est pas en toile damassée, c'est en or que je vous l'eusse offerte, si moi-même j'avais eu un peu plus d'argent... d'*amassé!*

Un clerc d'avoué en délire peut seul se permettre un coq-à-l'âne aussi violent.

Une explosion de murmures et de cris d'horreur accueillit ce calembour insensé, et celui qui l'avait perpétré, voyant, au bruit qui se faisait, quel effet son mot avait produit, passa sa main droite entre sa chemise et son gilet, prit l'attitude d'un orateur bravant la foule, et fixa sur ses confrères un regard empreint d'un dédain superbe.

— Allons, mes enfants, le calembour a son charme, mais il ne désaltère guère. Du punch ! — jeune courtisan, fit Lacenaire, en s'adressant au clerc, qui gardait toujours sa pose sculpturale.

On emplit son verre, et toute la nuit, il continua de boire, de rire et de manger, sans qu'un seul des assistants pût lire sur sa figure ses pertes désespérées et l'appréhension du lendemain. Cependant, le dimanche matin, en entrant à Paris, il se trouva maître de sept francs dix sous pour toute fortune. Il n'était pas ivre, malgré les excès de la veille, et il s'en alla tranquillement dormir, en pensant, non pas à l'argent perdu, il en avait pris son parti, mais à l'espèce de vision qu'il avait eue la veille à la roulette; car, depuis lors, il ne revit jamais le grand vieillard.

CHAPITRE XIV.

Le chantage. — L'homme aux cent mille francs. — Tentative d'assassinat sur sa personne.

Vers deux heures de l'après-midi, Lacenaire se réveilla les mains tremblantes, la tête vide et pesante en même temps. Il vendit à un marchand de bric-à-brac ses meubles, ainsi que tous les effets qui ne lui étaient pas indispensables, et retourna encore au jeu. Le râteau du croupier râcla sans pitié le produit de son mobilier. Il ne fallait plus songer à entrer chez le notaire, les ressources pour vivre sans appointements s'étant évanouies dans les orgies de la veille. Quant à ses anciens compagnons de vol, ils s'étaient fait *poser un gluau* (mettre en prison), selon l'expression dont l'un d'eux se servit plus tard, et leur complice se trouva de nouveau isolé et sans un sou.

Le hasard lui vint encore en aide dans cette dure extrémité. On lui donna l'adresse d'un entrepreneur d'écritures pour le Palais-de-Justice. Il alla le trouver et fut admis dans le bureau.

Cette existence calme finit cependant par le lasser et il fit quelques démarches pour tâcher d'en sortir et pour travailler à son propre compte. M° H.., avocat du barreau de Paris, lui en facilita les moyens, en répondant pour lui de la location d'un bureau d'écrivain et en lui avançant vingt francs pour en acheter les meubles indispensables. Mais il y faisait à peine ses frais, et la moitié d'une semaine s'écoulait parfois sans qu'il vît arriver une pratique. Désespéré de son peu de succès, le *commerçant* fit banqueroute, mit la clef sous la porte et rentra chez un troisième entrepreneur. Mais, au lieu de rester attaché au même établissement, il devint nomade, chercha sa vie à droite et à gauche, n'allant qu'aux endroits où le travail était pressé. Il devint enfin écrivain ambulant, et par sa faute il lui fallut renoncer encore à cette ressource.

En allant chercher du travail chez l'un et chez l'autre, le copiste-bohème, comptant sur ses forces, avait l'habitude de prendre quelquefois plus de rôles qu'il n'en pouvait confectionner.

Une fois, entre autres, il fut chargé de grossoyer une requête pour un avoué d'appel. Il fallait qu'elle fût livrée à jour fixe, et il se trouva en retard pour la rendre à l'officier ministériel. Il prit alors le parti, pour en finir plus vite, de faire recopier plusieurs fois le même rôle par différentes personnes. Le papier timbré lui ayant été fourni, il ne pouvait le rapporter sans faire découvrir sa coupable négligence ; il le garda donc.

On sut sa ruse une quinzaine de jours après, par hasard. Tous les bureaux d'écritures retentirent de cette prouesse, et il lui fut impossible de s'y représenter, car, après tout, c'était bien réellement un bel et bon abus de confiance qu'il avait commis en agissant ainsi.

Le désordre venait de rejeter Lacenaire dans la détresse, et la misère le talonnait sans pitié: il fut obligé de rallier quelques-uns des pirates qui naviguent sur l'archipel parisien. Il n'eut pas beaucoup de peine, car il connaissait bon nombre de ces écumeurs, depuis l'affaire du cabriolet.

Il revit donc un industriel qui se livrait à un genre d'escroquerie assez commun quoique assez singulier, et il s'associa avec ce faiseur.

Leur industrie consistait à se déguiser en agent de police et à se tenir, l'œil au guet, dans certains endroits de Paris où se réfugient des hommes aux mœurs plus que suspectes. Quand ils les surprenaient en flagrant délit, ils les arrêtaient sans plus de façon, et avec l'assurance que montreraient en pareil cas de véritables gardiens de la morale publique.

Bien plus, non contents de se revêtir de fausses qualités et de faux insignes, ils poussaient l'impudence jusqu'à jouer le rôle d'agents provocateurs envers ces personnes, à l'aide de quelques misérables qui leur servaient d'appât. Quand ils réussissaient, ils rançonnaient impitoyablement ceux qui s'étaient laissé prendre à ces piéges honteux.

Ce commerce, qu'on a qualifié du nom de *chantage*, avait ses bons et ses mauvais temps. Dans un de ces derniers moments, un des anciens de cette partie, le nommé R..., sortit de Poissy. Il vint chez l'associé de Lacenaire *chercher de l'ouvrage*, et tous trois réunirent leur savoir-faire contre leurs tributaires ordinaires.

Après plusieurs tentatives inutiles, R..., qui avait remarqué le caractère entreprenant et décidé de Lacenaire, le prit un jour à part, et lui dit :

— Je ne sais pas si vous êtes comme moi, mais je le pense; — je suis las de la vie misérable que nous menons, et j'en ai assez comme ça de la prison. Je connais *une affaire* qui peut faire la fortune de deux personnes. Si vous voulez me seconder, je vous l'indiquerai et nous la ferons ensemble.

— Je ne puis pas l'accepter avant de la connaître, répondit Lacenaire; expliquez-la-moi, nous verrons après.

— Mais si, après *m'être découvert* et vous avoir mis au courant de la chose, vous me lâchez, vous, à votre tour?...

— Oh! si vous croyez cela, ne me dites rien alors.. Du reste, je ne vous demande pas votre secret, moi. Seulement, si vous vous ouvrez entièrement à moi, et que la chose ne me convienne pas, vous pouvez dormir tranquille sur ma discrétion.

— Eh bien, je me fie à vous; voilà ce que c'est :

Je connais un homme qui vient tous les soirs dans une maison de jeu. Il porte toujours sur lui au moins *cent mille francs*. Je sais où il demeure, le chemin qu'il prend pour rentrer chez lui, l'heure habituelle à laquelle il sort du jeu. C'est toujours entre onze heures et minuit. Il serait facile de se poster sur sa route, d'employer la violence et de le dévaliser.

— Diable! fit Lacenaire, cela vaut effectivement la peine qu'on s'en occupe!... Mais comment se fait-il que, depuis si peu de jours que vous êtes sorti de Poissy, vous ayez pu vous mettre, de vous-même, à la piste de cette affaire?

— Je la connaissais avant que d'y entrer.

— Bah! et vous ne l'avez pas faite?... C'est qu'elle n'est pas faisable, alors. Et d'ailleurs, la personne existe-t-elle encore? a-t-elle les mêmes habitudes?

— Le personne existe, ses habitudes sont les mêmes: je m'en suis encore assuré hier.

— Eh bien, c'est qu'il y a d'autres affiliés dans le plan. Faites-moi connaître les autres maîtres du secret, et je vous répondrai catégoriquement.

— Je vous assure qu'il n'y a que moi et vous.

— C'est impossible! — Voyons, pas de confidence à demi. Dites-moi toute la vérité, cela vaudra mieux. D'ailleurs, si vous persistez à nier l'évidence, ne comptez pas sur moi. Je ne veux marcher que bien renseigné.

— Allons! je vais tout vous dire... Quel singulier homme vous faites! — Eh bien, oui, il y a un autre camarade dans l'affaire, mais on ne peut pas lui souffler sa part, car c'est lui qui m'a mis sur la voie; c'est le nommé B... — A vous dire vrai, je ne compte guère sur lui; c'est un homme comme vous dont j'ai besoin.

— Je le savais bien, moi, que nous n'étions pas seuls!... Eh bien! puisqu'un autre en est, loin de l'éliminer, il faut au contraire, pour agir sans danger, qu'il fasse partie de l'expédition ; c'est la seule manière de s'assurer de sa discrétion. Comme nous ne faisons pas disparaître Monsieur... Comment s'appelle-t-il celui que nous comptons *arrêter?*...

— Il s'appelle M. l'Avocat, car on prétend qu'il a exercé cette profession. C'est un homme qui a des pièces de cent sous à remuer à la pelle. Il a gagné plus d'un million au jeu, à l'aide d'une martingale infaillible.

— Comme nous ne voulons pas le *buter* (le tuer), il pourra tôt ou tard nous reconnaître sur le moindre mot indiscret de B.., qui mettra alors la police à nos trousses.

— C'est vrai, aussi j'irai chercher B. aujourd'hui même.

— Comme vous voudrez... Cependant, en réfléchissant bien, il eût été bien plus naturel et bien plus logique de tuer M. l'Avocat. Ni vous ni moi, nous ne voulons rester en prison, n'est-ce pas? encore moins aller aux galères?...

Un tiers survint en ce moment et coupa la conversation à cet endroit intéressant. Les deux associés se quittèrent sans avoir pu la reprendre, et, comme il était convenu qu'ils se retrouveraient le lendemain, Lacenaire alla au rendez-vous convenu. Il y trouva B.., qui y était venu avant lui. Cette circonstance le contraria beaucoup, car il avait espéré finir l'affaire sans ce tiers importun et sans avoir à le redouter, ainsi qu'il l'avait expliqué à R... L'intervention intempestive de B... dérangea tout son plan. Cependant, il dissimula son désappointement.

B... lui répéta mot pour mot ce que R... avait dit la veille, et offrit, pour lui ôter toute espèce de doute, de le mener voir la personne qui jouait ce soir-là. On y alla. Dans une des maisons de jeu du Palais-Royal, Lacenaire vit l'homme, et sortit avec ses deux autres acolytes, avec l'intention de revenir pour le voir partir, car il était bien aise de prendre connaissance de l'itinéraire du joueur et de la position des lieux.

Ils revinrent, en effet, sur les neuf heures, et bientôt ils aperçurent leur homme qui se levait de table et sortait. Lacenaire le suivit. Arrivé en bas, dans une des galeries du Palais-Royal, une personne nécessiteuse s'approcha du promeneur, et lui demanda quelque secours. Le joueur le repoussa avec grossièreté, et cependant il venait de gagner une dizaine de mille francs.

Après avoir accompagné M. l'Avocat jusque chez lui, Lacenaire revint trouver ses collègues, et leur fit part de ses observations.

— L'affaire me paraît sûre avec le moindre courage et la moindre résolution, leur dit-il. Il ne faut pas en remettre l'exécution plus loin qu'à demain.

Ils se retrouvèrent effectivement tous les trois le jour suivant à la galerie d'Orléans, et lorsque le richard y passa pour aller se livrer à son occupation favorite, ils suivirent ses pas.

M. l'Avocat sortit de la roulette à son heure habituelle, mais au moment décisif, l'un des voleurs faiblit. Il eut peur. Un tremblement convulsif le saisissant aux jarrets, il s'assit sur une borne, et, tandis que les deux autres le gourmandaient, l'homme aux cent mille francs entrait dans la zone de lumière de la rue de Richelieu.

Le poste de la Bibliothèque, si défavorable aux aventuriers, était trop proche. Le coup était donc manqué; il n'y fallait plus songer, pour ce soir-là, du moins.

Les deux complices poussèrent le troisième, chancelant et blême, dans un des couloirs qui communiquent à la rue de Montpensier. Ils le firent entrer dans un petit bouge situé en face le théâtre du Palais-Royal et devenu depuis un café honorable, séjour d'un de nos comiques les plus fantasques...

Après s'être reconforté, le voleur indisposé, un peu honteux de sa faiblesse, se retira. Quand les deux autres furent seuls :

— Ce bougre de B... est un lâche, dit R... avec rage, en frappant la table d'un coup de poing qui fit trembler les verres.

— Ah ! c'est maintenant que vous vous en apercevez, répondit froidement Lacenaire, c'est heureux !

— Conçoit-on cela ! manquer une si belle occasion ! reprit R... — Puis, après un moment de silence :

— Tenez ! si vous voulez, nous sommes assez de deux.

— Non pas ! B... sait tout, et il peut nous perdre d'un mot...

— Mais si nous *refroidissions* l'homme aux cent mille francs ?...

C'était là que Lacenaire attendait son associé, et un éclair de joie passa dans ses yeux à cette proposition si prévue pourtant.

— Ah ! ce serait différent, répondit-il en reprenant son calme habituel ; B... aurait beau parler alors, les morts ne reviennent pas, et celui-ci ne serait pas là pour nous reconnaître. Cependant, si vous êtes tout à fait décidé à le *buter*, il est prudent d'attendre une huitaine de jours pour ôter à B..., une partie de ses soupçons sur nous lorsqu'il apprendra l'événement. Alors il sera dans le doute, puisqu'il sait que nous ne sommes pas les seuls à suivre l'individu en question.

— C'est bien long, huit jours ! Moi je m'ennuie horriblement ; le *chantage* ne rend pas, on m'a refusé à dîner dans mon gargot et on me fait la mine dans mon garni.

— Il faut cependant attendre qu'une semaine au moins soit écoulée avant de rien recommencer, et si B... vous reparle de l'affaire, dites-lui que vous n'y songez plus.

— Au fait, vous avez raison. Allons, va pour huit jours! d'ici là je ferai comme je pourrai.

Et la partie, en effet, ne fut que remise pour les deux assassins, comme on va le voir.

CHAPITRE XV.

Une leçon d'anatomie appliquée au meurtre. — La chasse à l'homme. — Le changeur.

Avant de commettre l'assassinat de M. l'Avocat, Lacenaire vit son complice et le sonda à fond pour se rendre compte de ses dispositions définitives et s'assurer s'il ne faiblirait pas au moment décisif. La défaillance de B... l'avait rendu méfiant.

— Avez-vous bien réfléchi, êtes-vous entièrement décidé à me seconder auprès de M. l'Avocat, dit-il à R... Voyez, délibérez, il en est encore temps. Si vous avez quelques objections à me faire, je les entendrai, et si vous voulez abandonner l'affaire, ne vous gênez pas. Elle n'est excellente et sûre que si la volonté de la terminer est en vous; sinon, elle nous conduit tout droit à notre perte.

— Je suis tout à fait résolu à agir, lui répondit son compagnon, et nous ferons le coup ce soir même, si vous voulez.

— Non, pas aujourd'hui, mais demain, car il faut prendre nos dimensions. Voulez-vous me laisser diriger l'opération, ou voulez-vous commander en chef?...

— Non, j'aime mieux agir d'après vos instructions.

— C'est bien. Alors, écoutez-moi :

Nous *n'arrêterons* pas M. l'Avocat comme cela se fait d'ordinaire; nous le suivrons et nous le frapperons dans le dos avec des tire-points. C'est mon système. Je sais pourquoi j'agis ainsi; c'est que l'homme, — je parle en général, — a par devant lui, de la poitrine à la tête, des os, des côtes, des salières qui forment tout un système anatomique de défense; et il y a cent à parier contre un que, même surpris dans son sommeil, il fera de la résistance si on le frappe en face; tandis qu'atteint par derrière, au défaut de l'épaule, un individu quelconque, abasourdi tout d'abord, avant de chercher à se défendre est déjà à terre et est tout de suite expédié!...

C'est moi qui porterai le premier coup, et si M. l'Avocat veut crier, vous lui fermerez la bouche avec un mouchoir dont vous aurez grand soin de vous munir. Ne frappez que s'il résiste plus qu'il ne faut.

Ce plan d'attaque ayant été arrêté, et résolus d'en finir, ils remirent la partie au lendemain 14 mars 1833, jour de la mi-carême. Après avoir *couché* l'homme, c'est-à-dire l'avoir vu rentrer chez lui pour dormir, ils se séparèrent.

Munis de tire-points bien effilés, ils se rendirent le matin, vers neuf heures, chez un marchand de vin de la Chaussée-d'Antin, en face de la maison de M. l'Avocat.

Ils s'assurèrent que le gibier était au gîte, déjeunèrent à l'entresol de la boutique, auprès d'une fenêtre d'où ils pouvaient voir sortir celui qu'ils veillaient s'il en avait eu l'idée, et se distribuèrent leur rôle dans la prévision de cette fantaisie. En effet, vers une heure, le millionnaire franchit le seuil de la porte; ils se mirent à sa piste à distance respectueuse. Il rentra chez lui; les deux complices se remirent en faction aux alentours de sa maison. A six heures et demie, l'homme ressortit, et, comme des chiens qui ont empaumé la voie, ils ne perdirent pas une seconde sa trace. A sept heures, il monta l'escalier de la maison de jeu; les deux chasseurs le gravirent ensemble avec lui, et se placèrent à ses côtés à la roulette.

A neuf heures du soir à peu près, par un inexplicable changement à ses habitudes, l'homme se leva et quitta la partie. Les limiers crurent d'abord qu'il ne faisait qu'un entr'acte, mais ils s'aperçurent bien vite que c'était un départ réel. En deux minutes, ils furent de nouveau sur ses brisées.

Après être entré au passage Choiseul et s'être promené quelque temps avec quelqu'un, le joueur, sur la tête duquel la mort planait depuis une heure, entra sur la place Ventadour pour satisfaire à une nécessité.

Il pouvait être dix heures; malgré l'heure peu avancée de la nuit, la place était tout à fait déserte et nspéetrait un contraste frappant avec la galerie voisine pleine de lumière et de masques en train de gagner les boulevards.

Les deux assassins n'avaient point perdu de vue M. l'Avocat, qui se trouvait alors debout contre un des murs de la salle Ventadour, appelée dans ce temps-là le *Théâtre-Nautique*, et ils le regardaient dans l'ombre avec des yeux irrésolus.

Il était de bien bonne heure pour assassiner!

Tout à coup, comme emporté par un mouvement irrésistible, et sans rien dire à Lacenaire, R... court sur M. l'Avocat, un tire-point à la main ; mais au lieu de le frapper par derrière, comme il en était convenu, et comme cela lui aurait été si facile, le meurtrier, à l'aide de son bras gauche, força le joueur à se retourner tandis qu'il le menaçait du bras droit. Ce mouvement de rotation donna le temps à M. l'Avocat de crier à l'assassin. Le bras de R... se baissa au moment où Lacenaire, qui devait porter le premier coup, arrivait vers la proie. La croisée d'un cabinet de lecture, donnant sur le théâtre, s'ouvrit aux cris du blessé, et les assassins s'enfuirent...

Toute cette scène avait duré à peine une minute.

Les deux complices se rejoignirent sur le boulevard des Italiens. Lacenaire, outré, s'emporta en reproches et en injures contre son compagnon.

— Vous parlez de la lâcheté de B. — Vous êtes encore plus lâche que lui! Comment! vous avez un tire-point à la main, vous abordez un homme par derrière, et vous avez peur de le frapper!

— Moi, lâche! répondit R... c'est au contraire parce que je ne le suis pas que je n'ai pas voulu porter le coup par derrière... Mais j'ai frappé par devant. Tenez, regardez le sang qui est à ma main et à ma chemise.

Effectivement les mains et les vêtements de R... étaient ensanglantés. Il s'était servi de l'arme meurtrière. Mais par un bonheur providentiel, le coup avait porté sur le portefeuille de M. l'Avocat, en avait traversé le cuir et les valeurs contenues à l'intérieur.

— Malheureux ! — Boutonnez-vous, et mettez donc vos mains dans vos poches ! continua Lacenaire : il ne vous manquerait plus que de nous faire arrêter; après n'avoir rien fait !...

R.. obéit, et son collègue, revenu à son sang-froid, continua la conversation sur un ton bas et animé.

— C'est à n'y rien comprendre, dit-il ; rien ne me réussit depuis quelque temps !... On n'a jamais vu un pareil guignon !... Mais vous-même aussi, ajouta-t-il en s'adressant à son complice encore tout tremblant d'émotion, aller frapper un homme par devant !... C'est par trop bête..., surtout quand c'est le contraire qui est arrêté !.. D'ailleurs est-ce là ce qu'on fait ? Est-ce comme cela qu'on s'y prend quand on veut en finir vite avec quelqu'un ? Vous ne savez donc pas votre métier ? Mais il est bien temps de vous parler de cela... Du reste, vous autres, vous ne faites qu'à votre tête ; on a beau arrêter un plan avec vous, c'est comme si on chantait !

— Allons, c'est vrai, j'ai eu tort, répondit R...; mais je n'ai jamais assassiné personne encore, et je ne sais pas tout ça !... Du reste, le mal est fait; il est inutile de récriminer à cette heure.

Ce sang versé inutilement et la misère, devenant chaque jour plus pressante, aigrissaient l'humeur de Lacenaire. Il n'avait pourtant alors que trente-deux ans. Ses cheveux étaient d'un noir foncé, ses traits beaux et réguliers, ses yeux vifs et spirituels. En vain eût-on cherché dans le langage et les manières de cet homme, non plus que dans l'expression habituelle de sa physionomie, un caractère de férocité. Affable, prévenant même, sa parole était douce, polie, attique ; sa conversation, ordinairement enjouée, était parfois substantielle et élevée. Cependant, en réalité, il vivait dans Paris comme un tigre qui aurait caché ses griffes sous des gants sales.

Quant à R..., il avait eu si peur après cette dernière tentative d'assassinat, qu'il osait à peine sortir de jour et se risquer le soir aux expéditions ordinaires des *chanteurs*, si bien qu'il finit par se trouver entièrement dans la misère.

Un soir, ils étaient ensemble, Lacenaire et lui ; le premier avait gagné quelque argent au jeu. Ayant besoin d'aller parler à quelqu'un dans un des tripots du Palais-Royal, et ne voulant pas être exposé à la tentation de reperdre son gain, il dit à R... en lui remettant une bourse :

— Tenez, gardez-moi cela soigneusement, je suis à vous dans vingt minutes au plus.

Au bout d'un quart d'heure, en effet, il revint et trouva visage de bois à la place où il avait laissé R... il attendit ; — personne ! Un soupçon lui traversa l'esprit, et il parcourut toutes les maisons de jeu des environs. Dans l'une d'elles, il trouva son homme attablé et occupé à perdre son argent. Il attendit, sans souffler mot, que tout fût fini. Puis, quand ce fut fait, il dit au dépositaire infidèle, sans la moindre marque d'emportement :

— Eh bien ! en avez-vous assez, maintenant, ou bien voulez-vous que j'aille vendre ma redingote pour que vous acheviez la soirée?

R... s'excusa, confessa qu'il était un écervelé, et soutint seulement n'avoir agi que dans une bonne intention, parce qu'on lui avait indiqué tout nouvellement une *affaire* superbe qu'il voulait faire avec lui, Lacenaire, et dont le siège était à Versailles.

Il n'y avait qu'une seule personne à tuer et au moins TROIS CENT MILLE FRANCS à gagner.

— S'il en était ainsi, répondit Lacenaire, vous auriez dû me le dire. Nous aurions peut-être trouvé de l'argent d'une manière plus certaine qu'en allant jouer... Enfin, ce qui est fait est fait ! — Demain nous irons à Versailles ensemble, et si ce que vous me dites est vrai, je tâcherai, au retour, de nous procurer ce qui sera nécessaire.

— Mais, continua R..., ce n'est pas une petite somme qu'il faudra, parce qu'il est absolument indispensable de rester au moins dix jours à Versailles, de faire de la dépense et de vivre comme des gens comme il faut, afin de ne pas se faire remarquer.

En attendant, ils allèrent explorer les lieux le lendemain. Tout ce qu'avait avancé R... était vrai. L'expédition était tentante. Mais où trouver de l'argent ? Là était la difficulté. L'embarras était donc extrême. Pour y échapper, Lacenaire se mit alors à pratiquer le *change* des couverts d'argent chez les restaurateurs et les joailliers.

Voici comment s'opérait cette nouvelle flibusterie :

Il se procurait une, deux ou trois paires de couverts en imitation, selon ses moyens, et les portait sur lui. En dînant dans un restaurant quelconque, il les changeait contre de la véritable argenterie.

Un de ses exploits les plus éclatants dans cette partie fut le suivant :

Un jour, il achète deux foulards de coton identiquement pareils, et fait ensuite l'emplette de six couverts en métal d'Alger. Il les place dans un des mouchoirs, et fait sur eux un nœud assez original pour être remarqué ; puis il place le tout dans sa poche gauche. Cela fait, il se rend chez un bijoutier du passage des Panoramas et marchande des couverts en vermeil. Il ne tarde pas à tomber d'accord sur le prix avec le vendeur. Il renferme alors les six cuillers et les six fourchettes dans l'autre foulard resté vide, en les assujettissant dans sa poche droite par le même nœud apparent de tout à l'heure.

Au moment de payer, Lacenaire ne trouve pas assez d'argent dans sa bourse, et, retirant alors de sa redingote le paquet qu'il vient d'y mettre :

— Monsieur, dit-il, au bijoutier en remettant à celui-ci l'emplette tout enveloppée, veuillez me garder ceci une minute ; je vais là, à côté, au café Véron, où l'on me connaît, chercher le surplus de l'argent, et je suis à vous dans l'instant.

Il sort et ne revient plus. — Le temps se passe. — Le marchand, ne comptant plus sur la parole de l'acheteur, défait le foulard pour remettre sa marchandise à sa place, et compte ses pièces d'argenterie. Il trouve bien le nombre de ses couverts... seulement, il s'était opéré une métamorphose dans leur matière ; — le vermeil était devenu du métal d'Alger.

Après ce trait astucieux, Lacenaire alla jouer afin de compléter la somme nécessaire pour mener grand train à Versailles, et il perdit tout. Il se remit au *change*, mais il en était à peine à sa cinquième opération, qu'il se faisait prendre. Ce désagrément lui arriva un jour où, à l'aide de la cire, il collait, sous le revers d'une table de restaurant, une cuiller que R... devait venir *lever* en mangeant ensuite un potage à la même place.

Le *changeur* avait déjà amassé à ce trafic près de deux cents francs, et comme R... était le gardien des valeurs ainsi réalisées, il en avait le montant dans sa poche quand ce contre-temps vint atteindre son commettant. Il fila avec la caisse, et le prisonnier n'entendit jamais parler ni de l'un ni de l'autre.

CHAPITRE XVI.

La Force. — Le voleur chansonnier. — Plan de vie littéraire. — Avril.

Voilà donc le rat une seconde fois dans la souricière de la Force, où cependant il avait bien juré qu'on ne l'y reprendrait plus. Il fut cette fois condamné à treize mois de prison.

« A cette époque, dit Lacenaire dans ses Mémoires, il y avait dans cette maison beaucoup de « ce qu'on appelle *républicains*, » c'était quelques temps après juillet 1830. Je composai alors ma première chanson politique connue; c'est celle intitulée : Pétition d'un voleur a Sa Majesté. »

Cette chanson, fit un certain bruit lors du procès de son auteur, ou plutôt d'un de ses auteurs, car M. Altaroche, en la publiant dans le recueil de ses chants, affirme l'avoir retouchée dans la forme. Nous le croyons sans peine. Mais Lacenaire ne pardonna jamais ce blanchissage à M. Altaroche, et le propre jour où commençaient devant la Cour d'assises les débats de son affaire, le meurtrier-poète, laissant de côté le soin de sa défense, faisait circuler au barreau l'épître suivante, dans laquelle il revendiquait la propriété de la chanson :

> Je suis un voleur, un filou,
> Un scélérat, je le confesse,
> Mais quand j'ai fait quelque bassesse,
> Hélas! je n'avais pas le sou.
> La faim rend un homme excusable,
> Un pauvret de grand appétit
> Peut bien être tenté du diable ;
> Mais pour me voler mon esprit,
> Êtes vous donc si misérable.
>
> Oui, contre un semblable méfait,
> Notre code est muet, je pense,
> Au parquet, j'en suis sur d'avance,
> Ma plainte aurait bien peu d'effet,
> Pour dérober une *filoche* (1)
> On s'en va tout droit en prison,

(1) Bourse.

Aussi le prudent A........
Ne m'a volé qu'une chanson,
Sans mettre la main dans ma poche,

Un voleur adroit et subtil,
Pour éviter toute surprise,
Sait déguiser sa marchandise
Et la vendre ainsi sans péril.
A........ aussi raisonnable,
Et craignant quelque camouflet,
A pris le parti détestable
D'estropier chaque couplet
Pour le rendre méconnaissable.

Je ne puis assez m'étonner
De ce bel acte de courage,
D'un autre copier l'ouvrage,
Pour moi se faire emprisonner,
Ce dévoûment est admirable ;
Et c'est avoir un trop bon cœur
De remplacer le vrai coupable ;
Et sans avoir été l'auteur
D'être l'éditeur responsable

« La chanson intitulée *Pétition d'un voleur à Sa Majesté*, a été faite sans conviction, dit Lacenaire ; je ne me mêlais pas de politique ; j'aurais écrit en sens contraire pour essayer mon esprit. D'ailleurs, je ne la livrai nullement à la publicité, mais une personne m'ayant demandé la permission de la montrer à quelqu'un, j'accordai. On la porta à des républicains. Ils demandèrent à en connaître l'auteur. On me désigna à eux. J'étais en ce moment à faire une partie de dames avec un *autre voleur*. Tous ces messieurs les républicains nous entourèrent, m'adressèrent la parole et me félicitèrent à l'envie sur mes talents poétiques. M. A...... fut un des plus empressés.

« — Comment se fait-il, me dit-il, qu'un jeune homme comme vous se trouve en prison? Ce n'est sans doute pas pour vol?

« — Je vous demande bien pardon, lui dis-je, c'est pour vol...

« — C'est donc une étourderie de jeunesse?

« — La première fois, peut-être, car ceci est la seconde; mais maintenant je suis un voleur d'habitude.

« — Cela est inconcevable, me dit-il, comment cela peut-il se faire?...

« — Parce que la société ne veut de moi à aucun prix; que je me suis jeté inutilement à la tête de tout le monde, et que, ne pouvant vivre par elle, je suis obligé de vivre malgré elle.

« — Je ne puis comprendre cela, reprit-il, on ne peut laisser de côté un homme comme vous; vous vous êtes mal adressé sans doute, j'espère que vous serez plus heureux avec moi; je veux vous tirer de ce mauvais chemin.

« — Vous aurez peut-être bien de la peine.

« — Je pense que non, je suis sûr que vous n'êtes pas si corrompu que vous voudriez me le faire croire. Êtes-vous condamné?

« — Oui, à treize mois.

« M. A. m'avoua qu'il ne se serait jamais fait une semblable idée des voleurs.

« Dans le peu de temps que j'avais à rester à la Force, je fis encore quatre ou cinq chansons dont je donnai copie à M. A... Un jour, il me dit : « Comptez-vous rester ici? »

« — Non, monsieur, je m'attends de jour en jour à être transféré à Poissy.

« — Eh bien! je m'en vais vous laisser mon adresse, et si vous faites quelque autre chanson, vous aurez la complaisance de me l'envoyer. Quand vous sortirez, vous viendrez me voir, je suis certain de faire quelque chose pour vous et de vous mettre à même de gagner votre vie honnêtement.

« — Et les antécédents, dis-je : si vous pensez ainsi, tout le monde pensera t-il comme vous? A quels affronts, à quelles humiliations ne serai-je pas exposé?

« — Soyez tranquille, reprit M. A..., vous verrez que vous aurez affaire à des gens au-dessus de ce préjugé, à de véritables philanthropes qui, ainsi que moi, feront tout ce qu'ils pourront pour vous. Ainsi prenez courage, ne vous laissez pas abattre.

« — Je ne me laisserai jamais abattre, mais je connais les hommes et j'ai déjà éprouvé tant de déceptions! »

Lacenaire a prétendu que cette voix amie fit taire toutes ses résolutions criminelles, ses projets de *vengeance* contre les hommes; qu'il ne songea dès lors qu'à vivre honnêtement de sa plume, et qu'il serait demeuré vertueux si M. A... lui avait tenu parole.

A cela on peut se demander d'abord si Lacenaire avait un talent assez réel pour en pouvoir vivre, s'il y avait véritablement en lui l'étoffe d'un écrivain.

« Je partis de la Force, continue-t il et fus transféré à Poissy; là, je négligeai toute entreprise de travail et m'a donnai exclusivement à la poésie, et surtout à la chanson politique qui convenait assez bien à la tournure de mon esprit caustique et railleur; mais, je le répète, c'était sans conviction, c'était absolument pour rien. Il est aisé de faire du ridicule sur quelque gouvernement que ce soit : on en eût fait à Napoléon s'il n'y eût mis bon ordre; aussi que de pamphlétaires, que d'écrivassiers qui le louent aujourd'hui se mordraient les doigts, s'il leur en tombait du ciel un second! Peuple lâche qui ne prends de courage que par la faiblesse de ton adversaire, aurais-tu fait un 29 juillet devant Napoléon qui décimait tes enfants? Il est vrai que les morts ne revenaient pas se plaindre, et les vivants en profitaient; ce serait assez mon système, et cependant je ne suis pas un conquérant.

« Après deux mois de séjour à Poissy, j'envoyai à M. A... un manuscrit des chansons que j'avais composées jusqu'alors; il y en avait, je pense m'en souvenir, seize ou dix-sept. Je le priais de voir s'il pourrait en tirer quelque parti pour l'impression, ainsi qu'il me l'avait fait espérer à la Force. Voici ce qu'il me répondit le 10 décembre 1833 :

« Monsieur,

« J'ai reçu le manuscrit de vos chansons que vous avez fait remettre chez moi; je vais m'occuper activement de l'utiliser, et je compte avoir, sous peu de jours, à vous annoncer *un résultat au-delà de vos désirs.* »

« Ces derniers mots étaient soulignés.

« ... D'après les mots de la lettre de M. A..., *sous peu de jours, un résultat au-delà de vos désirs,* voyant au bout d'une dizaine de jours que je n'avais pas d'autres nouvelles, je pris la liberté de lui envoyer un petit mandat, en le priant de vouloir bien en compter les fonds, s'il avait réussi comme il me l'avait fait espérer. Le mandat me revint sans avoir été payé. Huit jours après, M. A m'annonça qu'il n'avait encore rien terminé, qu'il avait bien trouvé pourtant un imprimeur, mais qu'il lui demandait une préface ! — Qu'arrivait-il pendant ce temps-là ? — M. A., à qui j'avais envoyé mon manuscrit pour en tirer parti pour moi de la manière la plus convenable, en détachait quelques chants qu'il faisait insérer dans son journal, — c'était le *Bon Sens*, — entre autres celui intitulé la *Naissance du fils du roi des Belges*. Je ne l'ai su que fort longtemps après. »

Bref, Lacenaire n'ayant été ni imprimé, ni rétribué, par conséquent, sortit de Poissy sans argent, et, ce qui devait lui faire le plus de peine, mal vêtu. Il envoya quelqu'un près de M. A... L'intermédiaire en reçut cinq francs et les porta à Lacenaire.

Au bout de quelques jours, M. A... remit à Lacenaire lui-même trente francs, provenant d'une quête faite entre amis, et quelques objets d'habillement. Mais le chansonnier de Poissy ne retira rien autre chose de ses œuvres poétiques, n'eut aucun article inséré dans le journal le *Bon Sens*, comme il l'espérait, et ne fut imprimé qu'une seule fois dans la *Tribune des Prolétaires*, feuille supplémentaire attachée au journal, et dans laquelle on insérait les correspondances d'ouvriers.

Lacenaire en garda une profonde rancune à toute la rédaction du *Bon Sens*. A l'entendre, il ne recommença a voler qu'après avoir été repoussé par la rédaction de ce journal, et il fit particulièrement contre M. Altaroche une chanson satirique, qui n'est pas fameuse. Il la faisait circuler à la Cour d'assises le jour même où s'ouvrirent les débats de son affaire; car Lacenaire, fidèle à sa monomanie, à sa *toquade*, comme on dirait maintenant, n'avait souci que de sa réputation littéraire.

Après avoir renoncé à ses rêves de journalisme, le voleur revint à ses anciens projets criminels, et conçut l'idée d'assassiner les garçons de caisse des riches maisons de banque de Paris, afin de s'en approprier les recettes. Ce plan échoua assez souvent, et d'une façon assez éclatante, rue Montorgueil, comme on le verra dans la suite. Mais, avant d'arriver à ces entreprises, qu'on nous permette de parler enfin d'Avril, ouvrier menuisier, le principal complice sur lequel comptait Lacenaire.

Il l'avait déjà connu en 1829, à Poissy, mais ce détenu était trop jeune alors pour qu'on pût former avec lui la moindre liaison. Après sa seconde condamnation, qui eut lieu en 1833, Lacenaire se retrouva à la Force dans le même atelier et côte à côte avec Avril, devenu un peu plus mûr alors. Ils firent plus ample connaissance. Une confidence en amena une autre, et le jeune homme raconta sa vie à l'assassin. Ce dernier vit d'un coup d'œil le parti qu'il y avait à tirer d'une pareille nature. On eût dit en effet qu'Avril avait été taillé pour le crime. Affligé d'appétits matériels impérieux, d'un tempérament sanguin et exubérant, d'un penchant insurmontable pour le vin, et d'une répulsion profonde pour tout ce qui exigeait un peu d'attention ou de raisonnement; incapable de se modérer et de suivre un plan, si simple qu'il fût, le prisonnier était cet homme d'exécution aveugle et de volonté passive que Lacenaire désirait s'inféoder, et comme celui-ci voyait qu'avec une pareille organisation, Avril devait tôt ou tard aboutir au crime, il chercha à le dominer en l'éblouissant de sa supériorité intellectuelle.

Il le cajola d'abord, lui témoigna de la confiance, aiguisa sa haine contre une société qui l'avait déjà frappé, quoiqu'il fût bien jeune encore. Il raviva la plaie du réclusionnaire, en lui montrant l'impossibilité de remonter au bien et de redevenir un honnête homme; il excita sa convoitise par des idées de lucre sans travail et sans peine; enfin, il lui promit, grâce à son savoir-faire personnel, à son éducation et à son instruction, de le conduire à la fortune.

Avril était un gamin de Paris avec des passions trop développées et un entêtement parfois brutal; mais il était dépourvu de finesse et de calcul. Lacenaire faisait des chansons, des vers et savait le latin; il n'en fallait pas davantage pour que l'ouvrier le considérât comme un grand homme, et effectivement il s'engagea à le suivre partout.

Lacenaire sortit de prison et promit à Avril, qui devait être libre trois mois après, de lui donner de ses nouvelles. Peut-être n'aurait-il jamais revu cet acolyte de l'assassinat s'il avait réussi à faire lui seul quelque bon coup; mais, après une morte-saison déplorable dans l'exploitation du vol, ne sachant sur qui compter, il lui tint parole et lui fit savoir qu'à sa sortie il trouverait un ami prêt à le recevoir.

Le libéré était resté longtemps dans la maison centrale, et, toutes ses dettes payées, il avait touché une masse s'élevant à deux cents francs. Il avait été impossible de l'empêcher d'y toucher. Avant d'arriver à Paris seulement, quarante francs étaient déjà restés sur les comptoirs des marchands de vin de la route, et malgré les avis de son horrible mentor, Avril allait toujours son train. Il voulait s'achever à la Courtille! Telle était son ardeur désordonnée pour la débauche, que, trouvant Lacenaire — Lacenaire! — un censeur trop incommode, il s'était dérobé à son contrôle pour aller au jeu! Le malheureux voulait se débarrasser de son argent avant d'aborder le crime.

« Il est certain, dit quelque part le sanglant rimeur, que j'étais une bonne fortune pour lui, et que, s'il eût voulu suivre mes conseils, nous aurions fait fortune ensemble; car, outre l'affaire de la rue Montorgueil, j'avais de vastes plans *inéchouables*. Avril avait du courage et de la résolution; il ne lui manquait que de savoir résister au vin. Du reste, c'est le défaut de presque tous les hommes de sa trempe. »

CHAPITRE XVII.

Un caniche grand-d'Espagne. — Un jury de voleurs. — L'émeraude.

Dans le caractère de cet assassin, « aux vastes plans *inéchouables*, » comme Lacenaire le dit lui-même, il y avait pourtant des contrastes assez marqués; ainsi, cet homme qui tenait si peu compte du sang de ses semblables, aimait beaucoup les animaux et était très doux avec eux.

Il avait un caniche qu'il adorait, et qu'à cause de sa blancheur éblouissante il appelait *Blanc-Blanc*. Un jour, l'animal disparut. Son maître crut qu'il rentrerait plus tard; mais le chien ne se montra ni le soir, ni le lendemain, ni les jours suivants. Il le chercha partout; impossible de le retrouver. Il en ressentit une peine extrême, et se disait que, pour qu'il restât si longtemps hors du logis, il fallait que *Blanc-Blanc* fût mort ou arrêté par une force majeure. Enfin, une nuit, Lacenaire, qui demeurait dans une maison assez mal tenue, se réveille en sursaut au bruit d'un piétinement rapide dans l'escalier. Il prête l'oreille :

— C'est un chien, se dit-il, c'est *Blanc-Blanc!* Il n'y a que lui qui puisse monter ici à pareille heure!

Un instant après, un jappement impatient se fait entendre sur le carré. Lacenaire se dresse sur son séant. Plus de doute! — c'est *Blanc-Blanc!* — Il le reconnaît à son aboiement! Les animaux ont des voix aussi variées que celles des hommes. Il se précipite alors de son lit et ouvre vivement la porte. Le logis était dans la plus complète obscurité. Le chien ne fait qu'un saut dans la chambre, s'élance sur une chaise, en descend, saute sur le lit, et, par mille bonds désordonnés, témoigne à son maître sa joie de le revoir.

— Tais-toi, *Blanc-Blanc*, lui crie celui-ci. D'où viens-tu, polisson? Attends, attends, va! à bas! à bas! gueusard!

Et le chien de reprendre ses ébats, pendant que son maître cherche partout de quoi allumer une bougie. Dans ce temps-là, l'allumette chimique et allemande aspirait à détrôner le classique briquet, et Fumade, l'homme au nom prédestiné pourtant, voyait sa gloire pâlissante s'effacer devant les rayons de l'astre nouveau.

C'est surtout lorsque l'on a le plus besoin d'allumettes qu'on en trouve le moins à sa portée, et c'est aussi quand elles sont clair-semées dans la boîte qu'elles *prennent* le plus difficilement. L'émotion est trop forte et les ponctions faites d'une main mal assurée ne produisent aucun résultat. Cela ne manqua pas d'arriver à Lacenaire.

Après avoir épuisé jusqu'à sa dernière goutte de phosphore, il se trouva dans une obscurité plus épaisse encore qu'auparavant, et force lui fut de se remettre au lit sans voir son favori.

— Couche-toi là, vagabond, lui dit-il impérieusement, une dernière fois; — couche-toi là!

Le chien, obéissant à cette rude injonction, s'étendit sur un tapis, à côté du lit de son maître.

Lacenaire, presque aussitôt, s'endormit d'un sommeil joyeux et agité, et rêva toute la nuit de *Blanc-Blanc*. Enfin, il se réveilla, le matin, et son premier soin fut de se pencher vers le parquet pour contempler le nouvel enfant prodigue, de retour au foyer paternel. Mais un cri d'effroi s'échappa de ses lèvres, et il se mit en défense.

O terreur! Un Espagnol, coiffé d'un chapeau à plumes, et le flanc ceint d'un poignard doré, était dressé auprès de son oreiller...

Lacenaire se frotte encore les yeux... Tout à coup un éclat de rire homérique fait place à sa frayeur. Cet hidalgo, vêtu d'oripeaux et armé d'un poignard doré sur tranche, n'était autre que *Blanc-Blanc*, que des saltimbanques avaient volé et habillé en grand d'Espagne de première classe.

Le caniche avait préféré l'amitié aux honneurs, et son maître, qui était dans toute la joie de son âme, ne cessait, malgré son caractère peu expansif, de raconter à tous ses amis les circonstances de ce retour.

Cet *événement*, cause de tant de joie, ne l'empêchait point cependant de continuer ses œuvres mauvaises, et, dans une de ses expéditions nocturnes, il rencontra, rue de Vendôme, un nommé Bâton, qui se trouvait en même temps que lui à Poissy, et qui en sortait depuis peu par grâce spéciale.

Leurs relations avaient été d'une nature assez suspecte à Poissy pour qu'on accusât Bâton d'être à l'égard de Lacenaire un ami plus qu'intime, mais, malgré le caractère qu'on prêtait à leur ancienne intimité, Lacenaire fut peu charmé de rencontrer son ex-*camarade*.

Il fut cependant obligé de le traiter sur ce pied et de lier conversation avec lui. Une proposition de vol sortit immédiatement de la bouche du nouveau venu. Il s'agissait de dévaliser un riche négociant qui demeurait dans la même maison que lui et qui s'absentait souvent.

A l'époque où Lacenaire rencontra Bâton, il faisait partie d'une flotte de flibustiers parisiens dont les plus distingués s'appelaient : Alfred Larnache, Pinel, Mimi Preuil, Leborgne, Desbordes, Salorne, dit *Pistolet*, Travacoli, — celui-là était Italien, — Pisse-Vinaigre, Goujon, Répin, Alfred Cancan.

Ces forbans fréquentaient assidûment un débit de liqueurs, tenu rue Jeannisson, par une belle fille nommée Olympe, dont toute la préoccupation consistait à observer une neutralité parfaite entre eux et la police. Elle avait aussi entre autres qualités nécessaires à l'exploitation d'une telle clientèle une discrétion à toute épreuve envers tout le monde, une surdité *volontaire*, d'autant plus épaisse, par conséquent, lorsque l'ivresse rendait ses habitués plus expansifs que la prudence ne l'exigeait, et une répugnance parfaite à s'occuper de leurs faits et gestes. — En ceci, elle ne manquait pas de prudence, car il y a des secrets qui portent malheur à ceux qui les pénètrent.

Les membres de cette *haute-pègre* travaillaient par bandes séparées, et utilisaient dans différentes branches d'industrie les diverses aptitudes dont ils étaient doués.

Ils formaient diverses catégories et se divisaient en *roi-*
terniers [1], *bonjouriers* [2], *cambrioleurs* [3], *changeurs* [4],
caroubleurs [5], *carreurs* [6], *tireurs* [7] *et chourineurs* [8].

Chacune de ces spécialités avait ses membres. Travacoli, l'Italien, était un des plus remarquables changeurs qu'on eût vus. La conformation de sa main, un exercice de tous les instants et une pratique journalière, lui permettaient, en échangeant de l'or contre de l'argent, — ce qui était accepté avec grand plaisir à cette époque, — de retenir deux, trois, quatre et quelquefois cinq louis dans ses phalanges, et il n'y avait de jour qu'il ne volât pareille somme au détriment des changeurs.

Mimi Preuil et Leborgne étaient de si adroits tireurs, qu'un jour ayant eu ensemble une discussion sur leur adresse respective, ils parièrent à qui *ferait* le plus de montres et de bijoux à la prochaine fête publique. On attendit celle de Louis-Philippe, dont l'échéance était la plus rapprochée, et le jour dit, chacun des candidats se mit en campagne. Après le feu d'artifice, les deux *tireurs*

---

[1] Voleurs par la fenêtre. — [2] Voleurs qui entrent dans les maisons comme s'ils allaient souhaiter le bonjour à quelque connaissance ; s'ils sont surpris, ils s'excusent en disant qu'ils se sont trompés de porte. — [3] Voleurs exploitant principalement les chambres d'hôtels garnis. — [4] Voleurs qui s'attachent spécialement à échanger de l'or ou des billets contre de l'argent, et réciproquement. — [5] Voleurs avec fausses-clefs. — [6] Voleurs qui, à l'aide de jeunes enfants, dévalisent les bijoutiers en faisant limer les carreaux de leurs devantures. — [7] Voleurs qui *tirent* de la poche, du gousset, du doigt ou de la poitrine d'autrui les bijoux et autres valeurs qui s'y trouvent. — [8] Voleurs qui versent le sang.

apportèrent leur butin devant un jury de filous qui se tenait chez un marchand de vins-receleur, rue Saint-Honoré, en face de l'endroit actuellement nommé rue de Marengo, à côté du magasin des *Deux-Sergents*. Leborgne avait fait une bonne journée, car ses deux mains étaient pleines de montres et de bijoux, mais quand Mimi Preuil montra aux regards des juges du pari le tribut qu'il avait prélevé sur les badauds, il fut accueilli par un cri d'admiration, et d'unanimes acclamations le saluèrent vainqueur. Il avait tout simplement apporté une cuvette à moitié pleine de montres, de chaînes, de bracelets, de bagues et de cassolettes, d'une valeur de plus de cinq mille francs, car les mouvements des montres ne comptaient pas et étaient jetés dans les égouts. — Quant aux foulards, de pareils sujets ne daignaient même pas les prendre dans les poches des promeneurs, c'était pour eux chose trop facile et trop peu fructueuse surtout.

Le président de cette assemblée de coquins était le receleur-marchand de vins. On le désignait sous le sobriquet de l'*Homme-Buté*, depuis un meurtre assez mystérieux commis chez lui sur un homme ivre, dont on l'accusait d'être l'auteur, sans autre preuve que sa mauvaise renommée. Cet *Homme-Buté* avait une si grande clientèle de voleurs, que, pour ne pas perdre un temps qui lui était sans doute plus précieux qu'à la société, il pesait leurs vols dans une balance montée dans sa cave, et en payait arbitrairement les produits. Moyennant six cents francs, le lauréat dont nous avons parlé plus haut lui avait laissé sa demi-cuvette d'or.

Une autre fois, ce même Mimi lui avait apporté de huit

heures du soir à deux heures du matin et successivement neuf montres ou autres bijoux, en exigeant immédiatement le paiement de chaque pièce. Voici pourquoi : Mimi était un joueur endiablé et résidait presque au *Cent treize*. Un soir il se trouva en proie à une de ces déveines qui engloutiraient un empire, et chaque fois que le râteau du croupier mettait sa dernière mise dans le panier, il descendait quatre à quatre l'escalier du tripot, se mêlait un moment à la foule qui remplissait la galerie d'Orléans et *tirait* n'importe quoi des poches et des goussets des promeneurs. De là, il courait chez l'*Homme-Buté*, vendait l'objet volé, remontait jouer, perdait et recommençait le même manége.

Le sieur Alfred Cancan, toujours mis comme un dandy, et que beaucoup d'habitués des boulevards se souviendront d'avoir vu, était un *cambrioleur* remarquable.

Lacenaire assassinait, on ne le sait que trop, ainsi qu'un nommé Repin, petit homme qui pratiquait le meurtre par instinct et qui n'aurait pas reculé devant l'assassinat de cent hommes. Comme une bête sauvage, il se battait sans cesse, et avait pour habitude de déchirer à coups de dents les oreilles de ses adversaires ou de leur *manger* le nez. Lors des fréquentes émeutes qui troublèrent le commencement du règne de Louis-Philippe, il se glissait dans la foule avec les autres bandits, mais tandis que ceux-ci ne cherchaient qu'à voler simplement, Repin jouait du couteau contre ceux qu'il voulait dévaliser. C'était un Parisien de la rue Saint-Honoré. Il était devenu la terreur des marchands de vin et des liquoristes de ce quartier. Cette petite hyène, qui avait l'hystérie du sang, est actuellement au bagne à perpétuité, comme le recéleur et ses autres confrères.

Dans cette bande de coquins, plusieurs cumulaient avec le métier de filou celui d'*indicateur*. Ils touchaient d'une main leur part de butin, et de l'autre le salaire de la dénonciation; et tel qui avait déjeuné avec le produit d'un vol soupait avec l'argent distribué pour le faire découvrir. Par système, la police d'alors tolérait cette incrustation de mouchards dans la mosaïque des voleurs, et, à ce sujet, voici dans quel piège tomba l'un de ces espions.

Le fait se passait avant l'avénement de Louis-Philippe.

Un vol d'argent qui n'avait laissé aucune trace d'effraction ayant été commis chez un personnage considérable de l'époque, tous les agents furent mis en campagne, et le voleur, arrêté presque aussitôt, fut conduit, les deux mains parfaitement liées, entre deux brigadiers, à l'hôtel où il avait opéré, pour montrer comment il s'y était pris. Mais, quelques jours après cette confrontation, le maître de la maison s'apercevait qu'une émeraude entourée de diamants, montée sur épingle, et valant une vingtaine de mille francs, avait disparu de la cheminée de sa chambre à coucher.

Aussitôt on fit part de cet événement à l'un des chefs de la police de sûreté de ce temps, et celui-ci n'hésita pas une minute à accuser de ce dernier vol l'un de ses deux hommes. Mais comment convaincre le véritable voleur, et surtout comment lui extraire l'objet précieux?

— Parler, c'était tout perdre! — Le fonctionnaire se tut

donc, et cela pendant sept mois. — Enfin, le 1er janvier arrivant, il rassembla, trois ou quatre jours avant, tous ses limiers, et leur adressa cette allocution :

« Mes enfants, — vous savez que nous allons bientôt souhaiter la bonne année à M. le préfet ; que tout le monde soit donc à neuf heures, le jour de l'an, dans la cour de la Préfecture, bien couvert, requinqué et soigné au possible. Qu'on endosse son linge le plus fin et ses frusques les plus fraîches. J'entends que ceux qui ont leurs bijoux ou leurs *toquantes au clou*[1] les dégagent pour ce jour-là. J'avancerai l'argent nécessaire. On cherche à nous nuire ici, il faut nous distinguer et montrer à notre chef que nous ne sommes pas de la canaille, comme on le prétend, mais des hommes de conduite ; allez ! »

En effet, le matin du jour de l'an, les agents, exacts à leur poste, attendaient leur chef de file dans l'hôtel de la rue de Jérusalem, et la première chose qu'avec son regard pénétrant cet homme de génie apercevait à la chemise de celui qu'il soupçonnait, était l'émeraude volée. — Alors, appelant en particulier le porteur de ce bijou dans un angle éloigné de la cour, et lui arrachant l'épingle :

— Vous êtes un *pante*[2], monsieur..., lui dit-il tout bas entre les deux yeux. Il y a au bagne des hommes qui n'ont pas fait autant que vous, et si je ne vous y envoie pas, c'est que j'ai pitié de votre famille... Mais que ceci vous serve de leçon pour l'avenir !

[1] Leurs montres au Mont-de-Piété. — [2] Un sot, un niais, une dupe.

Puis, fichant à son tour l'émeraude au nœud de sa cravate, avec le geste à la fois majestueux et goguenard de Robert-Macaire, il s'en para pour briller devant le préfet... et oublia de la rendre jusqu'à ce jour. — Le diable s'en rit encore!

CHAPITRE XVIII.

Le comparse de l'Ambigu. — Ode à un acteur. — Le commensal-assassin. — La jaunisse d'un premier rôle.

Mais revenons à Lacenaire :

Après être allé, avec Bâton, prendre connaissance de la maison du négociant de la rue de Vendôme, Lacenaire vit que cette affaire était très incertaine, et que son exécution pouvait le renvoyer à une époque assez reculée. Ils avaient besoin d'argent immédiatement l'un et l'autre. La mère de Bâton était une pauvre veuve à qui son fils retirait le pain de la bouche. Malgré cette conduite infâme, ou plutôt à cause de cela même, Bâton voulait faire quelque chose à tout prix et ramasser de l'argent n'importe où, fût-ce dans du sang.

Lacenaire lui parla d'un projet d'assassinat en grand sur les garçons de caisse, sans lui expliquer pourtant les détails de l'affaire. D'ailleurs, Bâton n'avait besoin de rien savoir. Semblable en cela à Avril, il se fiait entièrement aux hautes capacités de son chef de file.

Du reste, le plan de Lacenaire était bien simple. Il

consistait en ceci : fabriquer de fausses lettres de change tirées sur un individu quelconque demeurant à Paris, mettre ces effets en recouvrement dans une forte maison de banque, louer ensuite un logis au nom de la personne débitrice de l'effet, et attendre que le garçon de caisse du banquier vînt en recouvrer la valeur, afin de lui enlever par le meurtre le montant des recettes de la journée.

Bâton accepta avec empressement un rôle dans ces hasardeuses spéculations, et, comme l'argent manquait, le chef de l'entreprise se mit à faire les faux, en y mêlant le nom de son complice pour le compromettre, et, par là, le tenir.

Il loua un appartement rue de la Chanvrerie sous le nom de Bonnain, — il est superflu de dire qu'il changeait très souvent d'état civil, — le garnit de quelques méchants meubles, tendit ses piéges, et, comme l'araignée dans sa toile, attendit sa victime.

Diverses tentatives manquèrent par la faute de Bâton, qui, toujours au moment d'agir, jouait la sensibilité, et donnait pour excuse à ses défaillances la crainte qu'il avait de faire peine « à sa vieille mère. » — Sa mère! pauvre vieille femme qu'il laissait coucher sans draps, afin de les mettre au Mont-de-Piété et de s'amuser au cabaret avec le produit du prêt!

Le chef de ces complots enrageait contre son hypocrite auxiliaire, et attendait impatiemment la libération d'Avril, dont il maintenait l'ardeur en allant le voir et en lui apportant quelque argent. Mais il ne cessait pas pour cela de fréquenter Bâton, car ce misérable faisait partie de l'Ambigu-Comique en qualité de figurant, et, par ses accointances avec lui, Lacenaire avait fini par avoir quelque accès à ce théâtre. Il aimait passionnément l'art dramatique et les artistes, comme on le sait déjà, et il réussit à faire connaissance avec plusieurs d'entre eux, particulièrement avec M. Albert, qui brillait alors au boulevard de tout l'éclat du succès.

En apparence, rien ne ressemblait moins à un malfaiteur que ce bandit ganté, et un étranger qui aurait cherché à le pénétrer aurait épuisé toutes les conjectures avant de le prendre pour ce qu'il était en réalité.

Un jour, il se trouvait à l'Ambigu, à la répétition d'une pièce nouvelle, lorsqu'un des machinistes tomba dans le troisième dessous et se fractura la jambe. M. Albert jouait un des rôles de la pièce, et, en voyant l'état du blessé, il proposa de faire une souscription en sa faveur. Cette idée fut adoptée aussitôt, et le malheureux invalide reçut des secours et quelque argent.

Lacenaire, témoin de ce bon mouvement, fit à ce sujet une pièce de vers qu'il dédia à M. Albert, et dans laquelle il célébrait la bonté de cœur, le talent et les triomphes de l'artiste. Cette épître était signée, — et pour cause, — d'un autre nom que celui de son auteur, de celui de Gaillard, croyons-nous.

Les hommes, sans aucune exception, aiment les louanges, mais les artistes dramatiques adorent tellement l'encens que, lorsqu'ils n'en ont plus à respirer, ils s'éteignent mélancoliquement, comme des créatures privées d'air. Albert ne valait ni mieux ni moins que ses confrères sous ce rapport, et les compliments rimés de Lacenaire lui firent plaisir. Il remercia le versificateur et l'invita, comme de juste, à l'aller voir. Lacenaire profita de la permission, et vint assez souvent chez sa nouvelle connaissance. Ils s'entretenaient presque toujours du théâtre.

— J'aime votre jeu, disait-il souvent à Albert, il me remue et *m'empoigne*. Vous portez l'effet quelquefois un peu loin, il vous est même arrivé de l'exagérer, mais ce n'est pas un tort. Au théâtre, vous le savez, il faut frapper fort pour frapper juste. C'est Voltaire qui l'a dit, et j'aime mieux vous voir trop accuser les intentions d'un rôle, que de n'en pas faire saisir les nuances au public.

Enfin, après chaque création nouvelle de l'acteur, c'était, de la part de son admirateur habituel, des compliments chaleureux, entremêlés parfois de remarques justes et intelligentes. Du reste, toujours rigide observateur des convenances, plein de tact et de savoir-vivre, l'habitué de la maison n'y commettait jamais une indiscrétion, et était avec les amis de l'artiste d'une réserve qui dénotait l'homme du monde.

Tout à coup le familier disparut, et son hôte de l'oublier au bout d'un certain temps. Quelques mois après cette disparition, Paris se trouvait sous l'émotion d'un procès célèbre, et du rôle que jouait dans les débats un certain Lacenaire, principal accusé. Albert voulut assister, comme tout le monde, aux péripéties de ce drame judiciaire, et se rendit au Palais-de-Justice. Il fut placé très près du prétoire. Quelle ne fut pas sa surprise, en fixant les yeux sur celui des trois complices qui occupait la Renommée du bruit de ses exploits, de reconnaître dans ce criminel son panégyriste de l'Ambigu, le chantre ordinaire de ses triomphes!

Lacenaire, en souriant, lui fit de la tête un petit salut bienveillant; mais Albert se trouva mal à sa place et attrapa sur-le-champ une jaunisse, dont il ne guérit que deux ans après.

CHAPITRE XIX.

Un garni mal famé. — Assassin à l'affut d'un garçon de caisse. — Visite à M. Scribe. — La terreur chez les vaudevillistes.

Lorsque Lacenaire avait lieu de craindre d'être chassé par la police, il se remisait dans un garni tenu par un nommé Pageot, rendez-vous ordinaire d'une foule de gibiers de potence.

Le logeur était aussi mal avec la Préfecture que ses hôtes, mais il est de ces établissements que la police laisse où ils sont de peur d'en remuer les éléments de putréfaction et d'en infecter un autre point de Paris. Il est vrai qu'au besoin elle sait y retrouver les lépreux du corps social. Lacenaire prit chez Pageot un gîte et la pâture pour quelque temps, et, autant pour se tenir en haleine que pour attendre Avril, il se livra à quelques vols avec fausses clefs.

Enfin, le jour de la libération vint pour l'élève-assassin, et le maître alla l'attendre au guichet de Poissy, comme s'il avait eu peur de le voir échapper au crime.

Hélas! il y a certains êtres que le vice tient si fortement qu'il n'y a pas moyen pour eux d'en dépouiller la chaîne. A la porte de Clichy, la courtisane et l'usurier attendent le fils de famille auquel il reste encore quelques ressources. D'horribles femmes, par des secours intéressés, augmentent les dettes de la fille de joie tenue sous les verrous, pour la happer à sa sortie de Saint-Lazare. Le recéleur est posté aux alentours de la Force, et c'est aux bras d'un Lacenaire qu'Avril se précipite en quittant les ateliers de Poissy! On dirait la fatalité antique venant ressaisir ses victimes au moment où elles pourraient fuir son étreinte!

La fugue d'Avril après sa sortie s'était prolongée pendant plus d'une semaine, et, dans cet intervalle, il commit plusieurs vols avec un certain Fréchard et la maîtresse de cet homme. Quant à Bâton, qui avait relancé Lacenaire, il lui jurait sur ses grands dieux de le seconder vaillamment, s'il voulait former une autre entreprise sur les garçons de caisse. Malgré son peu de confiance dans un auxiliaire aussi mou et aussi lâche, l'*entrepreneur* accepta son concours, et alla trouver, rue de Sartine, n° 4, un de ses amis nommé Coutelier, afin de lui demander à disposer de son appartement. Le maître de ce logis, ignorant l'usage auquel il devait servir, consentit à le prêter, et Lacenaire alla retrouver Bâton pour l'avertir de se tenir prêt. Mais il fut bien étonné en retrouvant Avril avec le figurant de l'Ambigu. Le libéré de Poissy se trouvait alors dans la détresse, et le comparse l'ayant mis au courant de ce qui se passait, il lui avait proposé de le remplacer dans l'expédition projetée. Bâton ne se l'était pas fait répéter deux fois. Gagner de l'argent sans se compromettre et sans jouer du couteau surtout, rien ne pouvait mieux convenir à cette nature lâche et flétrie.

De son côté, Lacenaire ne demandait pas mieux. Pouvait-il être sûr d'un pareil compagnon ?

Les deux complices allèrent donc se poster chez Coutelier. Embusqués, résolus, et l'oreille au guet, ils attendirent tranquillement leur proie, Avril en fumant, Lacenaire en affilant un tire-point destiné au meurtre.

L'homme qui devait être tué appartenait à la maison Rotchschild. Il n'arrivait pas ; le plus grand silence, au contraire, régnait dans l'escalier de la maison.

A mesure que le jour baissait, l'impatience des deux associés augmentait d'intensité, et Lacenaire, qui ne comprenait point ce retard inexplicable, plissait son front d'un air de plus en plus sombre. Enfin l'ombre s'étendit tout à fait sur la ville, les maisons s'allumèrent, et force fut aux bandits de déguerpir.

Par un hasard vraiment providentiel, le garçon de recette ayant séjourné plus qu'il ne fallait chez divers débiteurs, avait négligé de passer rue de Sartine et remis au lendemain le recouvrement de l'effet.

Avril, que rien ne pouvait soustraire à l'empire des appétits matériels, gagna une faim violente durant cette attente, et comme il n'avait pas un sou pour la satisfaire, il décrocha une paire de rideaux de l'appartement où se tenait l'embuscade, et alla aussitôt la vendre chez un receleur. Lacenaire, frustré dans ses espérances, se rendit chez un marchand de vin voisin du café Turc, où il avait crédit, et se mit à boire pour chasser ses idées noires. Comme Avril, il logeait le diable en sa bourse, et pour se distraire, il proposa ce soir-là à un nommé N..., habitué du lieu, une partie dont l'enjeu était leur moustache réciproque. Le perdant devait prendre l'engagement de couper instantanément cet ornement martial. Au moment de battre les cartes, N... réfléchit et se dédit.

Le joueur désappointé alla se coucher plein d'ennui et de découragement. Il était si désespéré du peu de succès de ses combinaisons financières et meurtrières qu'il songea, dit-il, à se donner la mort. « Mais, ajoute-t-il avec cette emphase qui ne le quittait jamais quand il parlait de lui, je ne voulais qu'une mort éclatante et non un obscur suicide, qui n'aurait servi en rien à ma vengeance! »

Après cette tentative malheureuse, Lacenaire jugea à propos de voyager quelque temps en province, afin de se dérober aux agents curieux ; mais il manquait d'argent. Il se rappela alors avoir fait autrefois quelques couplets dans un certain vaudeville que fit jouer Jacques Arago, et il alla faire à M. Scribe, en qualité de *confrère* entravé par l'intrigue et de condamné politique, une visite qui fit plus tard un bruit énorme dans le monde littéraire.

Lacenaire ne connaissait même pas le spirituel auteur et ne lui avait jamais envoyé de manuscrit, ainsi qu'on l'a cru; mais il voulait mettre la libéralité de M. Scribe à l'épreuve, ou, s'il avait éprouvé un refus, clouer l'auteur de la *Camaraderie* sur la pièce qu'il faisait en ce moment, puis faire main basse sur tout ce qu'il aurait trouvé dans son cabinet.

Il alla donc chez le fécond vaudevilliste, et commença à lui débiter sa petite histoire en caressant un poinçon récemment aiguisé, placé dans la poche de son habit. Mais M. Scribe ne lui laissa pas finir son conte, et, prenant deux louis dans son tiroir, il lui dit :

— Vous êtes malheureux, cela me suffit; je ne demande pas à quelle opinion vous appartenez : prenez ceci.

Lacenaire se retira en balbutiant, touché de cette générosité et ayant oublié tout mauvais dessein.

— Ce que c'est que la bienveillance, cependant! disait-il plus tard en parlant de M. Scribe. J'allais chez lui pour le tuer, et je lui ai gardé, depuis ce jour, une véritable reconnaissance.

Cette anecdote, qui est si connue des gens de lettres, fit parmi eux une vive sensation à l'époque des débats de la cour d'assises et produisit un singulier effet dans l'aristocratie littéraire. Tous les gros bonnets de la littérature dramatique tremblaient devant les solliciteurs les plus innocents et les prenaient alors pour autant de Lacenaires. D'un autre côté, les intrigants dépourvus d'orthographe profitaient de cette panique pour aller les relancer froidement, le regard assuré, au nom des Muses souffrantes. Les vaudevillistes en possession de la scène vivaient dans une vague inquiétude et, le sourire sur les lèvres, la rage dans le cœur, ouvraient leur bourse à toute réquisition. Croyant voir sortir, de tout manuscrit repoussé, un stylet vengeur, ils recevaient avec une effusion apparente les rouleaux les plus volumineux et promettaient avec empressement leur collaboration aux porteurs de ces tromblons. On vit même alors des auteurs en crédit commencer à lire des pièces de jeunes gens inconnus! Jamais ces messieurs ne furent ni si accommodants ni si prodigues d'encouragements. — Mémorable époque!

L'ours, cette chose qu'ils avaient prise jusqu'alors pour une métaphore empruntée au règne animal par les directeurs de théâtre, *l'ours* s'était réalisé pour eux. Il dressait devant leurs yeux ses pattes armées de griffes et leur montrait ses dents allongées par la faim.

Dans ce temps de terreur littéraire, plusieurs nouveaux venus purent facilement faire leur chemin, comme le prouve l'aventure suivante, arrivée à un de nos auteurs du jour.

Cet écrivain était alors tout jeune. Armé d'une pièce nouvelle, il s'en alla bravement trouver M. Dupin, — non pas M. Dupin l'aîné, mon Dieu! que le ciel vous préserve de le croire! — mais M. Dupin l'auteur dramatique, — pour lui proposer d'arranger l'ouvrage et de le faire jouer en collaboration. M. Dupin était encore plus sur ses gardes à cette époque qu'aucun de ses confrères, et ne sachant à qui il avait affaire, il reçut l'inconnu en entre-bâillant sa porte, et le cou seulement hors de l'appartement, puis, après avoir pris le manuscrit avec précaution, il dit au visiteur de revenir.

Le nouveau venu se présenta dans la maison du vaudevilliste quelques jours après, sa pièce n'avait pas encore été lue. Il revint encore deux ou trois fois, même excuse; il voulut pénétrer jusqu'à l'auteur comique, celui-ci était toujours absent.

Ennuyé enfin de ce retard, et prenant à son tour le détenteur de sa pièce pour un détrousseur littéraire, l'auteur en herbe trompa un jour la consigne et arriva jusqu'à l'appartement de son futur confrère. L'ancien reçut encore le débutant avec les mêmes cérémonies, et voulut une seconde fois parlementer à distance. Le jeune homme ne voulait plus entendre raison: il fit mine de pousser la porte pour entrer dans le cabinet et délivrer son manuscrit. Ce fut alors que M. Dupin crut avoir réellement affaire avec ce vaudevilliste assassin, dont le poignard, comme celui de Damoclès, planait sur la tête de chaque auteur. Son imagination s'enflamma et lui montra le péril, il repoussa vivement l'assiégeant mystérieux; une lutte faillit s'établir entre les deux écrivains, mais ils ne poussèrent pas plus loin les choses que Vadius et Trissotin, et l'auteur comique rendit sur le carré au conscrit dramatique son cahier encore vierge.

A quelques semaines de là, la pièce, qui avait eu un prologue si mouvementé, était représentée et applaudie par M. Dupin lui-même, très fâché d'avoir pris celui qui l'avait faite pour un meurtrier de lettres. Il avait, pardieu, bien raison! car celui qu'il s'était représenté comme un sicaire n'était autre que M. Davrecourt, devenu depuis un de nos bons vaudevillistes.

CHAPITRE XX.

Tentative d'assassinat sur la fille Javotte. — Le tueur de femmes et le sauveur de chats.

Jetons maintenant un coup d'œil rétrospectif sur Lacenaire.

En quittant le cabinet de M. Scribe, et muni encore de l'argent qu'il en avait reçu, il eut comme une vague idée d'enrayer dans son mauvais chemin ; mais cette pensée ne fit que lui traverser l'esprit, car il était lancé à fond de train dans le crime, et il y avait fourni une trop longue traite pour pouvoir revenir sur ses pas.

Avant de s'adjoindre Bâton, ce figurant qui faisait le soir les paysans vertueux dans les drames à charpente, et pratiquait le jour le faux et le guet-apens, Lacenaire avait déjà cherché à *monter* un assassinat avec l'aide d'un autre individu nommé Baptiste. Une circonstance imprévue avait déjoué leur combinaison. Le secret de ce coup manqué n'avait pas été gardé, l'autre associé l'avait révélé à sa maîtresse, une recéleuse nommée Javotte. C'était une grosse fille joufflue, haute en couleur, ayant d'épais bandeaux de cheveux raides, des pieds de gendarme, des mains débordantes de graisse, les plus solides poignes du monde, une vraie virago enfin.

Elle s'était vantée devant plusieurs personnes d'envoyer Lacenaire aux galères quand elle le voudrait, et ces paroles imprudentes avaient été pour elle un arrêt de mort!

Sous prétexte de vendre des marchandises volées, Lacenaire l'avait attirée dans une chambre louée par lui, à l'hôtel de Picardie, faubourg Saint-Martin, n° 8.

Quand Javotte entra dans la pièce, elle ne vit pas les marchandises et demanda où elles étaient.

— Dans le dernier tiroir de la commode. Regardez ça! répondit Lacenaire qui, fidèle à son système, attendait que Javotte se baissât pour la frapper par derrière.

— Il me semble que vous pouvez bien vous déranger, dites donc, *M. le marquis*, et me donner votre paquet vous-même, répliqua-t-elle avec ironie au prétendu vendeur.

— J'ai une courbature et ne peux me remuer aujourd'hui, ma petite. Allons, soyez gentille, il y a là de la dentelle et des bijoux que je vais non pas vous vendre, mais vous donner, et la chose vaut bien que vous vous baissiez pour la prendre.

— Allons, allons, c'est bon, M. de la *Grinche*[1], dit Javotte radoucie.

Elle s'était déjà courbée pour ouvrir la commode désignée, lorsqu'en se retournant inopinément, elle vit aux mains de Lacenaire un tire-point que celui-ci venait de tirer de sa poche de côté.

— Qu'est-ce que c'est que ça?... qu'est-ce que c'est!... dit-elle en avançant sur lui...

---

[1] *Grinche* en argot veut dire voleur.

— C'est ce qui empêche de parler, répondit Lacenaire, et il lança en pleine poitrine à la malheureuse fille un coup de l'instrument meurtrier.

La recéleuse portait sur elle une montre à laquelle était pendue une chaîne garnie de breloques. Un petit *coco* en forme de baril se trouvait mêlé à ces ornements, et le poignard l'ayant rencontré s'était heureusement amorti sur le *biblot*, pour parler le langage d'aujourd'hui.

— Ah! misérable! ah! scélérat! dit Javotte en se précipitant à la gorge de Lacenaire et en le tenant en respect.. Ah! tu veux me *buter* aussi, escarpe! eh bien, je vais te faire pincer, moi, attends!... *à l'assassin!*... *à l'assassin!*... Elle se mit à crier de toutes les forces de ses poumons.

Lacenaire, toujours armé, voulait se détacher de l'étreinte de son antagoniste et l'empêcher en même temps d'appeler main-forte. Il rejeta violemment sa tête en arrière et saisit à son tour la femme par le cou pour étouffer ses cris ou l'étrangler, mais il avait affaire à une gaillarde robuste.

Prête à perdre le souffle, la vaillante fille, les cheveux en désordre et les yeux injectés de sang, se colla à son meurtrier afin de lui ôter la liberté de ses mouvements, et le poussa vivement vers le lit placé au fond de la chambre. Acculé au bois de la couche, Lacenaire, sentant qu'il perdait l'équilibre, laissa tomber son arme, puis, s'emparant d'un flambeau en cuivre qui se trouvait à sa portée, il en asséna un si terrible coup à la tête de la recéleuse, que le sang ruissela sur les draps et les oreillers. Mais Javotte ne le lâcha point et se mit à chercher des yeux le tire-point tombé pour s'en emparer et frapper Lacenaire. Il n'était pas doué d'une grande vigueur physique, et ses forces l'abandonnaient, tandis que celles de Javotte augmentaient. Les voisins, attirés enfin par le piétinement de cette lutte et par les cris des combattants, pénétrèrent dans la chambre.

— C'est ma femme, dit Lacenaire, cela ne regarde personne !

Et profitant de l'essoufflement de Javotte qui ne pouvait parler, de l'indécision des assistants ébranlés par cette mauvaise raison, il descendit quatre à quatre l'escalier et disparut comme l'éclair sous la voûte de la porte Saint-Martin.

Javotte, qui était déjà très mal avec la Préfecture et savait que son amant avait une foule de peccadilles sur la conscience, ne jugea pas à propos d'instruire la justice de cette scène tragique. Elle garda un silence prudent sur le tout, en attendant le moment de se venger sans bruit.

Pourtant, par le plus bizarre des contrastes, voici la scène qui se passait aux environs du Palais-Royal quelques mois avant la tentative faite sur Javotte et la visite à main armée chez M. Scribe.

Le locataire d'une chambre située rue de la Bibliothèque prenait le frais à sa fenêtre, lorsque des miaulements désespérés lui firent lever la tête. Un chat, lancé du faîte de la maison dans la rue, cherchait à se cramponner à l'une des gouttières ; mais le poids de son corps, multiplié par la vitesse de la chute, et ses griffes émoussées par l'angoisse, l'empêchaient de s'y retenir. Il allait donc infailliblement périr, lorsqu'à la hauteur du deuxième étage une main s'avança vivement, le saisit et le dispensa de continuer son périlleux voyage. Après avoir caressé l'animal, celui qui l'avait recueilli au passage le rapporta dans l'appartement d'où on avait voulu lui faire opérer cette descente sans parachute.

Le sauveur du chat était un homme jeune, à moustache frisée, vêtu avec la dernière élégance. Il portait une chemise brodée, de petites manchettes s'arrondissant sur des mains un peu maigres, une cravate noire élevée et sans col; un habit bleu à large collet et à boutons guillochés, son gilet décolleté se fermait par un seul bouton et son pantalon, serré au mollet, s'évasait en éventail sur des bottes à bouts carrés.

— Excusez-moi de vous déranger, monsieur, je vous rapporte votre chat, dit-il à un autre jeune homme, qui s'est fait depuis une bonne position dans les *Messageries*, mais qui habitait alors, insoucieux et libre, un sixième étage avec sa maîtresse.

— Tenez, elle tremble encore de tous ses membres, la pauvre bête!

— Je vous remercie de votre bonté, monsieur, répondit l'autre, mais je ne vous cacherai pas que j'aurais tout autant aimé que cette affreuse bête fût restée sur le pavé.

— Ah!... Et pourquoi cela?... Comment peut-on ainsi faire du mal à ces pauvres créatures qui sont si inoffensives, si douces, et qui nous aiment tant?...

— Qui nous aiment tant !... Merci !... Je voudrais bien voir un de ces êtres *si inoffensifs* vous avaler votre dîner et vouloir manger la main de votre femme, pour voir si vous les trouveriez aussi doux que cela... Montre donc à monsieur ce que cet odieux chat t'a fait, continua le maître du matou en s'adressant à une jeune femme présente à l'entretien.

La dame présenta alors au nouveau venu sa main rayée de coups de griffes, et tout ensanglantée par une morsure.

— Ah Dieu ! dit le voisin, pâlissant et se trouvant presque mal à cette vue, c'est affreux ! — Ma foi, reprit-il après une pause et comme remis de son émotion, je ne vous en veux plus : — *il y a des circonstances atténuantes.*

Cet homme, si sensible pour les chats, on l'a deviné, c'était Lacenaire. Il pensait sans doute déjà à la Cour d'assises, où nous ne tarderons pas à le voir paraître.

CHAPITRE XXI.

Les marchands de bœufs de Poissy. — Guet-apens pour les tuer. — L'estaminet. — Garni de la mère Gérard.

Malgré ses préoccupations et ses craintes relativement à la cour d'assises, Lacenaire cherchait toujours des victimes. Il se trouvait, durant une nuit, dans le débit d'Olympe, avec Bâton, Avril et Leborgne; deux marchands de bœufs y entrèrent pour attendre l'heure du départ de la voiture de Poissy. — On sait qu'alors les chemins de fer n'existaient pas. — Les deux marchands, forts et vigoureux gaillards, étaient chargés chacun d'un sac d'écus.

Ils n'étaient pas sitôt attablés, que le projet de les assassiner fut agité et arrêté, au moyen de mots d'argot, par les bandits ordinaires de l'établissement. Répin devait chercher dispute aux deux étrangers, les provoquer à sortir pour se battre. Une fois qu'ils seraient dans la rue, Lacenaire, Avril et Leborgne, sous prétexte de les séparer, se seraient mêlés à la lutte, et, au moyen de tire-points et de couteaux-poignards qu'ils portaient toujours sur eux, auraient expédié les deux marchands pour l'éternité, et partagé leur dépouille dans une maison de tolérance placée à côté du débit.

Effectivement, Répin commença à exciter la mauvaise humeur des arrivants par des propos malsonnants. Leborgne s'en mêla, et ils eurent la dispute qu'il cherchait.

— Sortez donc, tas de *pantes*, leur disait Répin, sortez donc que je vous arrange dehors, etc., etc...

Mais, malgré les défis de Répin, aucun des deux hommes ne voulait se mesurer avec lui. Ils le trouvaient trop chétif et en avaient pitié. Cependant, exaspéré par ses insolences et ses menaces, l'un des marchands se tenait à quatre pour ne pas sauter sur lui. Lacenaire, durant cette querelle, jouait ostensiblement le rôle de modérateur, mais au fond il cherchait à animer les étrangers.

— Ne faites pas attention, messieurs, aux insultes qu'on vous adresse, leur disait-il d'un ton mielleux et conciliant, c'est l'habitude de ces messieurs de vexer tout le monde, et c'est surtout la manie de ce petit Répin, parce qu'en réalité il se sent fort, malgré son apparence grêle.

— Croyez-moi, restez ici, ajoutait-il un instant après, car vous auriez peut-être encore le dessous après avoir été vilipendés.

Ces paroles hypocrites décidèrent les deux nouveaux venus, braves d'ailleurs, à châtier l'avorton et son camarade, et ils se levèrent pour se battre rue Jeannisson, mais, au moment où ils mettaient la main à la serrure de la porte, un homme, connu des habitués comme l'amant et l'associé d'Olympe, sortit de l'arrière-boutique où on le croyait endormi. Il avait entendu le complot et suivi sa marche.

— Pardon, messieurs, dit-il aux marchands, en saisissant chacun d'eux par le bras et en leur faisant un signe, vous ne sortirez pas d'ici... je ne le veux pas! — Et vous là-bas, vous autres, ajouta-t-il en regardant les malfaiteurs de manière à leur faire comprendre qu'il savait tout, vous allez filer tout de suite, où je vais chercher la *rousse* [1].

Les bandits, voyant que la mèche était éventée, décampèrent aussitôt, et le maître de la maison, s'adressant aux deux consommateurs qu'il avait retenus malgré eux :

[1] La police.

— Eh bien! leur dit-il, vous allez faire de la belle besogne en sortant avec ces gas-là, vous ne voyiez donc pas que c'était un coup monté pour vous tuer et vous dépouiller après?

Et il leur expliqua le plan des agresseurs.

Il n'est point besoin de dire avec quelle docilité les marchands de bœufs restèrent dans la salle du débit, et quelles actions de grâces ils rendirent à leur sauveur.

Les deux hommes qui l'ont si bien échappé sont MM. Duveau et Denis Cigare. Celui qui leur a rendu ce service et qui nous a raconté le fait, avec bien d'autres concernant Lacenaire, est l'ex-débitant lui-même, homme très original, spirituel, rusé comme un diable et devenu depuis un riche propriétaire aux environs de Paris.

Voici quelle a été la récompense de sa conduite.

Il y a à peu près deux mois, on lui réclamait injustement devant le tribunal un cheval et une voiture qu'il avait empruntés et rendus. Mais, ne pouvant malheureusement prouver la restitution, il allait perdre son procès sans compter en plus quatre ou cinq mille francs. Le hasard conduisit sur sa route M. Duveau, à qui il raconta sa mésaventure :

— Tenez, X..., vous m'avez sauvé la vie, il y a plus de vingt ans, lui dit M. Duveau, eh bien, moi, je vais vous faire gagner votre procès, ce sera toujours ça que je vous rendrai. N..., votre adversaire, est de mauvaise foi, car il avait encore, il y a un mois, à la foire de... le cabriolet et le cheval qu'il vous réclame.

Le fait fut allégué devant le tribunal, qui en ordonna

la vérification, et il fut prouvé. — X... gagna son procès. Un bienfait n'est jamais perdu.

Ce n'était pas seulement chez la liquoriste de la rue Jeannisson que Lacenaire allait passer la nuit avec ses compagnons de vol et de meurtre. Il fréquentait aussi, rue du Chantre, un *Estaminet-garni* que la police tolérait, parce qu'elle le regardait comme un point de repère pour ceux qu'elle suivait de l'œil.

Cet établissement, d'un genre assez neuf et de mœurs assez décolletées, trop décolletées même, ainsi qu'on va le voir tout à l'heure, était tenu par une vieille femme nommée la mère Gérard.

Comme toute honnête maison, ce café avait l'air de fermer à minuit; mais c'était précisément à partir de cette heure que ses vrais clients, les joueurs et les voleurs, accompagnés de filles de joie, s'y rendaient au sortir des bals et des spectacles. Moyennant un signe convenu et souvent renouvelé, les portes du bouge mystérieux s'ouvraient pour eux, et les fenêtres, matelassées à l'intérieur, interceptaient pour le dehors la lumière et les bruits du dedans.

On pénétrait alors dans un entresol assez vaste où se trouvaient des billards, des tables de jeu et d'autres sur lesquelles des couverts étaient mis; des chambres garnies situées aux étages supérieurs, et louées seulement à la nuit, mais à des prix fous, recevaient les habitués qui désiraient ne pas regagner leur domicile, et le nombre en était grand de ceux-là!

La mère Gérard, qui possédait le génie du lucre,

ayant remarqué combien ceux qui formaient sa clientèle étaient nomades et peu soucieux du confortable, s'était hâtée de mettre à profit ce penchant au vagabondage. Elle avait attaché à son service cinq ou six blanchisseuses qui lavaient et repassaient pendant toute la nuit, et dans la matinée encore, le linge et les effets de ses hôtes des deux sexes, afin que le lendemain les couples qui étaient venus lui demander sa coûteuse hospitalité pussent s'en retourner proprement vêtus à leurs plaisirs ou à leurs affaires. Seulement plus on avait d'argent, moins on était satisfait de la promptitude de ses lessiveuses, car la limonadière était bien aise de retenir les joueurs heureux à déjeuner, attendu que ce repas amenait toujours chez elle un redoublement de consommation et souvent des stations de plusieurs jours. En compensation, les gens décavés étaient servis avec la plus grande diligence.

Tandis que les pantalons, les gilets et les robes reprenaient une fraîcheur nouvelle sous le fer des repasseuses, la bouillotte et les festins flambaient dans l'entresol. Les dames en jupons, de très belles filles dont la race est, dit-on, disparue en ce moment, jouaient et soupaient avec les cavaliers recouverts de longs peignoirs, et ceux d'entre les hommes qui se livraient au charme du carambolage étaient obligés de se mettre en plus petite tenue encore. Bref, quelqu'un qui n'aurait pas été au fait des us et coutumes de l'endroit, et qui y aurait jeté un coup d'œil furtif, aurait pris la maison de la mère Gérard pour un établissement de bains nocturnes.

Lacenaire était très recherché du beau sexe dans ce

tripot-restaurant, car il était aimable, affable, serviable même pour ses amis, et d'une politesse parfaite avec tout le monde. Il était souvent gai comme un enfant, et quelquefois sombre comme un mélodrame. Mais, en général, nous disait M. X.., il avait l'*air d'un jeune prêtre*. Il jetait l'argent à pleines mains quand il était en veine de vols. Chaque fois qu'il régalait ses camarades, il faisait passer en revue l'une après l'autre toutes les sortes de liqueurs étagées chez Olympe, et se plaisait à admirer leurs couleurs diverses emprisonnées dans les flacons. Lorsqu'il lui prenait fantaisie, en sortant, de se faire cirer les bottes par le décrotteur, qui se tenait alors sous le péristyle du Théâtre-Français, il lui donnait deux ou trois francs, et quand il en avait le temps, il ne manquait jamais d'aller se faire raser à la Butte-des-Moulins, chez un nommé Goujon, auquel il ne payait chaque barbe jamais moins de cinq francs.

Ce Goujon, petit de taille, et doué d'une force colossale, était d'une famille où, de père en fils, on allait au bagne. Il n'a pas échappé au malheur héréditaire de sa race, et il est maintenant à Cayenne pour le reste de ses jours. On peut voir par là que la famille Martial, des *Mystères de Paris*, n'est pas une pure invention de M. Eugène Sue. Du reste, il y a comme cela un assez grand nombre de choses romanesques que le bon Dieu a trouvées avant nos auteurs à la mode.

CHAPITRE XXII.

Le mystificateur. — L'*ancien* et les gendarmes. — Le roi philanthropique.

Lacenaire était aussi dans l'occasion un mystificateur assez plaisant. Ainsi, grâce à sa belle humeur, il s'était tellement fait bien venir d'un restaurateur d'une de nos barrières de la rive gauche, que celui-ci ne pouvait plus se passer de lui.

Quoique déjà âgé cependant, le négociant en ragoûts était un ami intrépide de la gaudriole et de la dive bouteille, et il négligeait tout, famille et établissement, pour chanter, rire et boire avec Lacenaire. Il est vrai de dire qu'il ignorait les antécédents de son favori. Une fois, après un dîner des plus joyeux, ils coururent, en compagnie d'autres amis et de beautés peu scrupuleuses, une *bordée* qui durait déjà depuis sept jours. Inquiet, à la fin, de cette conduite si désordonnée pour un père de famille, le repris de justice entreprit d'amener le vieillard à rentrer chez lui. Il avait la faculté de parcourir rapidement les feuilles publiques en les retournant de la tête en bas, et cette lecture à rebours était un des tours qui charmaient le plus le vieux viveur, complétement ignorant, du reste, des lettres de l'alphabet. Lacenaire se mit donc, pour tuer le temps, à faire cet exercice, mais, tout à coup, il s'arrête, retourne vivement le journal dans son vrai sens, et, d'une voix altérée, lit un *fait-Paris* dans lequel était relatée une scène de vol et de meurtre, qui venait d'ensanglanter la veille le propre restaurant de son compagnon de plaisir.

En entendant ce récit, le vieillard anacréontique ne fit qu'un bond dans une voiture qui le suivait depuis une semaine, et un quart d'heure après, pâle et effaré, il entrait chez lui comme un insensé.

— Qu'est-il donc arrivé ici? demande-t-il, dans une agitation extrême, à sa paisible famille. Qu'y a-t-il eu?... qu'est-ce que c'est?... Mais parlez donc!...

— Comment! qu'est-ce qu'il y a eu?... Mais rien, papa; rien, mon ami!... répondent au déserteur ses enfants et sa femme encore plus surpris que lui et le prenant pour un fou.

En effet, il n'était rien arrivé à la barrière qu'un coquin de père de plus, et le prétendu sinistre était né d'une improvisation de Lacenaire.

Il avait l'habitude de plaindre le sort du peuple, quoiqu'il ne se fît pas faute, comme on l'a déjà vu, de voler les plus chétifs ménages; et un jour qu'il était en partie de promenade avec quelques-uns de sa bande dans la forêt de Saint-Cloud, la pluie les obligea de se réfugier chez un garde. Pour passer le temps, ils se mirent à boire du vin. On en débitait dans la maison.

Deux gendarmes à cheval survinrent. L'un d'eux avait été chargé de remettre deux cents francs dans la commune voisine, et les portait enfermés dans un sac de toile grise. Lacenaire lia conversation avec eux, et il se trouva précisément qu'il avait eu pour chefs au régiment des hommes justement connus de ses interlocuteurs, malgré la différence des corps d'armée. On offrit à boire aux agents de la force publique, et la politesse fut acceptée par eux de grand cœur. Les rasades furent renouvelées coup sur coup. La gaîté des buveurs, le plaisir de se trouver avec un homme *qui avait servi*, et les souvenirs de garnison se mêlant au vin qui ruisselait sur la table, tout cela acheva de griser les deux gendarmes. Ils se levèrent en chancelant pour continuer leur route, et toute la bande se mit en devoir de les accompagner : ce qui fut accepté.

Tandis qu'on s'acheminait sous les grands arbres, Lacenaire, qui avait fait en sorte de rester derrière, se pencha à l'oreille de Travacoli, et lui dit :

— Comme c'est bizarre et injuste ce qui se passe dans le monde ! — Voici de naïfs gendarmes qui nous prennent, nous autres, pour les plus braves gens du monde, et qui nous laisseraient tout saccager ici, tandis qu'ils arrêteraient avec la plus grande rigueur le premier pauvre qui ramasserait une branche de bois dans cette forêt... N'est-ce pas triste?...

Puis un instant après, il ajouta avec insinuation :

— Il serait assez drôle de *faire voir le tour du sac aux argus* (de voler le sac des gendarmes) et de les *refroidir* ici même, n'est-ce pas? — Qu'en dites-vous, Travacoli?

Celui-ci réfléchissait et ne répondait point : Lacenaire lui fit alors la proposition formelle d'assassiner les gendarmes avec l'aide des autres voleurs.

— Pas du tout, répondit l'Italien au tentateur, vous savez que ma manière de *travailler* n'est pas la vôtre, et qu'il ne rentre pas dans mes plans de *refroidir* per sonne. D'ailleurs, ce n'est pas avec la gendarmerie que je commencerais ce jeu-là... Merci!...

Travacoli s'y opposant, et les autres brigands ne se souciant pas de chercher chicane aux gardiens de l'ordre, on les laissa en paix avec leur sac d'écus.

Ils partirent donc, enchantés du cordial accueil de leurs compagnons de route, et particulièrement émerveillés de la rondeur joviale et franche de *l'ancien militaire*.

Il ne fut pas longtemps à se consoler d'avoir laissé échapper les deux gendarmes, car, une dizaine de jours après la promenade si peu sentimentale où il avait fait leur connaissance, il avisa dans la rue Saint-Honoré une carriole sans gardien, remplie de paquets de toutes sortes et de toutes grandeurs, stationnant près de l'hôtel d'Aligre, devant la porte du commissionnaire au Mont-de-Piété. C'était un de ces véhicules qui servent quotidiennement à transporter les objets engagés au grand établissement de la rue des Blancs-Manteaux et à rapporter ceux qu'on a dégagés la veille.

Lacenaire était accompagné de Pisse-Vinaigre. Il pouvait être sept heures du soir, et l'on était en octobre. Aussitôt son plan fut arrêté. Il sauta vivement dans la voiture, en faisant signe à son camarade de l'imiter, rassembla les rênes dans sa main et appliqua un vigoureux coup de fouet sur le dos du cheval.

L'animal partit au grand trot, enfila plusieurs rues adjacentes à la grande voie qu'il quittait, et s'arrêta dans une cour avec écurie et remise, connue de ceux qui le menaient. C'était une espèce de fourrière dont le maître recélait les voitures et les chevaux volés, et louait des cabriolets à ceux de ses clients qui exploitaient la campagne. Là, après avoir dételé le cheval et l'avoir recommandé aux soins particuliers d'un palefrenier, les deux larrons procédèrent à la visite du fourgon. Ils y laissèrent tous les paquets contenant ces objets de première nécessité ou de mince valeur, qui ne sont engagés ordinairement que par de pauvres gens ou par des personnes réellement gênées, et ils empilèrent dans un fiacre dont le cocher était *affranchi* (c'est-à-dire sûr), tous les objets de prix.

Quand l'ombre se fut tout à fait épaissie sur la ville, ils partirent avec la voiture de place seulement, et allèrent déposer leur fardeau chez l'*Homme-Buté*. L'honnête commerçant convint d'acheter le tout à *la pesée*, selon son habitude, et, après avoir fait descendre le butin dans sa cave, il y précéda les fournisseurs pour évaluer leurs marchandises. Les balances du recéleur fléchissaient sous le poids de l'or et de l'argenterie. Lacenaire tenait à la main une chandelle dont la lueur fumeuse, en se projetant sur les pierres des bijoux, faisait scintiller leurs reflets prismatiques et éclairait cette scène à la Rembrandt.

Quand les voleurs eurent encaissé leur argent, ils allèrent souper chez la mère Gérard, puis, vers quatre heures du matin, ils retournèrent à l'écurie où la veille ils avaient laissé le coursier capturé. La bête, après s'être repue de grappe et d'avoine, s'était étendue sur une litière digne d'*Incitatus*, le cheval consulaire, et il ne dut pas être trop satisfait lorsqu'on l'en arracha.

En effet, les voleurs, que le vin avait mis en joyeuse

humeur, ne voulaient pas priver les prêteurs nécessiteux de leurs effets. Ils attelèrent le bidet à la carriole, et, vêtus de blouses, comme deux honnêtes blanchisseurs de la campagne qui vont distribuer le linge chez leurs pratiques, ils replacèrent sur une borne, à l'endroit où ils les avaient pris la veille, les paquets des pauvres gens. On ne nous a pas dit ce qu'ils firent des moyens de transport.

CHAPITRE XXIII.

Meurtre de la tante Chardon. — Plaisirs d'assassins. — Une déclaration de principes.

Lacenaire avait connu à Poissy, en 1829, un nommé Chardon, détenu pour vol et attentat aux mœurs, que les prisonniers ne désignaient que sous le nom de la *tante Madeleine*. Ce condamné, affligé déjà d'une détestable réputation avant son incarcération, n'avait pas changé de conduite en prison; mais, avant comme après son séjour à la maison centrale, il cherchait à cacher ses vices sous les dehors de la religion, et vendait des emblèmes de dévotion en verre filé. Il avait ajouté à son nom celui de *frère de la charité de Sainte-Camille*, et dans une pétition adressée à la reine Marie-Amél e, il demandait le rétablissement d'une maison hospitalière pour les hommes.

Il occupait avec sa mère, la veuve Chardon, vieille femme presque septuagénaire, inscrite au bureau de charité, un petit logement au premier étage, dans le passage du Cheval-Rouge, situé entre la rue Saint-Martin et la rue du Ponceau.

Lacenaire, qui portait en prison le nom de Gaillard, s'était brouillé à mort avec Chardon, sous les verrous, par suite de discussions d'intérêt, et, depuis leur libération, ils évitaient soigneusement l'occasion de se rencontrer.

Un jour, un nommé Germain, également libéré de Poissy, vint à l'improviste chez Bâton, son ami, et le trouva occupé à écrire avec Lacenaire. Il n'eut rien de plus pressé que de rapporter cette circonstance à Chardon qu'il fréquentait assidûment, tout en le détestant de la façon la plus vive.

— Ils font des faux! dit le prétendu frère de charité avec cette sûreté de coup d'œil particulière aux vieux criminels; — et il ne se trompait pas! — Mais que Gaillard prenne garde, continua-t-il, je le ferai arrêter!...

Ce Germain, le plus perfide des amis et le plus actif des artisans de discorde, ne manqua pas d'instruire aussitôt Lacenaire des dispositions de son ex-compagnon de captivité à son endroit; il lui assura en outre que Chardon avait chez lui, dans une armoire, beaucoup d'argent, de larges pièces d'or à l'effigie de Henri V, et, entre autres sommes, une de dix mille francs, provenant de la reine Marie-Amélie, et destinée à l'édification de la prétendue maison hospitalière inventée par le faux frère quêteur.

— La *tante* est très facile à *nettoyer* (à voler), ajouta Germain, en présence de Bâton, il ne faut pour cela que des fausses clefs. Si vous voulez, je vous fournirai les empreintes de ses serrures, ainsi que tous les autres renseignements nécessaires à l'affaire. Je puis même occuper Chardon ailleurs que dans *sa cambuse* (sa chambre) le jour convenu, ou faire faction aux alentours. Ça y est-il?...

— Ma foi, non, répondit Lacenaire, qui ne se fiait ni à l'un ni à l'autre des deux pèlerins, je ne crois pas à l'argent de *Madeleine;* mais, dans tous les cas, je ne veux rien entreprendre contre lui.

Il avait conçu mieux que cela tout d'abord, et résolu sans le moindre scrupule le meurtre de Chardon, sur les indications de Germain, mais avec la coopération d'Avril.

— Si je vole Chardon avec des fausses clefs, s'était dit Lacenaire, il me soupçonnera immédiatement et me fera arrêter. Or, je ne veux plus avoir de petits démêlés avec la justice.

Il parla donc à Avril de l'armoire en question comme d'une mine d'or, mais, tout en enflammant son imagination pour un vol, il se tut relativement au meurtre, en ayant grand soin cependant d'appuyer fortement sur le danger qu'il y avait à redouter après l'action de la part de Chardon et de sa mère.

Avril proposa alors à son chef de file d'assassiner ensemble la mère et le fils. C'est ce que voulait Lacenaire, et le pacte fut conclu.

Le lendemain du jour où ce projet fut arrêté, ils se mirent en route pour cette expédition; mais, arrivé trois ou quatre pas de la maison, Avril se ravisa.

—Décidément, dit-il à son complice, je ne puis me résoudre à faire cette affaire avec toi. Je te connais; une fois sous ta dépendance, tu voudras me mener comme un enfant.

— Ceux qui ne me trahiront pas les premiers, lui répondit Lacenaire, n'auront jamais rien à craindre de moi...

— C'est égal, je ne suis pas décidé aujourd'hui.

— Eh bien ! n'en parlons plus...

Et de toute la semaine il ne fut plus question de ce meurtre. Lacenaire y pensait toujours et comptait sur la nécessité pour stimuler Avril.

Cependant, les jours s'écoulaient et l'argent devenait rare. Les deux associés demeuraient dans un garni mal famé de la rue Saint-Maur, faubourg du Temple, tenu par une vieille femme nommée la veuve Desforest. Ils partageaient la même chambre. Avril éprouvait de plus en plus le besoin de boire, et la veuve Duforest, — la *veuve !* — on sait que c'est ainsi que les voleurs désignent la guillotine, — la veuve Duforest commençait à refuser le vin et l'eau-de-vie aux deux brigands. — Avril réfléchissait, — c'était mauvais signe ! — Il devenait de plus en plus sombre, et c'était ce que voulait son horrible camarade. De temps en temps, le libéré de Poissy faisait des allusions à la fameuse armoire de Chardon, et ramenait la conversation sur cet homme ; mais Lacenaire, le voyant venir, laissait tomber l'entretien sur ce sujet et laissait Avril à ses réflexions.

Quelle affreuse association que celle de ces deux êtres, pour ainsi dire en gestation d'un même crime ! — L'un, calme et sinistre comme le serpent logé dans les lianes, ne se pressait pas et attendait, trop sûr qu'il était de l'effet de son venin ; l'autre, dans le cerveau duquel fermentait déjà le meurtre, était le tigre que la voracité va précipiter d'un bond sur sa proie !

Enfin, le jour où l'exécution du crime devait être arrêtée vint enfin !

L'horrible scène se passait dans le taudis dont nous avons déjà parlé. Les deux complices dormaient dans le même lit. Lacenaire regardait de côté son compagnon de ses yeux obliques et froids. Avril, tourmenté par les hallucinations du crime, s'agitait et se retournait dans les draps sales du bouge.

Enfin, il se réveilla tout à fait. — Ce fut un dimanche, le 14 décembre 1834. Le jour était sombre et brumeux; le ciel bas et terne.

— Tiens, dit Avril en ouvrant les bras et en se détirant, si tu veux, aujourd'hui, nous irons chez Chardon ; j'y suis tout à fait décidé.

— Allons-y, mais déjeunons avant, dit tranquillement Lacenaire.

Et ils allèrent déjeuner à la Courtille ! Sur la nappe tachée de vin et de graisse de la barrière, ils firent, en riant, d'affreuses allusions à l'œuvre sanglante qu'ils allaient accomplir, et burent quelques bouteilles de plus comme une avance sur le triste salaire qu'ils en devaient retirer; — puis ils se mirent en route.

Une demi-heure environ après leur départ, ils arrivèrent dans le passage du Cheval-Rouge. Une heure sonnait à l'horloge Saint-Nicolas-des-Champs. Ils demandèrent Chardon fils au concierge. Le locataire était sorti. Les assassins, doutant de la véracité du portier, montèrent au premier étage et frappèrent à la porte de celui qu'ils venaient chercher. Personne ne répondit. Ils redescendirent et s'en allaient, lorsque Chardon, sortant d'un bureau de placement situé dans le passage, les rencontra.

— Nous allions chez toi, lui dit Lacenaire.

— Eh bien! remontons, répondit Chardon.

Et ils regagnèrent tous trois la maison du faux frère de charité.

Jamais endroit ne fut plus propice à l'égorgement d'un homme que ne l'était cet appartement. Qu'on se figure un escalier noir, en forme de vrille, aux marches étroites, et boueuses et ayant pour rampe une corde graisseuse. rivés dans la première pièce du logis, qui semble jetée comme un pont sur le passage, et qui est isolée des autres appartements, ils entamèrent une conversation insignifiante avec Chardon; puis, Avril, s'élançant tout à coup sur celui-ci, comme un jaguar, le saisit à la gorge.

Lacenaire tira de sa poche un carrelet emmanché dans un bouchon et le frappa d'abord par derrière, ensuite par devant. Chardon était sans habit, et, d'ailleurs, épuisé par l'énervante débauche à laquelle il se livrait. Il essaya de crier, sa voix ne put sortir de son gosier, interceptée qu'elle était dans les doigts d'Avril. Il voulut fuir, impossible! Il tomba, et ses jambes s'agitant comme ceux du mouton qu'on égorge à l'abattoir, heurtèrent un petit buffet plein de vaisselle et l'ouvrirent. Avril acheva Chardon à coups de merlin, et reçut à son gilet et à sa chemise des éclaboussures de sang.

Lacenaire les quitta alors, et entra dans l'autre pièce. Une vieille femme y dormait, — c'était la mère! — il la frappa, lui seul, à la tête, au col, à la poitrine avec le même carrelet qui venait de servir à son fils, et telle était la violence de ses coups, que la pointe de l'instrument traversa le bouchon qui lui servait de manche et blessa l'assassin à la main. Lacenaire rabattit sur la vieille femme le matelas et les couvertures, jeta son cadavre entre une ruelle formée par le lit et deux fauteuils, et fut rejoint par Avril qui venait de *finir* Chardon.

Ils se mirent alors à voler. L'armoire de la veuve fut ouverte à l'aide d'une pesée. Elle renfermait *cinq cents francs*, quatre ou cinq couverts d'argent et une cuiller à potage. Avril s'empara de l'argenterie, Lacenaire prit l'argent, une Vierge en ivoire et le propre manteau de Chardon dont il se couvrit en riant.

Ils sortirent enfin de la maison, les mains, le linge et les habits ensanglantés, se rendirent d'abord dans un café et lavèrent furtivement leurs doigts dans un verre d'eau sucrée, ensuite aux bains Turcs où ils firent la lessive de leurs vêtements. Ils descendirent, après cette horrible ablution, à l'estaminet de l'*Epi-Scié,* situé sur le boulevard du Temple. De là Avril se détacha seul pour aller vendre l'argenterie chez un recéleur et le manteau au Temple. Il y revint trouver Lacenaire, lui rapporta deux cents francs, montant des couverts, et vingt francs prix du manteau. La Vierge en ivoire fut jetée dans la Seine. L'argent du crime ayant été partagé le soir même, les assassins dînèrent largement, burent à eux deux neuf bouteilles de vin, et allèrent finir la soirée aux Variétés. Odry jouait ce jour-là, et, dit Lacenaire, *ils s'amusèrent beaucoup.*

Abandonnons un moment Avril à la brutalité de ses penchants, on retrouvera son itinéraire par les débats de la Cour d'assises, et suivons Lacenaire. Voici sur quel ton lyrique il parle de l'affaire du Cheval-Rouge dans ses Mémoires :

« Ce fut un beau jour pour moi que celui-là. *Je respirai.* J'étais mécontent jusque-là en me voyant renfermé vivant dans le gouffre des prisons : quoique j'eusse versé le sang, il m'était interdit d'en revendiquer le prix, de réclamer l'échafaud qui m'appartenait, et je voulais la mort, mais non pas de mes propres mains; que celui-là se suicide qui, entraîné par ses seules passions, a commis un crime que sa conscience ne peut légitimer, qui regarde l'échafaud comme une infamie; que celui-là se suicide qui, après avoir épuisé sa santé et sa fortune dans les plaisirs de la vie, voit tout à coup santé et fortune lui échapper, il a raison; mais moi, qui n'avais demandé à la société que du pain, *du pain assuré par mon travail*, non, je ne le pouvais pas, je ne le devais pas ; c'eût été trop inepte, et pourtant je sentais que je ne devais plus vivre.

« Croyez-vous donc que c'était l'appât de l'or que je devais trouver chez Chardon qui m'avait poussé? Oh! non! c'était une sanglante justification de ma vie; une sanglante protestation contre cette société qui m'avait repoussé; voilà quel était mon but, mon espoir. Dès lors, plus de crainte, on pouvait me saisir quand on voudrait. Je savais comment je terminerais. Je ne risquais plus de m'abandonner au vol ; il ne s'agissait plus que de jouir encore quelques instants, ou de triompher tout à fait.

« On a prétendu que j'avais dit que si j'avais réussi j'aurais vécu en honnête homme, en bon père de famille. Oui, suivant les lois, c'est vrai; oui, j'aurais été bienfaisant, j'aurais soulagé l'infortune, c'est encore vrai. Mais alors je me serais adonné tout entier à ma vengeance, laissant de côté la poésie, les plaisirs, je me serais livré à l'instruction, j'aurais étudié nuit et jour pour pouvoir saper un à un tous les principes sur lesquels repose la société. Voilà quel était désormais le but de mon existence : de la fortune, si je pouvais y arriver ; mais il le fallait promptement, car j'étais las. »

On comprend qu'avec de pareils principes, si horriblement ridicules qu'ils soient, Lacenaire ne pouvait abandonner ses projets homicides sur les garçons de caisse de Paris, aussi allons-nous le voir le remettre en exécution et tenter l'assassinat de la rue Montorgueil avec François.

CHAPITRE XXIV.

L'étudiant. — Avril est arrêté. — François. — Guet-apens sur le garçon de caisse.

Le lendemain, 15 décembre 1834, ils songèrent aux dispositions à prendre pour le meurtre d'un garçon de caisse.

Ils avisèrent, dans l'après-midi, à la porte du n° 66 de la rue Montorgueil, un écriteau désignant un petit appartement à louer *immédiatement* et demandèrent à le visiter. Le local, composé de deux pièces, d'une antichambre, et situé au quatrième étage, se trouvait très propre à l'usage qu'ils voulaient en faire, et ils tombèrent tout de suite d'accord sur le prix, avec un monsieur Bussot, principal locataire de la maison ; car il n'y avait point de portier.

— L'appartement me convient, lui dit Lacenaire, et je l'arrête dès ce moment.

— C'est bien, monsieur, mais veuillez me faire connaître votre nom et votre adresse, s'il vous plaît, afin que j'envoie aux informations, comme c'est l'usage.

— Ce n'est pas la peine. Je ne fais que d'arriver à Paris, où je viens pour me faire recevoir avocat. Je suis étudiant en droit, et je m'appelle *Mahossier*. Du reste, je vous paie un terme d'avance, ajouta Lacenaire en déposant une certaine somme dans la main de son interlocuteur, et cela répond à tout.

Trois jours après, la première pièce de l'appartement était garnie de quelques méchants meubles ; l'ameublement de la deuxième consistait en un de ces immenses paniers nommés *manne*, dont on se sert pour emballer des objets de grand volume. Sur cette manne était placée une planche simulant une table, et au-dessus une plume, du papier, un écritoire et un sac arrondi avec de la paille pour remplacer des espèces ; une grande quantité de cette même paille était éparpillée dans un des coins de la chambre.

On a su plus tard, par une des conversations de Lacenaire à la Conciergerie, que le grand panier devait servir à recevoir provisoirement le cadavre de la victime, afin de le faire disparaître sans laisser aucune trace. Cette *causerie* est même assez caractérisque, ainsi qu'on le verra.

Lacenaire et Avril logèrent six jours dans ce logement. Le premier s'occupait à y fabriquer les faux nécessaires à leur affreux projet. Mais, dans l'intervalle qui s'écoula du 25 au 31 décembre, jour du crime, Avril, emporté par ses instincts brutaux, devint amoureux d'une fille publique et se fit arrêter sur le boulevard en la défendant contre des agents de la force publique.

L'association de ces brigands s'étant donc rompue momentanément, Bâton, qui, malgré son peu d'énergie, postulait la place d'Avril, revint trouver Lacenaire. Il l'engagea si formellement à essayer une nouvelle tentative sur les employés de la Banque, promit si solennellement que rien ne l'arrêterait au moment de l'exécution, que Lacenaire, qui avait déjà dévoré le produit du meurtre de Chardon, et se trouvait pressé, alla porter ses faux mandats chez MM. Mallet et Compagnie.

Il se présenta chez le banquier le 29 décembre, comme un jeune homme arrivant de Rouen, et demanda à parler à M. Morin, ancien associé de la maison.

— Il y a longtemps que M. Morin a quitté le commerce et Paris, lui répondit un des employés du comptoir, et je ne sais même où il réside à présent.

— Ce contre-temps me désespère, répondit le prétendu étranger, car M. Morin me connaît parfaitement, par suite de nombreuses affaires faites ensemble tous les deux, et je venais le prier de suivre l'encaissement de deux traites tirées par la maison Picard et Deloche, de Rouen, à laquelle je suis associé, l'une sur Lyon, l'autre sur un sieur *Mahossier*, de Paris.

— A quelle époque doivent échoir ces effets?

— Le 31 décembre, après-demain.

— Eh bien, pourquoi ne les faites-vous pas recevoir vous-même?

— Parce qu'il faut absolument que je retourne à Rouen ce soir ; des affaires pressantes et indispensables m'y appellent.

— Attendez une minute, lui dit le commis en se levant, je vais consulter M. Mallet.

Après quelque hésitation, le banquier avait consenti à faire suivre l'encaissement de la traite de Mahossier, de Paris, et on vint l'annoncer au soi-disant Rouennais.

— C'est bien, dit-il ; dans les premiers jours de janvier, je serai de retour à Paris, et je compterai avec M. Mallet, que je remercie infiniment.

Tout marchait donc au gré des désirs de Lacenaire, et le soir il alla rue de Vendôme, chez Bâton, l'avertir de la tournure que prenaient les choses et lui dire de se tenir prêt.

Mais voici ce qui s'était passé chez ce dernier le lendemain de ce jour.

Un jeune homme nommé François, ami de Bâton, était venu le voir ce jour-là pour lui demander quelques sous en emprunt. C'était un repris de justice qui se trouvait encore sous le coup d'un mandat d'arrêt, par suite d'un vol commis au préjudice d'un négociant en vins.

— Je suis désespéré, disait-il au figurant de l'Ambigu, et je ne sais où donner de la tête. Je suis *proscrit* dans Paris, et si par malheur je me faisais arrêter, ce n'est pas à temps cette fois-ci, c'est à perpétuité que je serais condamné, à cause de la récidive.

— Je voudrais bien t'obliger, lui répondit Bâton mais c'est impossible, je n'ai pas le sou dans ce moment-ci.

— C'est affreux! ma position est telle, continuait François, que pour « *vingt francs* » je tuerais un homme!

— Vraiment! fit Bâton en dressant les oreilles... Eh bien! je connais quelqu'un qui m'a proposé une affaire qui vaut mieux que ça; mais je suis indisposé, je ne peux pas la faire; si tu veux, je t'aboucherai avec cette personne.

— Avec le plus grand plaisir, et tu me rendras là un véritable service.

Effectivement, le soir même, Bâton faisait agréer son remplaçant par Lacenaire, et le lendemain, 31, il le lui présentait chez un marchand de vin établi au coin du boulevard du Temple et de la rue de Lancry. — Touchante entrevue!

En sortant du cabaret, Bâton alla à son théâtre, Lacenaire et François se rendirent rue Montorgueil, 66.

Il pouvait être dix heures du matin quand ils y arrivèrent. Lacenaire s'arrêta sur le seuil de la maison et prévint la dame Bussot, alors assise dans sa boutique, qu'un garçon de caisse devait se présenter chez lui pour toucher de l'argent, il la priait d'avoir soin de lui indiquer son appartement. Puis il monta, tira de sa poche un morceau de craie et écrivit, en gros caractères, sur sa porte, le nom de MAHOSSIER.

Vers trois heures de l'après-midi, le garçon de caisse, nommé Genevay, se présenta rue Montorgueil. Il portait une sacoche renfermant *mille* à *douze cents* francs en écus, et un portefeuille contenant *douze mille* francs en billets de banque. Arrivé au quatrième étage, il frappa. Les deux bandits l'introduisirent dans une antichambre non meublée. A peine eut-il dépassé le seuil de la porte, que Lacenaire se hâta de la fermer, se plaça derrière lui et le prit par les épaules, cherchant ainsi à le diriger vers la seconde pièce.

François avait aussi manœuvré de façon à se trouver également derrière le garçon de caisse, et du geste il lui montrait le faux sac d'argent placé sur la planche. Au contact de Lacenaire, Genevay tressaillit, roula sa sacoche autour de son bras et s'avança vers la table. François s'efforça de lui arracher la sacoche et au même instant Lacenaire lui porta un violent coup sur l'épaule droite. Genevay cria : *au voleur!* François essaya de le frapper aussi, mais l'ayant manqué et voulant étouffer ses cris, il lui plaça deux doigts dans la bouche. D'un coup de coude, le garçon se débarrassa de lui et continua de crier de plus belle. Alors les deux assassins se sauvèrent en hurlant eux-mêmes : *au voleur! au voleur! on tue là-haut!*

Aussitôt les locataires de la maison parurent sur l'escalier; mais les cris proférés par les meurtriers donnèrent le change à ceux qui auraient pu s'emparer d'eux, et François s'enfuit le premier et se trouva avant son complice au bas de l'escalier. Espérant se sauver plus vite en le faisant prendre, il ferma la porte sur lui, mais le pène de la serrure n'était retenu que par une ficelle, Lacenaire n'eut qu'à tirer pour se faire un passage. Il criait aussi de toutes ses forces : *à l'assassin!* et on le laissa passer sans difficulté. Il y eut même un bourgeois qui, le voyant courir, lui dit : *Ce n'est pas de ce côté qu'il a pris.* Cet homme lui indiquait la route de François.

Genevay avait d'abord essayé de les poursuivre ; mais il fut bientôt obligé de s'arrêter ; il était blessé à l'épaule droite, avec une lame triangulaire, aiguisée en pointe. La lime restée dans sa chair se brisa en tombant. La blessure, quoique profonde n'était pas dangereuse.

Après l'avortement de cette tentative, Lacenaire alla faire une séance dans un cabinet de lecture, et se retrouva avec François au boulevard du Temple. Ils y dînèrent et allèrent passer la nuit chez un de leurs amis nommé Soumagnac. Les nuits suivantes, ils se réfugièrent chez Pageot, dans la même chambre et dans le même lit. Lacenaire prit alors le nom de *Bâton*, et François celui de Fizelier.

Le lendemain de l'affaire de la rue Montorgueil, c'est-à-dire le 1er janvier 1835, Lacenaire, Bâton et François se trouvaient chez un marchand de vin de la place Royale. Une discussion s'engagea entre eux, et Bâton donna à entendre à Lacenaire qu'il devait le ménager.

— Te ménager, lâche, lui répondit le chef de la bande, C'est toi qui dois trembler plutôt devant moi... Tu ne peux que m'envoyer à la mort, tandis que je peux t'envoyer aux galères quand je voudrai.

Ils s'apaisèrent, cependant, et sortirent pour aller commettre un vol à Issy, chez la propre cousine de François, et sur la proposition même de ce cousin sans préjugé.

CHAPITRE XXV.

Rencontre avec Javotte. — Journée en province. — Le commencement de la fin.

En passant le long du boulevard, et en face la rue du Temple, Lacenaire se trouva face à face avec Javotte, qu'il n'avait pas vue depuis la fameuse scène du faubourg Saint-Martin. Elle était accompagnée de ce même Baptiste, son amant, qui lui avait révélé le secret de Lacenaire, et elle se trouvait ce jour-là dans une ivresse complète. Lacenaire voulait éviter cette rencontre fâcheuse, mais il ne put y réussir, et, en pleine rue, elle se mit à l'invectiver et à lui reprocher sa tentative sur elle.

Ce n'était pas là le compte de Lacenaire : la scène devenait dramatique et périlleuse, car les sergents de ville commençaient à se dessiner à l'horizon du groupe. L'amant de Javotte l'entraîna chez un marchand de vin dont la boutique formait l'angle du faubourg et de la rue de Bondy. Certes, elle aurait pu se passer de cette nouvelle station ; mais il y avait péril en la demeure, et on l'arracha de cette manière aux regards indiscrets de la police. Lacenaire avait prudemment ordonné à François et à Bâton de filer devant pendant ce colloque inquiétant, et il se mit à boire avec Javotte.

La victime et l'assassin trinquant ensemble! Quel plus touchant tableau! Quel échantillon plus caractéristique des mœurs édifiantes de ce monde interlope qui grouille dans les bas-fonds de la société!

Cependant, à force de noyer au fond du verre ses amers ressentiments, la recéleuse devint plus ivre encore qu'elle ne l'était en entrant chez le débitant, et le vin qui fermentait dans sa tête la rendant furieuse de nouveau, elle fut sur le point de faire arrêter son ancien ennemi.

Lacenaire regarda fixement Baptiste.

Tremblant pour lui-même, celui-ci faisait tout ce qu'il pouvait pour apaiser sa maîtresse.

— Sais-tu, brigand, — disait Javotte à Lacenaire, — sais-tu que, si je le voulais bien, je te ferais aller aux galères pour le reste de tes jours!...

— Dis donc à la guillotine, imbécile, répondit Lacenaire en battant en retraite. Crois-tu donc que je n'ai eu affaire qu'à toi, et que tout le monde ait eu ton bonheur?

— *Au pré* ou *chez Charlot* (aux galères ou à la guillotine), ça m'est bien égal, mauvais *escarpe* (assassin); mais il ne tient qu'à moi de te faire marcher dans un petit chemin qui ne sera pas de ton goût.

— Fais ce que tu voudras, méchante bête; mais sois persuadée que je ne ferai pas seul la route, continua Lacenaire en désignant Baptiste des yeux et en sortant tout à fait du débit.

Et il alla rejoindre ses auxiliaires à Issy. On ne put rien entreprendre dans ce village, grâce à Bâton, qui s'enivra aussitôt qu'on l'eut perdu de vue; mais, pour se dédommager de cette mauvaise journée, Lacenaire, de retour à Paris vers le soir, enleva, avec l'aide de François, une pendule à l'étalage de M. Richond, horloger, rue de Richelieu, 108.

Trois jours après ce vol, François étant allé à la barrière avec Soumagnac, acheva d'y dépenser l'argent qui lui en était revenu, et le 6 janvier il se faisait arrêter pour une escroquerie déjà ancienne.

Lacenaire le vit entre les mains des agents de police, un après-midi, sur le quai aux Fleurs, et il apprit le soir même qu'Avril s'était fait mettre en prison.

Quant à lui, ayant gagné trois cents francs au jeu, le 7 janvier, et n'ayant plus rien à faire pour le moment à Paris, il alla faire une tournée en province, à l'instar des célébrités parisiennes en congé.

Les trois criminels devaient se retrouver, un mois après, dans le cabinet du juge d'instruction.

Le 9 janvier 1836, Lacenaire alla donc offrir quelques échantillons de son savoir-faire en escroquerie aux départements qui voudraient bien l'honorer de leur confiance.

Il avait bu jusqu'à la lie dans la coupe du crime, et se trouvait repu de débauche et de sang. Il alla se reposer en Franche-Comté, où vivaient encore des parents de son père.

Il arrive un moment où le criminel, attiré par une invincible attraction, tourne autour de l'échafaud comme la mouche bourdonnante autour du feu. Ainsi, Lacenaire, qui était resté paisiblement sur le théâtre de ses crimes sans être le moins du monde inquiété, qui n'avait laissé nulle trace à Paris, — il le croyait du moins, — et qui avait répandu sans se gêner le prix du sang dans les estaminets les plus fréquentés des boulevards, Lacenaire devait aller se faire prendre dans une petite ville de province, ou, pour mieux dire, se mettre lui-même dans la main de la justice, et, chose surprenante! raillerie de la destinée! c'est pour avoir commis une simple négligence dans les formalités qu'on exige du voyageur que l'assassin devait se trouver arrêté dans sa marche :

Il fit une grande quantité de faux en province, et, lorsque, plus tard, le juge d'instruction le pressait de questions à ce sujet, le meurtrier ayant à expliquer bien autre chose que ces peccadilles, répondit avec une narquoise impatience.

— Tenez, monsieur, vous me faites en ce moment l'effet d'un chirurgien qui s'amuserait à enlever des cors aux pieds à un homme dont il va couper la jambe.

Le mot est joli, et la comparaison d'une excessive justesse. Nous ressemblerions donc nous-même à cet opérateur, en racontant les petites filouteries de Lacenaire après ses odieux attentats, si les détails des simples délits qui amenèrent son arrestation n'étaient pas là pour prouver qu'il y a pour le criminel une fatalité inévitable.

CHAPITRE XXVI.

Faux en Bourgogne et en Franche-Comté. — Le vertige du sang. — Le doigt de Dieu.

En se rendant en Franche-Comté, notre voyageur rencontra à Dijon quelqu'un qui l'avait connu à Lyon: comme l'argent qu'il portait sur lui l'embarrassait en route, il pria cet individu de le lui échanger contre de l'or. L'or était rare dans le chef-lieu de la Côte-d'Or, et le porteur de ces espèces ne put être satisfait; mais la même personne s'offrit à lui faire avoir sur Paris une traite et il accepta la proposition. Cette traite était souscrite par la maison veuve Drevon, de Dijon, sur MM. Delamarre-Martin Didier, de Paris.

En la lisant, il conçut rapidement tout un plan d'escroquerie consistant en ceci : se faire fabriquer à Paris des vignettes semblables à celles que portaient les effets de commerce de la maison veuve Drevon, contrefaire le billet qu'il avait en main, se faire payer le faux et revenir après négocier la véritable valeur en Bourgogne, avant que les diverses maisons eussent pu communiquer entre elles. Il comptait en même temps en négocier beaucoup d'autres, et ne voulant pas, à cause de cela, être arrêté dans son premier essai chez MM. Delamarre-Martin Didier, il pria le commis de madame Drevon de ne pas manquer d'avertir les banquiers parisiens de l'envoi de la traite qu'on lui avait délivrée.

La maison Drevon oublia cependant cette formalité, et ce fut le commencement de la perte de Lacenaire. Il arriva à Paris. Toute la police était déjà à sa recherche, et grâce à Germain, à Bâton, à François et à Avril, elle commençait à avoir d'assez bonnes indications. Mais le criminel, emporté par le vertige du crime, était déjà comme ivre et ne prenait aucune précaution.

En descendant de la diligence, il se rendit immédiatement chez un graveur du passage Vivienne, auquel il se donna comme un associé de la maison veuve Drevon, et lui commanda cinq cents vignettes pareilles à celles qu'il portait. Au bout de deux jours, on lui en remettait dix douzaines. Il devait revenir chercher le reste le soir; mais ce qui va suivre l'en empêcha.

Aussitôt après avoir reçu ses vignettes, il contrefit la traite à vue qu'il avait sur MM. Delamarre-Martin Didier, et se présenta au caissier de la maison. Celui-ci regarda le livre d'échanges. Pas d'avis! Oh, si le faussaire s'en était douté! En effet, au moyen de l'avis, il était payé sans difficulté, sans observation. En l'absence de tout avertissement, on dut se livrer à des recherches, à des suppositions. On confronta plusieurs lettres de change de madame veuve Drevon. Lacenaire n'avait pas compté là-dessus, et, s'apercevant de ces investigations, il s'esquiva au plus vite.

Il était trois heures et demie lorsqu'il quitta la rue des Jeûneurs, où était alors le siège de la maison de banque de Paris, et, à quatre heures, il était en diligence sous le nom de Jacob Lévi, inscrit sur son passeport et sous lequel il voyageait. Ce passeport, il l'avait laissé précipitamment à Dijon, dans un sac de voyage, au moment de partir pour Paris. — Imprudence fatale pour lui, mais circonstance heureuse pour la vindicte publique! — Et il ne put jamais le retrouver ensuite.

S'était-elle égarée réellement, cette pièce, ou plus tard l'avait-on fait disparaître pour avoir un motif d'éclairer ce que la conduite du voyageur avait d'hétéroclite? On ne l'a jamais su. Quoi qu'il en soit, on ne la lui avait jamais demandée de Paris à Besançon, et réciproquement, bien qu'il fût déjà signalé de Paris sur toutes les routes et à toutes les gendarmeries du royaume. François avait donné son signalement exact. Avril avait affirmé que, s'il n'était pas à Paris, il devait être allé en Franche-Comté.

Comprend-on cela? s'explique-t-on cet aveuglement stupide de François et plus tard Avril, qui ne s'apercevaient pas qu'en dénonçant leur complice, qu'en le faisant prendre, ils s'ouvraient infailliblement la route des galères et de l'échafaud! — Mais le sang leur montait à la tête et les étourdissait.

Cependant toutes les précautions et tous les signalements de la police n'empêchaient pas Lacenaire de circuler librement. Il arriva sans encombre à Dijon. Là, il apprit que madame Drevon avait été avertie de son escroquerie par MM. Delamarre-Martin Didier. Il se rendit alors précipitamment à Beaune et présenta à un autre banquier, nommé Prasson, le véritable et premier effet sur lequel il avait placé son endos au nom de Jacob Lévi.

Le faussaire pria M. Prasson d'envoyer cet effet à l'encaissement, en lui annonçant *qu'il repasserait à Beaune dans cinq ou six jours* pour en reprendre les fonds. C'était une manœuvre habile pour s'attirer la confiance du commerçant, puisque, le billet étant bon, Lacenaire savait que l'escompteur allait lui en compter immédiatement la valeur. Mais on verra plus tard pourquoi il agissait ainsi. Ce que le porteur de la traite avait prévu se réalisa.

— C'est inutile, lui dit M. Prasson après avoir considéré la signature du titre, je vais vous payer immédiatement.

— Comme vous voudrez, répondit le voyageur sans paraître pressé. Il paraît, ajouta-t-il après une pose, que vous connaissez cette maison?

— Oh! reprit le banquier, vous auriez pour vingt mille francs de ses valeurs à escompter, que je vous les prendrais à la minute.

Lacenaire grava cet avis dans sa tête et quitta Beaune immédiatement. Il se dirigea sur Genève par Lyon, en répandant d'innombrables faux sur les routes, et en reprenant le chemin de Paris, il laissa à Villefranche une partie de ses fonds et ne garda avec lui que quinze cents francs.

On n'a pas oublié qu'il avait promis à M. Prasson de revenir à Beaune dans cinq ou six jours. Il y retourna effectivement, ayant en portefeuille un effet faux de quatre mille francs, qu'il prétendait lui faire escompter. Mais, ce fut pour ainsi dire le doigt de Dieu qui poussa l'assassin de Chardon à tenter cette nouvelle escroquerie et à tenir sa parole.

Il était arrivé à Châlons par le bateau à vapeur et avait retenu sa place pour Beaune. On y arriva à une heure après minuit. Par une négligence qui eût été si préjudiciable aux recherches de la police, le conducteur oubliait d'en avertir Lacenaire qui dormait, — il dormait! — ce fut un voyageur qui, ayant entendu son compagnon de route manifester en partant le désir de s'arrêter à Beaune, — ce fut ce voyageur qui lui rendit le service de le réveiller. — Sans cette circonstance funeste pour lui, on lui faisait dépasser Beaune, il se trouvait à Dijon et se serait bien gardé de revenir sur ses pas, sachant alors que ses faux étaient découverts.

La justice l'attendait par conséquent à Beaune, comptant bien sur la promesse qu'il avait faite à M. Prasson. Tout tournait donc contre lui.

En négociant à ce dernier son mandat (le véritable) sur MM. Delamarre-Martin Didier, souscrit par madame veuve Drevon, Lacenaire devait penser, et pensa en effet, que ce négociant l'enverrait directement à Paris pour l'encaissement; et comptant rigidement le délai qui s'écoulerait pour la correspondance entre Paris et Beaune, il s'était dit qu'il aurait le temps de négocier encore sa fausse traite de quatre mille francs et de filer... Mais le hasard, ce gendarme de la destinée, le poursuivait encore là. Qu'était-il arrivé? C'est que M. Prasson, en dépit des usages ordinaires du commerce, au lieu d'envoyer à MM. Delamarre-Martin Didier, ainsi qu'il le devait, la traite à encaisser, avait au contraire expédié à madame Drevon le propre effet dont il était créancier, et, courrier par courrier, cette dame avait répondu à M. Prasson que cet effet, tout réel qu'il était, avait servi au premier endosseur à en fabriquer ou à en faire fabriquer de faux. En même temps, elle le priait de s'assurer de la personne de Jacob Lévi, pour arriver, par son canal, jusqu'au premier endosseur.

On attendait donc Lacenaire au débotté, pour ainsi dire, et il n'avait garde de l'échapper, puisqu'avec un peu de patience on l'aurait pris au piége chez M. Prasson, muni de la fausse traite qu'il venait y apporter.

Le matin, on savait déjà son arrivée à Beaune, et on ne le perdit pas de vue. Il ne se doutait de rien, et, du côté de ses surveillants, on ignorait complétement ses antécédents; il n'était que suspecté de faux en écriture de commerce !

CHAPITRE XXVII.

La meute invisible. — Le lieutenant de gendarmerie et le procureur du roi. — La fatalité.

Dans quelle anxiété eût été le parquet de Beaune, s'il avait su de quoi il s'agissait au fond !

Lacenaire descendit dans le meilleur hôtel de la ville, y déjeuna et alla au café. Tandis qu'il prenait sa demi-tasse avec un habitant du pays, un individu à moustaches, ayant la tournure militaire, s'assit à la même table que lui et se mit à le regarder fixement et attentivement.

Lacenaire flaira l'homme, le reconnut pour un gendarme au premier coup d'œil, et frissonna. Aucune impression ne se montra sur sa physionomie cependant. C'était, en effet, le lieutenant de gendarmerie de la ville.

L'officier sortit, rentra cinq minutes après et vint lui dire quelques mots à l'oreille. Lacenaire le suiv. lans la rue. Dehors, l'homme à moustaches lui déclina sa qualité, et lui demanda s'il ne s'appelait pas *Jacob Lévi*. A cette question, ce fut comme s'il eût entendu le glas de sa mort, et, acculé à l'abîme, il en sonda la profondeur. Cependant, l'instinct de la conservation, et un sentiment d'amour-propre éveillé en lui par le contact de l'autorité, le portèrent à se défendre et à se tirer de ce mauvais pas. Il appela à son secours toutes les ressources de son intelligence.

Il demanda d'abord à être conduit chez M. Prasson. On y consentit. Mis en présence du banquier, Lacenaire lui demanda les motifs de ses soupçons injurieux envers lui.

M. Prasson ne l'accusait pas. Au contraire, il reconnaissait même que, loin de chercher à être payé tout de suite, Jacob Lévi avait demandé que l'on envoyât à l'encaissement l'effet qu'il venait faire escompter, et que c'était lui, Prasson, qui lui en avait offert le montant. C'était là, pour le faussaire, une excellente justification. En effet, comment penser qu'un individu porteur d'un faux, — et le sachant, — irait demander qu'on envoyât ce titre véreux à l'encaissement en refusant d'en accepter la valeur à lui offerte en argent comptant. — C'était absurde! — Lacenaire eut soin de faire observer cette circonstance au lieutenant de gendarmerie et d'y insister fortement. L'officier ne sachant trop que dire, lui proposa de l'accompagner chez le juge d'instruction. On y mena aussi le banquier. Le prétendu Jacob Lévi expliqua son affaire au magistrat, qui avait l'air déjà fortement prévenu contre lui. Il s'attacha d'abord à faire disparaître cette prévention, et opposa de nouveau au juge, avec encore plus de force, le moyen de défense si péremptoire dont il avait déjà fait usage près du lieutenant. M. Prasson, convint que la proposition d'encaissement et le refus de l'argent lui avaient été faits par l'inconnu.

—S'il y a des faux dans cette affaire, dit Lacenaire, j'en suis la première victime, et le délit ne peut provenir que du fait du premier endosseur, avec lequel je n'ai eu nullement affaire, car je ne suis que le troisième !

Cette explication était si claire, qu'il allait l'emporter et être mis en liberté, lorsqu'une autre catastrophe lui survint. Une meute invisible semblait être à ses trousses !

Un négociant de la ville, qui avait habité Lyon, l'ayant vu passer avec le lieutenant de gendarmerie, s'était écrié :

—Tiens ! je le connais ! c'est un escroc ! Je ne me souviens plus au juste de son nom, mais ça ne doit pas être Jacob Lévi, à coup sûr ! — il n'est pas israélite, toujours !

On conduisit cet homme au Palais de Justice. Il y arriva au moment où Lacenaire venait de signer sa déposition en qualité de témoin, et non comme prévenu. — Le lieutenant de gendarmerie entra dans le cabinet du juge d'instruction, lui parla à l'oreille, et il s'opéra instantanément un changement de scène. On annonça à Lacenaire qu'il allait provisoirement être retenu dans la prison de Beaune. Il se récria violemment, et demanda qu'on le confrontât avec l'imposteur qui l'accusait d'user d'un faux nom. Alors, on finit par où on aurait dû commencer, et le procureur du roi survenant, lui demanda son passeport. C'était là ce qu'il craignait le plus. Il affirma, — ce qui était vrai — que pressé de quitter Dijon, il l'avait laissé dans un sac de nuit, à l'hôtel du Parc. Le juge ne le croyait plus, et l'engagea, pour la forme, à écrire au plus vite à Dijon, en l'assurant qu'aussitôt son passeport arrivé, on le relaxerait, et le chef du parquet lui annonça qu'il allait lui-même écrire pour hâter l'expédition de cette pièce. — C'était le dernier coup!

Le prisonnier connaissait les us et les coutumes de la justice, il vit aussitôt qu'il était perdu, et que la prison ne le rendrait qu'à l'échafaud. Il courba la tête. En province, où le moindre événement excite des volumes de commentaires, et où chacun veut mettre son grain de sel dans le plat commun, quelques habitués de l'hôtel du Parc assurèrent l'avoir vu en conférence le matin de son arrivée avec un autre faussaire arrêté la veille. C'était faux. Au bout de quelques jours, Lacenaire apprit que le procureur du roi, loin d'avoir trouvé son passeport à Dijon, avait, au contraire, reçu l'ordre de le diriger sur Paris avec les plus minutieuses précautions.

En effet, la police du royaume, dirigée alors par MM. Allard et Canler, était parvenue, par un prodige d'habileté, et presque par le secours de la divination, à saisir la trace de l'assassin du passage du *Cheval-Rouge*, et lorsque le signalement du prisonnier de Beaune arriva à la Préfecture, M. Canler ne douta pas un instant qu'il ne tînt son homme. Et cependant jamais Lacenaire, si astucieux et si prudent, n'avait fait connaître son véritable nom à la justice.

La façon dont il a été découvert à Paris et amené à dévoiler ses complices, forme un concours d'opérations si intelligentes et surtout si intéressantes, que nous croyons devoir raconter en détail cette chasse humaine.

« Il me tardait d'être à Paris, dit Lacenaire en parlant de ce dernier voyage ; ce n'est qu'à Paris que je voulais mourir. Je ne le cache pas, *c'eût été un grand désagrément pour moi d'avoir affaire à un bourreau de province.* Cher Paris ! chère barrière Saint-Jacques ! »

CHAPITRE XXVIII.

Arrestation et arrivée de Lacenaire à Paris. — La préfecture de police et les dénonciateurs. — Scène de mélodrame.

À peine arrivé à la Préfecture, il fut interrogé par M. Allard, alors chef de la police de sûreté, et par son collègue M. Canler, si habile dans l'art de traquer les scélérats. On chercha à le convaincre tout d'abord de l'inutilité qu'il y aurait pour lui à nier le crime de la rue Montorgueil, et on y réussit assez facilement. Mais, comme les fonctionnaires, persuadés que le coup avait été fait à plusieurs, insistaient pour savoir le nom des complices, il leur répondit :

— Nous autres scélérats, nous avons un certain amour-propre, c'est de ne jamais faire connaître nos complices, à moins qu'ils ne nous aient trahis ou qu'ils ne cherchent à nous faire du mal. C'est notre probité à nous.

On n'insista pas sur le moment à cet égard, mais M. Canler continuant son interrogatoire :

— N'êtes-vous pas pour quelque chose dans l'assassinat de Chardon? lui demanda-t-il à brûle-pourpoint.

— Non, répondit laconiquement le prisonnier, sans laisser paraître la moindre émotion sur son visage.

— Eh bien! nous savons que c'est vous qui en êtes l'auteur, et sachez que celui qui vous a fait connaître comme tel, c'est François!

Il hocha la tête en souriant d'un air de doute.

Alors, M. Canler lui raconta mot pour mot la dénonciation de François.

— Amené devant nous, dit M. Canler, François nous a dit : « Je viens vous donner les renseignements les plus importants sur l'assassinat de Chardon.

« Je tiens tous ces détails de Gaillard, continua-t-il : le 1er janvier, je le rencontrai avec un nommé Imbert, fabricant de portefeuilles; nous nous souhaitâmes réciproquement la bonne année, et nous déjeunâmes place Royale. Imbert se retira de bonne heure, mais nous autres, nous restâmes jusqu'à une heure après-midi. Lorsque Gaillard eut la tête échauffée par le vin, il me dit : C'est moi et Imbert qui avons assassiné Chardon et sa mère.

« Alors, il me raconta qu'il avait mis Imbert en *planque* (observation), tandis qu'il montait chez son camarade de prison, Chardon, qui faisait beaucoup d'embarras, à propos des sommes tirées aux gens qu'il faisait chanter. C'était une *serinette* connue sous le nom de la *tante Madeleine*. En entrant, Gaillard sauta sur lui et le tua net; il passa dans la seconde pièce et tua également la mère qui dormait. Dans le *barbot* (la fouille), il n'avait trouvé que quelques pièces de vingt et de quarante francs, et peu de biblots de valeur.

« Quand Gaillard redescendit, Imbert était à la porte, pâle, comme un mort. — Tu es un lâche, un poltron, lui dit-il; tu ne sauras jamais rien faire. Avec toi on va droit à la *butte* (guillotine). »

Plus tard nous ferons la part du mensonge et de la vérité dans ce récit de Gaillard, où, malgré les fumées de l'ivresse, il gardait assez de puissance sur sa langue pour ne pas compromettre son vrai complice. La justice eut la preuve positive qu'Imbert, mêlé à ce récit, était un honnête homme; il n'avait qu'un tort, celui de connaître un assassin.

Lacenaire écouta attentivement et dit :

— Cette historiette est habilement arrangée par vous, Monsieur Canler, mais je connais aussi l'histoire de ce contre-poison des Borgia qui empoisonnait. Pourtant, soyez certain que, si ce que vous me dites-là est vrai, je vous livrerai François pieds et poings liés.

— On est allé avec vous droit au but, lui dit M. Allard; vous savez d'ailleurs que c'est ma manière, et vous devez connaître mon caractère.

— Oui, je sais que vous vous y prenez d'une façon loyale.

— Réfléchissez donc. Si je puis faire pour vous quelque chose qui soit compatible avec mes devoirs, j'entends, je le ferai.

— Alors, je vous demande une faveur.

— Elle vous sera accordée si elle est acceptable.

— Eh bien! je suis chargé de fers, cela m'ennuie, *parole d'honneur!* Je suis un bon prisonnier, je ne veux pas m'évader.

Et il montrait ses bras enchaînés. Le lendemain, on lui ôta ses fers.

Lacenaire, après avoir réfléchi toute la nuit aux paroles des chefs de la police de sûreté, voyait, à n'en pouvoir douter, qu'il avait été vendu par François; aussi, le second jour de son arrivée au dépôt, dès que ces fonctionnaires se furent présentés dans sa prison :

— Monsieur Allard, dit-il, je vais vous faire connaître mes complices.

— Quels sont-ils?

— C'est François lui-même et un autre.

— François! mais on ne l'a pas reconnu lors des confrontations?...

— C'est qu'il s'est empressé de changer de vêtements et de couper ses favoris. Je donnerai au reste des preuves de ce que j'avance, et j'établirai qu'il a été avec moi là et là.

On lui dit aussi qu'Avril l'avait recherché pendant huit jours et avait fait connaître son vrai nom de Lacenaire en conduisant la police chez sa tante de la rue Barre-du-Bec.

— C'est bon, dit Lacenaire, je prendrai mes informations.

Quelques jours après son aveu relatif à l'affaire de la rue Montorgueil, il fut sur sa demande transféré à la *Force*. Là il garda encore le silence pendant près d'une semaine sur l'assassinat de Chardon, dans la crainte de compromettre Avril, parce qu'il croyait que les démarches de celui-ci pour le rechercher n'avaient été faites qu'en vue d'une évasion, et parce que son complice le savait hors de Paris et en sûreté. Mais, convaincu enfin qu'Avril, furieux de n'avoir pas eu sa part dans l'affaire de la rue Montorgueil qu'il croyait avoir été faite, avait voulu le faire arrêter réellement, et par vengeance, après avoir eu l'imprudence de s'en vanter devant d'autres détenus, il se crut quitte envers son ancien ami et demanda à être mis en présence d'Avril et de François.

Voici donc la scène qui se passa entre ces trois criminels, en présence de MM. Allard et Canler.

L'entrevue fut pénible pour Avril et François. Ils courbèrent le front devant Lacenaire, qui les traita en esclaves révoltés contre leur maître.

— Vous m'avez trahi, leur dit-il; eh bien! je ferai tomber vos deux têtes avec la mienne! François, continua-t-il, est mon complice dans le guet-apens de la rue Montorgueil... Quant à Avril, c'est lui qui a frappé avec moi Chardon, dans l'assassinat du passage du Cheval-Rouge.

Jugez de la surprise des assistants, qui ignoraient la complicité d'Avril!

Décidé à faire les aveux les plus complets pour se

venger, Lacenaire raconta qu'il avait dû commettre d'abord ce crime avec le petit Bâton; mais, en se rendant avec lui chez les victimes, il avait vu la pâleur de son compagnon. C'était à Bâton qu'il avait dit : « Tu ne sauras jamais rien faire; avec toi on va droit à la *butte!* »

S'il avait parlé d'Imbert, c'est qu'un homme du métier comme François savait bien que les affaires de ce genre ne se font pas sans complice. Il n'avait pas voulu compromettre Avril, même en paroles.

A présent qu'Avril ne méritait plus d'être ménagé, il raconta sa part active dans l'assassinat.

CHAPITRE XXIX.

Code du criminel. — MM. Allard et Canler. — Le chasseur d'hommes. — Labyrinthe.

Maintenant, arrivons aux opérations de la police de Paris.

Tandis que l'oubli d'un passeport mettait Lacenaire au pouvoir de la justice en Bourgogne, voici de quelle intelligente façon M. Canler le chassait à Paris.

Nous devons ces détails à notre confrère Albert Monnier, et nous ne saurions mieux faire que de raconter comme il l'a fait les péripéties de cette capture.

Dans les conversations intimes de sa dernière prison, Lacenaire a prononcé une maxime qui est, à elle seule, tout un manuel de police.

— « Le voleur a-t-il dit, laisse toujours une trace involontaire de son passage. L'intelligence de la police consiste à la découvrir, Il n'y a pas de petits indices. »

Voici maintenant le manuel de l'accusé coupable :

— « Parler le moins possible pendant l'instruction, disait-il : ne pas parler du tout si l'on peut, tel est le meilleur système de défense du prévenu. Tandis que le juge d'instruction démasque ses batteries, l'accusé cache les siennes et ne riposte qu'à coup sûr. Le silence *écrit* ne passera jamais pour un aveu aux yeux du jury.

« Devant le tribunal, l'accusé doit plutôt battre en brèche les arguments de l'accusation que céder au désir de prouver son innocence. Qui prouve trop ne prouve rien.

« Le grand art, c'est de faire naître des doutes dans l'esprit des juges. En matière religieuse, si c'est la foi qui sauve, au point de vue du Droit, c'est le Doute. »

Dans l'avenir, Lacenaire est destiné à prendre place à côté de Cartouche et de Mandrin au Panthéon des voleurs populaires.

Ce scélérat d'esprit savait toute l'importance d'un petit indice entre les mains de la Police. Ce qui l'a perdu, c'est un nom écrit avec de la craie sur une porte. Supposez ce nom effacé, Lacenaire continuait sa vie de débauche et de sang. Un hasard pouvait seul le livrer.

Il est vrai que le hasard est un visiteur inattendu, qu'on doit toujours attendre.

Le 9 janvier 1835, l'autorité apprit la tentative d'assassinat et de vol commis dans la rue Montorgueil, 66, par deux individus, dont l'un se nommait Mahossier.

Ce fut M. Canler, — qu'on trouve toujours dans toutes les belles arrestations de ce temps, — qui se rendit sur le théâtre du crime.

Le prologue de toutes les recherches, c'est le signalement des coupables. Un fruitier, principal locataire de la maison, et le garçon de caisse, légèrement blessé, le donnèrent exactement.

On apprit que Mahossier avait payé d'avance le terme du logement loué rue Montorgueil. Il y avait apporté, en compagnie de son complice, comme on le sait déjà, un long panier d'osier qu'on trouva. Cette *manne* était par prévision destinée à cacher le corps de la victime après l'assassinat.

Mahossier avait fait un billet à ordre échéant le 31 décembre. Quand le garçon de recette se présenta rue Montorgueil, le concierge lui enseigna le domicile de Mahossier, qui avait pris soin d'écrire son nom à la craie sur sa porte.

Dans sa visite au local, M. Canler fit enlever le panneau sur lequel était écrit *Mahossier*. L'assassin n'avait pas eu le temps d'effacer ce nom dans sa fuite.

Quel pouvait être ce Mahossier?

M. Canler se transporta instinctivement, pour commencer son enquête, chez un des logeurs les plus mal famés du faubourg du Temple. Il s'y fit représenter son livre de police. Le nom de Mahossier frappa presque aussitôt sa vue. Après ce nom, se trouvait celui de Fizelier. Tous deux étaient portés sortis à la même date, le lendemain de l'assassinat. Neuf jours s'étaient écoulés depuis cette époque. Le logeur déclara que Mahossier et Fizelier couchaient ensemble.

Un pressentiment disait au chasseur d'hommes qu'il était sur la piste de deux coupables.

La logeuse donna minutieusement le signalement de Fizelier; M. Canler fut frappé de sa ressemblance avec le nommé François, qu'il avait interrogé le matin même.

On accusait ce François d'une escroquerie de trois pièces de vin. Il était encore au dépôt.

M. Canler s'y rendit, et passant négligemment près de François, en jetant un coup d'œil dans son portefeuille comme pour y chercher un nom oublié :

— Ah! dites-donc, s'écria-t-il, depuis hier je me casse la tête... je ne puis pas comprendre pourquoi, vous, François, qui n'avez rien à craindre, puisque évidemment vous n'êtes pas l'auteur de l'escroquerie en question... je me demande pourquoi vous êtes allé vous loger chez Pageot sous le nom de Fizelier?

— Pardine! c'est bien malin, répondit François, ne croyez-vous pas que j'aurais donné mon *centre* (mon nom) dans ce garni, quand je savais que vous aviez un mandat contre moi.

Le faux Fizelier était en prison! à présent c'était Mahossier qu'il fallait prendre.

Un renseignement fit savoir que le Mahossier du faubourg du Temple se faisait ailleurs nommer Bâton.

Le soir même, un nommé Bâton, de mœurs suspectes, fut arrêté au café des Quatre-Billards. Confronté avec la victime, il ne fut pas reconnu.

Le nom de Bâton n'avait donc été qu'un sobriquet pour Mahossier?

En apprenant l'arrestation du vrai Bâton, un détenu de la Force, Leblond, dit la tante Rasoir, plaisanta sur l'ennui qu'allait éprouver son ami, — *on ne peut plus intime*, — Gaillard, son ancien compagnon de détention à Poissy; le propos fut rapporté.

Gaillard, Bâton et Mahossier, n'étaient-ils que les trois sobriquets d'un même homme en lutte continuelle contre la justice? — Tant de précautions semblaient l'annoncer.

M. Canler en acquit bientôt la preuve. Il guetta le vrai Bâton à sa sortie du dépôt et eut l'air de le rencontrer par hasard. La moitié des hasards sont cherchés. Dans la conversation, il l'amena à lui donner le signalement de Gaillard. Plus de doute, c'était celui du prétendu Mahossier!

En recherchant aux bulletins judiciaires, si admirablement organisés, à la préfecture de police, on vit qu'il existait un mandat lancé contre Gaillard, libéré de Poissy.

Les visites aux garnis recommencèrent sur cette nouvelle donnée. Un Gaillard avait logé rue de Marivaux, 17, dans le Marais. Informations prises près de la logeuse, le signalement était toujours identique.

M. Canler demanda à cette femme si son locataire n'aurait pas laissé quelque objet chez elle. Il avait oublié sur une petite planche des chansons politiques et une lettre moqueuse contre le préfet de police d'alors, M. Gisquet.

Frappé de la ressemblance de l'écriture de ces diverses pièces et des caractères formant le nom de *Mahossier* que l'assassin avait tracé sur la porte, M. Canler fit bientôt partager sa conviction par les experts. On ne s'occupa plus de Mahossier, et l'on rechercha Gaillard.

En ce moment, un voleur nommé Avril se trouvait détenu à la Force. Il se vanta de connaître Gaillard, et proposa même de le faire trouver, si on le mettait en liberté pendant huit jours.

Les démarches furent infructueuses; Avril savait aussi bien que François qu'à la nouvelle de l'arrestation de ce dernier, Gaillard avait quitté Paris et problablement la France.

François, qui ignorait qu'on le suspectât pour l'assassinat de la rue Montorgueil, résolut de reconquérir sa liberté par un coup de maître. Il offrit de dénoncer un assassinat de Gaillard, commis sur la personne de Chardon et de sa mère, l'assassinat du passage du Cheval-Rouge, dont on avait vainement recherché les auteurs.

Tandis que François, croyant Gaillard en sûreté, s'efforçait de reconquérir sa liberté, Avril, revenu de sa promenade moqueuse de huit jours, donnait, cependant, quelques renseignements exacts sur Gaillard. Il l'avait plusieurs fois accompagné chez une parente, sa vieille tante, rue Barre-du-Bec, maison d'un emballeur.

On se rendit chez cette vieille dame qui, craignant les mauvais tours de son coquin de neveu, avait fait faire une ouverture grillée à sa porte. Elle communiqua, par ce trou, avec les agents de l'autorité. On apprit d'elle que son neveu ne se nommait pas Gaillard, mais Lacenaire.

Mahossier, Bâton, Gaillard, c'était Lacenaire! Des mandats existaient contre cet homme sous tous ces noms différents, et peut-être encore sous bien d'autres. Qui le saura jamais?

Tout était à recommencer. Le courage ne faillit pas à la police. Elle tissa de nouveau sa toile sans cesse brisée par l'aile du hasard.

Le hasard qu l'avait desservie, devait enfin lui être propice. Elle apprit qu'un nommé Lévi, venant de Paris, avait été arrêté à Beaune, dans un café, au moment où il essayait de négocier une fausse lettre de change.

A la vue de son signalement, la police fut convaincue que Lévi était une nouvelle incarnation du Brâhma des voleurs. Lévi, Mahossier, Bâton et Gaillard, c'était, en effet, Lacenaire!

CHAPITRE XXX.

La renommée et le héros de Paris. — Affinité des femmes pour les assassins. — Machinations de François contre Lacenaire.

Le meurtrier de Chardon se trouvait donc forcé comme un loup, et ce ne fut, comme nous l'avons déjà dit, que sous bonne escorte qu'une prise de cette importance fut conduite à Paris.

Quelques semaines après sa translation à la Force, le bruit de ses tristes exploits, ses conversations et ses vers surtout occupèrent la Renommée. Les Parisiens s'étonnèrent du cynisme de ses théories. Les sots, « en majorité depuis Adam, » s'étonnèrent naïvement à la vue de cet assassin qui parlait si purement le français, et ils le prirent pour un être extraordinaire. Les lecteurs de romans lui trouvèrent une vague ressemblance avec lord Ruthwen, le vampire; d'autres reconnurent en lui le Szaffye de *la Salamandre*, d'Eugène Sue.

Les bas-bleus eurent la tête montée, et admirèrent ce meurtrier amoureux d'un SYLPHIDE. — C'est ainsi que Lacenaire appelait son Egérie poétique. — Les autres femmes s'intéressèrent à cet assassin, qui publiait des *Rêveries*, des *Souvenirs*, des *Chants d'amour* et des *Prières*, et elles gémirent sur ce loup qui pleurait en lisant les pastorales de madame Deshoulières... que voulez-vous faire à cela, les femmes ne sont-elles pas toujours adorables?...

Lacenaire, cependant, n'était pas aussi éthéré que ces charmantes créatures se le persuadaient. C'était, au contraire, le matérialisme incarné. Ainsi, un jour, on vint lui dire que trois Anglaises demandaient à le voir.— Naturellement, on devait s'attendre à en trouver dans cette affaire.

— Qu'elles aillent se... promener, répondit le meurtrier-poëte, me prend-on pour une bête curieuse?

Mais ayant aperçu les trois blondes filles d'Albion, et lorgnant l'une d'elles qui était fort jolie :

— Eh bien! qu'elles viennent, dit-il en se ravisant, mais à condition qu'on laisse celle-ci avec moi.

Comme on en est persuadé, il ne désignait pas la plus laide. Les trois Anglaises se retirèrent au plus vite, et courent encore.

Une autre fois, une dame de qualité, madame la comtesse D*** lui ayant adressé une épître où respirait la plus tendre compassion pour ses *infortunes*, Lacenaire n'y répondit que par ce quatrain si franchement cynique au fond et si peu relevée dans la forme.

>Tu comprends, je le vois, à tes beaux sentiments,
>Tous les devoirs sacrés et d'épouse et de mère.
>Que ne suis-je un de tes enfants!
>Que ne suis-je plutôt celui qui t'en fait faire!

C'était pain béni! qu'allaient faire ces dames dans cette galère de la Force?

L'assassin de Genevay fut mis au secret au troisième étage, tandis que son complice était sur la cour avec d'autres détenus. François essayait par de sourdes manœuvres de le faire assommer, lorsque le hasard servit à souhait ce projet.

Mais, avant de dire ce qu'il advint de cette conspiration incessante, faisons savoir à nos lecteurs sur quels prétextes s'étayait son ennemi pour lui faire faire un mauvais parti.

On a vu que François, en dénonçant Lacenaire, s'était pris dans ses propres pièges. Quand même cette circonstance n'aurait pas été suffisante pour allumer dans son cœur la plus violente animosité, le soin de sa vie, le besoin de se débarrasser d'un complice devenant à son tour un accusateur dangereux, l'air satisfait et triomphant de celui-ci : tout devait porter François à désirer la mort d'un tel témoin.

Mais ce qui attisait encore plus cette haine et la doublait d'une jalousie amère, c'étaient la supériorité incontestable et relative de Lacenaire sur ses tristes compagnons, ses succès dans le monde extérieur, les visites qu'il recevait, et surtout les préférences que la Préfecture avait pour lui.

La police savait bien ce qu'elle faisait en agissant ainsi; elle tâchait, en mettant Lacenaire en contact avec beaucoup de monde, de le faire parler, afin de retrouver, au moyen d'une simple confidence ou par l'effet d'une parole imprudente, la trace de ses méfaits inconnus; mais elle perdit ses peines, car Lacenaire mit tout son amour-propre à ne recevoir ni ses amis intimes, ni les compagnons de son brigandage, et à ne dévoiler que les crimes qu'il avait commis seul ou ceux dont Avril et François avaient partagé le fardeau. C'est ainsi qu'il avoua à M. Canler, assure-t-on, un autre assassinat commis par lui la nuit, à l'angle des rues Saint-Lazarre et de la Chaussée-d'Antin, sur un homme sortant du n° 36, la maison de jeu du Palais-Royal.

— Je le frappai encore entre les deux épaules avec mon tire-point, dit Lacenaire, et il tomba. Mais une voiture survenant, j'eus peur d'être arrêté, et je filai au plus vite.

L'homme fut blessé, mais, chose surprenante! —

après maintes recherches faites aux bureaux de la Préfecture, pour découvrir la trace de ce crime, soit par les rapports des agents, à cette date, soit par les déclarations des voisins, soit par la plainte même de la victime, on ne put découvrir aucune trace de cet attentat. Il paraît que la personne frappée jouait en secret et craignait de divulguer son vice.

— Je vous raconte cette affaire, disait Lacenaire à un fonctionnaire, parce que je l'ai faite *seul*, sans quoi je me tairais comme sur les autres.

— Pourquoi ne voulez-vous pas tout avouer, lui répondait-on, puisque le plus fort est fait, et que vous avez tout dit sur Chardon?

— Pourquoi? parce que je ne trahis que ceux qui me trahissent, et que je suis fidèle à ma parole.

— Vous auriez des adoucissements à votre sort.

— Aurai-je ma grâce pleine et entière?

— Je n'en sais rien.

— Me jurez-vous votre parole d'honneur que je l'aurai?...

— Ah! par exemple, non, je ne puis pas m'avancer ainsi... Mais je puis vous assurer que vous vous en ressentiriez comme bien-être. Peut-être aurez-vous de l'argent...

— De l'argent?... que m'importe l'argent!... — Croyez-vous qu'il me tente? — Je n'en manque pas d'abord, et sachez donc une chose, c'est que si je sors d'ici, avec ce que je toucherais pour ma part dans différentes autres *affaires*, je serais plus riche que vous...

Il n'y avait pas moyen d'entamer un pareil homme, et

cependant François faisait répandre à la Force le bruit que Lacenaire recevait dix francs par jour de la police pour prix de ses révélations. C'était faux. Mais la vérité est que pour le mettre à même de continuer ses confidences à la justice, et le maintenir dans cette belle humeur qui amène l'expansion, la police avait soin de ne le laisser manquer de rien, et de satisfaire surtout à la soif insatiable dont il était possédé.

CHAPITRE XXXI.

Organisme de Lacenaire. — Raspail. — Un philosophe sanglant.

Parmi les personnes qui nous font l'honneur de nous lire, beaucoup ont voulu nous expliquer ou nous faire analyser l'organisation de Lacenaire, et comme nous ne sommes ni docteur, ni physiologiste, nous nous sommes abstenu jusqu'à présent de traiter ce point scientifique. Les uns nous ont dit que Lacenaire aimait le sang pour le sang même, et qu'il trouvait dans le meurtre la satisfaction de ses instincts cruels; d'autres nous ont affirmé, sans preuve, que la vue du sang faisait naître en lui une irrésistible et ignoble passion; plusieurs affirment qu'il était monomane et semblable en de certains moments à Papavoine; quelques-uns de ceux qui l'ont connu assurent qu'il avait une haine invétérée contre ses semblables.

Enfin, — et ceci est de la fantaisie élevée à la centième puissance, — un jeune homme, assez intelligent pourtant, nous a développé la théorie que voici :

— Lacenaire, nous disait-il, était un meurtrier *philanthrope*. Cet homme avait tellement expérimenté la vie et la trouvait si amère ; *il avait tant souffert* et savait qu'on est si malheureux en ce bas monde, qu'il tuait certains hommes pour les débarrasser du *fardeau* de la vie.

— Alors il assassinait pour rendre service, répondions-nous, et le soir du jour où il immola les Chardon, il pouvait donc dire comme Titus : « Je n'ai pas perdu ma journée... »

— Certainement ! — nous répliqua avec feu le jeune homme.

Cette opinion entre, comme on le voit, dans les plus hautes spéculations du paradoxe, et nous ne la mentionnons que pour faire voir à quelle hauteur peut monter une imagination échauffée.

Le vrai motif qui poussait Lacenaire au crime c'est qu'il était affligé de la maladie appelée *soif-calle*, et cette affection a eu une trop grande influence sur sa vie pour que nous n'en parlions pas.

Ce malheur ne l'excuse pas ; mais du moins il explique ses meurtres jusqu'à un certain point. Nous n'avançons ce fait qu'à la suite d'un homme de génie, en fait de science, d'après Raspail, qui parle ainsi de Lacenaire, dans son article sur la FAIM ou SOIF-CALLE (*Manuel de la Santé*, année 1851).

« Quand cette faim ou soif dévorante n'est pas l'effet

d'une constitution congéniale ou d'une organisation exceptionelle, elle est causée par la présence d'un ver intestinal de grosse taille, et du ver solitaire surtout.

« On guérit de la seconde de ces deux maladies, on ne peut que satisfaire à l'insatiabilité de la première. Nous renvoyons pour celle-ci aux bons principes d'économie publique d'après lesquels chacun doit manger ici-bas selon son appétit. On ne passe pas le niveau sur les estomacs et sur les besoins; sur ce point, l'égalité est dans la compensation entre ceux qui prennent beaucoup et ceux qui prennent peu à la masse commune. Percy, dans ses Mémoires, cite la faim d'un certain *Tartare* qui dévorait plutôt qu'il ne mangeait, et qui, pour assouvir sa voracité effrayante, allait jusqu'à dévorer des cadavres. Il existe des cas de *soif-calle* comme des cas de *faim-calle*. Le comte de *Rantzau*, sous Louis XIV, était assoupi et incapable de rien faire à moins qu'il n'eût dix à douze bouteilles de vin de Champagne sur l'estomac; quand il n'en avait que la moitié, il n'y paraissait pas plus que quand il tombe une goutte d'eau dans la mer. (*Mémoire de d'Artagnan*. Cologne, 1700, 1er vol., p. 66.)

« Lacenaire, que j'ai beaucoup connu à la Force, buvait, sans s'énivrer, jusqu'à douze bouteilles de vin par jour; les prisonniers disaient qu'un grand verre de vin lui tombait dans l'estomac comme un plomb; il était sobre pour la nourriture. C'est cette grande soif qui le jeta, après la faillite de son père, dans l'affreuse industrie qui l'a conduit à l'échafaud. Quel travail d'homme de lettres aurait pu se prêter au chiffre de ses besoins? »

Quand Lacenaire dénonça Avril, il demanda dans l'intérêt même de la vérité, que son ancien ami ne fût pas amené à la Force, et on le laissa, en effet, à la Conciergerie. Un jour, étant à l'instruction avec des prévenus de la première de ces prisons, Avril fit circuler à leur oreille des bruits qui étaient bien loin d'être avantageux à Lacenaire, et dès ce jour une fermentation terrible commença de régner contre lui dans cette prison.

Plusieurs jours auparavant, des amis de François avaient décidé un nommé Bellard, — qui a été guillotiné peu de temps après, — à assassiner Lacenaire : « On m'en donna avis, dit-il à ce sujet sur un ton cornélien : je répondis *comme Guise : Il n'oserait.* Effectivement, il n'osa pas. Nous couchions, Bellard et moi, dans la même chambre : j'affectai de me tenir constamment près de lui et de le regarder fixement, il baissa les yeux et se tint tranquille. »

Mais une autre fois où le meurtrier emphatique était lui-même à l'instruction, François complota si bien dans les corridors, il persuada si fortement aux autres prévenus qu'il n'avait rien dit contre son complice, que c'était, au contraire, celui-ci qui le vendait, qu'il fut convenu entre les détenus qu'à l'arrivée du mouchard, tout le monde tomberait sur lui.

Effectivement, à son retour du cabinet du juge d'instruction, il vit toute la cour ameutée contre lui, à l'exception des amis de François, meneurs de la chose, qui se tenaient prudemment à l'écart. « Nul n'eût osé me frapper en face, j'ose le croire, écrit encore Lacenaire à cette occasion ; je faisais trop bonne contenance, quoique sans aucune arme offensive ni défensive ; mais il y a quelque

chose *dans le regard de l'homme de cœur* qui pétrifie le lâche. On profita du moment où je parlais à François, confiné au troisième, pour me porter un coup sur la tête par derrière. Celui qui me frappa était le plus lâche et le plus idiot de tous ces imbéciles. Une fois renversé, tout le monde se précipita sur moi. Effrayés eux-mêmes, ils m'abandonnèrent spontanément. Je fus jusqu'au guichet, en chancelant un peu, il est vrai, mais sans avoir perdu mon sang-froid. On me conduisit à l'infirmerie ; un quart d'heure après, j'étais pansé, et je dormais d'un profond sommeil. . . . .
. . . .

Le reste de ma prévention se passa à l'infirmerie de la Force, sans soins et sans soucis : *une vie de philosophe.* »

Enfin « le philosophe » arriva à la Conciergerie pour y attendre son jugement. Là il reçut une lettre de M. Reffay de Lusignan, son ancien professeur, qui lui offrit le secours des talents d'un de ses amis. Lacenaire ne put ni ne désira accepter cette offre, on lui avait déjà nommé d'office Me Brochant, avocat stagiaire. La défense de François fut confiée à Me Laput, lequel avait été condisciple de Lacenaire à Alix, sous ce même M. Reffay de Lusignan.

CHAPITRE XXXI.

Plan et cuisine d'un crime. — Conversation philosophique et criminelle. — Les deux agonisants de la Force.

Ici qu'on me laisse encore raconter, d'après Albert Monnier, une conversation des plus caractéristiques de Lacenaire. Je l'avais promise, du reste, à mes complaisants lecteurs :

Lacenaire ne voulut jamais dévoiler, comme on l'a déjà dit, que les deux crimes qui devaient faire tomber la tête de ses deux dénonciateurs, mais il aimait à en parler pour en faire ressortir l'habileté du plan et le fini des détails.

Un de ses interlocuteurs lui fit, un jour, cette objection :

— L'assassinat du garçon de caisse ne pouvait bien aboutir. Son cadavre abandonné sur le lieu du crime aidait à mettre sur vos traces. D'ailleurs, votre poignard pouvait se briser dans les plaies, la forme de sa lame, la nature des coups auraient indiqué s'il y avait eu lutte, et le nombre des complices ; en outre, la position du corps...

— Halte-là, interrompit Lacenaire... vos observations sont justes... mais je ne suis pas un niais... j'aurais fait disparaître le cadavre... ça rentre dans ma manière.

— Les cadavres disparaissent rarement, lui répliqua-t-on. Supposons que vous l'enterriez ? Un hasard peut le faire déterrer comme dans l'affaire de Bastien. Si vous le jetez à l'eau, pourquoi ne le retrouverait-on pas, même coupé par petits morceaux, comme dans l'affaire Lhuissier? La chair est précieuse... lorsqu'on en trouve, on s'informe d'où elle vient.

Lacenaire haussa les épaules en souriant et reprit :

— Vous allez voir que je sais travailler. Voici mon plan. Supposons qu'au lieu de s'enfuir comme un lâche, François eût tenu la porte, j'assassinais le garçon de banque. C'était exprès que j'avais choisi l'échéance du 31 décembre; soit dit en passant, elle est toujours très forte. J'avais compté sur vingt-cinq mille francs, et les débats ont établi que la somme contenue dans la sacoche dépassait ce chiffre.

Je mettais donc le corps dans le panier d'osier qu'on a retrouvé, j'emballais proprement mon homme et je le faisais porter à Bercy.

— Là, vous le jetiez à l'eau, et on le repêchait...

— Ecoutez donc..., dit Lacenaire, si je donnais dans ces rengaînes-là, il y a longtemps que je serais guillotiné.

A Bercy, je louais un bachot, sous prétexte de partie de plaisir. Je descendais la Seine... Je passais tranquillement devant la patache d'aval des gabelous. A la nuit, seulement j'arrivais à Saint-Ouen, où m'attendait François, dans une petite maisonnette louée à l'avance. Nous y entrions le cadavre et nous l'y faisions cuire, morceau par morceau, jusqu'à complète absorption des chairs.— Un singulier pot-au-feu, n'est-ce pas?—Restaient les os...

— Vous les brûliez, et leur odeur vous faisait découvrir...

Mais écoutez donc !... dit Lacenaire avec complaisance. J'emportais les os, peu à peu, dans mon bachot, sous prétexte de pêche, et je les jetais en plein courant, par ci, par là... De cette façon... on cherchait le garçon disparu avec sa sacoche... On penchait tout naturellement à le croire un voleur... Les recherches étaient moins actives, parce qu'elles devaient être faites à l'époque du jour de l'an, et qu'à ce moment-là, juges d'instruction et agents de police ont leurs petites affaires de famille à soigner avant les affaires publiques. Quand je n'aurais plus eu le sou... environ l'espace de trois mois... j'aurais recommencé jusqu'à ce qu'enfin on me prît... car, déjà à cette époque, je savais bien que je ne pouvais pas lutter impunément contre la société... Je ne pouvais plus fuir ma destinée... ma destinée, c'était l'échafaud !

Plusieurs jours avant de comparaître en cour d'assises, Lacenaire vint dans l'une des chambres de l'infirmerie de la Force, et se plaça près du poêle, où se trouvaient réunies plusieurs personnes.

Au langage des assistants, à la tournure de leurs phrases et de leurs idées, et à ce je ne sais quoi, enfin, qui révèle, les gens occupés aux spéculations intellectuelles, le prisonnier vit aussitôt qu'il avait affaire à des hommes d'étude. Il ne se trompait pas. Ceux qui se trouvaient à la Force ce jour-là étaient des hommes de lettres, des journalistes, des avocats et un médecin.

Celui-ci adressa la parole au nouvel arrivant, et Lacenaire, heureux de montrer aux visiteurs qu'il avait étudié, répondit avec empressement à l'avance qui lui était faite. On sait combien il aimait à briller. Devant cet auditoire d'élite, son amour-propre se réveilla, et, fort de son assurance ordinaire, il causa littérature, politique et philosophie, avec une telle abondance d'expressions, un cynisme si décent dans la forme et une mémoire si imperturbable dans ses citations d'auteurs, — car il était un peu pédant, — qu'il eut un succès complet, sinon comme moraliste, du moins comme causeur paradoxal.

— En politique comme au jeu, disait-il, on ne peut être que dupe ou fripon.

— Mais, lui objecta un journaliste, on voit assez souvent des hommes qui se dévouent à une idée, à une cause, et qui se ruinent ou meurent pour l'une et l'autre.

— Que voyez-vous là d'étonnant? reprit Lacenaire. La politique est une passion absorbante comme toutes les autres, et l'*on joue sa tête pour une passion.*

La conversation changea de point et l'on prit pour texte la religion. On parla des Saint-Simoniens, des Templiers, et, sur chacune de ces sectes, il donna son avis d'une façon nette et tranchante.

— Pour établir une religion, dit-il, il faut, avant tout, posséder une chose essentielle, la foi, ou plutôt être possédé par elle. Or, les Saint-Simoniens sont des sceptiques et des gens d'esprit qui ne visent qu'à se faire la courte-échelle. Comment voulez-vous qu'ils réussissent à fonder quoi que ce soit. Ils feront leurs affaires personnelles, mais celles de l'humanité, allons donc!

Les Templiers étaient plus sincères, continua-t-il malgré l'immoralité qu'on leur attribue et leur ardente sensualité; mais comme ils ne pouvaient se recruter que dans un petit nombre d'hommes, de chevaliers, c'est-à-dire parmi les nobles, ils manquaient aussi d'une autre chose capitale pour la prospérité de toute doctrine, je veux parler des adeptes, et sans un personnel nombreux, il ne peut y avoir d'Eglise. Si j'avais vécu de leur temps, j'aurais, certes, tout fait pour entrer parmi eux, car je partage entièrement leurs croyances quant à la migration de l'intelligence dans tous les corps de la nature.

Je pense, continua-t-il, que le principe qui anime les êtres organisés et vivants peut, en les abandonnant, passer dans la matière brute, y demeurer, la faire vivre à sa manière, pendant un certain temps, pour repasser plus tard dans d'autres corps; et tout cela sans règles, sans limites. Tout vit, tout sent; cette pierre a sa vie et son intelligence.

— Les corps bruts n'en ont pas, répliquait le docteur; la sensation n'existe que pour les corps organisés et vivants, et pour ceux chez lesquels les impressions vont à un centre commun; le cerveau, qui les perçoit, les convertit en sensations; interrompez la communication, il n'y a plus de transmission au cerveau, plus de perception, plus de sensation. Tel est le cas de l'apoplexie et de la paralysie qui en est la suite. En vain vous coupez, vous brûlez le membre paralysé, les impressions ne sont plus transmises au cerveau. Reste encore le cas d'un homme *auquel on vient de trancher la tête.*

A ces mots qu'on croyait irréfléchis, les auditeurs regardèrent Lacenaire avec émotion; sa physionomie n'en décelait aucune. Il sortit de la chambre quelques instants après.

Au bout d'une heure, les mêmes personnes passaient près de son lit, dans la grande salle de l'infirmerie.

Il avait pour voisin un jeune homme, voleur de profession, ruiné par la plus honteuse débauche et dévoré par une phthisie pulmonaire qui ne lui laissait plus que peu de jours à vivre : deux agonies qui se regardaient, qui se heurtaient.

— Lacenaire, lui disait ce jeune homme, je regrette vivement de ne pas être libre pour assister à ton supplice et voir si, en montant sur la planche, tu auras le même aplomb qu'ici.

— Je te le garantis, répondit Lacenaire sans affectation. Comme le plus coupable, je dois être exécuté le dernier; avant de mourir, je pourrai voir tomber la tête de mes co-accusés, s'ils sont aussi condamnés à mort.

En entendant ces épouvantables paroles, on n'hésita plus à causer avec lui de ses propres affaires.

— Lacenaire, lui-dit le docteur, vous n'êtes point un homme vulgaire. Vous avez une déplorable portée d'esprit. Comment votre intelligence ne vous a-t-elle pas défendu contre vous-même?

— Ah! il s'est rencontré un jour dans ma vie où je n'avais d'autre alternative que le suicide ou le crime.

— Pourquoi donc ne vous êtes-vous pas suicidé?

— Je me suis demandé alors si j'étais victime de moi-même ou de la société; j'ai cru l'être de la société.

— C'est un raisonnement commun à tous les criminels.

Lacenaire ne répondit rien.

Après une pause :

— Mais quand il serait vrai que vous eussiez été victime de la société, vous n'avez frappé que des innocents, continua le journaliste.

— Cela est vrai; aussi ai-je plaint ceux que j'ai tués; mais je les ai frappés, parce que c'était un parti pris contre tous.

— Ainsi, vous vous étiez fait un système de l'assassinat?

— Oui, et je l'ai choisi comme moyen de ma propre conservation et pour assurer mon existence.

— On conçoit plus aisément que l'homme poussé par l'impérieuse nécessité se décide à commettre un crime pour la satisfaire; mais vous, c'était pour dépenser le prix du sang en orgies. Dites, Lacenaire, avez-vous jamais éprouvé quelque accès d'une fièvre morale, une sorte de frénésie du crime, et du plaisir à l'exécuter?

— Non.

— Alors vous avez fait cela froidement, comme une opération commerciale, par calcul, par combinaison.

— Oui.

— Si vous n'étiez pas naturellement cruel, lui demanda le médecin, comment avez-vous pu parvenir à étouffer en vous tout sentiment de pitié?

— L'homme fait tout ce qu'il veut. *Je ne suis pas cruel*, mais les moyens devaient être en harmonie avec le but; assassin par système, il fallait me dépouiller de toute sensibilité.

— Vous n'avez donc jamais eu de remords?

— Jamais.

— Aucune crainte?

— Non. Ma tête était mon enjeu ; je n'ai pas compté sur l'impunité. Il y a une chose, en effet, à laquelle on est forcé de croire : c'est à la justice, parce que la société se fonde sur l'ordre.

— Mais, ce sentiment de la justice, c'est la conscience, répliqua l'avocat.

— Moins le remords.

— Je ne comprends pas l'un sans l'autre. L'idée de la mort ne vous effraye-t-elle pas?

— Nullement. Mourir aujourd'hui ou demain, d'un coup de sang, d'un coup de hache, qu'importe? J'ai trente-cinq ans, mais j'ai vécu plus d'une vie, et, quand je vois des vieillards se traîner et s'éteindre dans une lente et douloureuse agonie, je me dis qu'il vaut mieux mourir d'un *trait* et avec l'exercice de toutes mes facultés.

— Si vous pouviez vous suicider maintenant pour échapper à l'ignominie de l'échafaud, le feriez-vous? lui demanda encore le docteur.

— Non. Eussé-je le poison le plus actif, je ne me suiciderais pas. D'ailleurs, la guillotine n'est-elle pas, de tous les poisons, le plus subtil? Voici pourquoi je ne me suiciderais pas : j'aurais pu me tuer avant d'avoir versé le sang ; assassin, j'ai compris que j'avais établi entre l'échafaud et moi un lien, un contrat; que ma vie n'était plus à moi, qu'elle appartenait à la loi et au bourreau.

— Ce sera donc à vos yeux une expiation?

— Non... une conséquence, l'acquit d'une dette de jeu.

— Quelle logique!... Croyez-vous, Lacenaire, que tout soit fini avec la vie?...

— C'est à quoi je n'ai jamais voulu songer.

— Pensez-vous ne pas vous démentir un seul instant jusqu'au dernier?

— Je crois que je regarderai l'échafaud en face. Le supplice est moins dans l'exécution que dans l'attente et l'agonie morale qui le précèdent. D'ailleurs, j'ai une puissance telle sur mon imagination, que je me crée un monde à moi... Si je le veux, je ne penserai à la mort que devant elle.

Après un intervalle, Lacenaire reprit ainsi :

— *Croyez-vous qu'on me méprisera?*

— Un homme tel que vous n'inspire que de l'effroi.

— Aussi est-ce de la haine que j'attends. Il est une chose que, suivant moi, on ne peut guère supporter, le mépris d'autrui et son propre mépris.

Après avoir dit ces paroles, il remplit son verre de vin et ajouta en souriant :

— Ce n'est pas du Falerne, et cette boisson n'est pas comme celle d'Horace :

Nata mecum, consule Manlio.

récolté au temps même où je naissais, sous le consulat de Manlius.

Cependant, le jour arrivait où ces épouvantables paroles devaient recevoir leur juste punition.

CHAPITRE XXXIII.

Le procès. — Physionomies d'accusés. — Un drame bien charpenté.

Ce fut le 12 novembre 1835 que commença, en Cour d'assises, le triste procès qui amena Lacenaire devant la justice.

Un auditoire immense et une foule d'avocats en robe étaient venus assister à ces débats dont les principaux détails, connus d'avance, avaient excité au plus haut point l'intérêt. Tous les regards se tournaient vers les pièces à conviction, placées sur une table adossée au bureau des magistrats. On y remarquait des vêtements d'homme et de femme, un sac de paille imitant un sac d'argent, une porte d'appartement dont les panneaux étaient revêtus de voliges destinées à préserver de tout contact des inscriptions faites à la craie; plus loin, une lime aiguisée, un carrelet ou tire-point et une hache.

Après le tirage au sort du jury, les accusés furent introduits. Un vif mouvement de curiosité accueillit leur entrée. Le premier qui parut fut Lacenaire. Jeune, frais, élégant, d'une figure riante, agréable et relevée par une moustache soyeuse, il franchit lestement un gradin placé devant lui, et, après avoir promené un regard plein d'aménité sur tout l'auditoire, s'assit avec aisance au banc d'infamie. Il engagea tout d'abord avec son avocat,

Mᵉ Brochant, une conversation qu'interrompit souvent son sourire. Il paraissait entièrement étranger au débat qui se préparait, et son assurance contrastait de la manière la plus frappante avec l'attitude morne et silencieuse des deux complices que ses révélations avaient amenés à la Cour d'assises avec lui.

Lacenaire portait à la Cour d'assises un habit bleu fort propre, à collet de velours, et un pantalon noir. Il tenait de temps en temps à la main un mouchoir de fine batiste, ce qui était à cette époque une nouveauté luxueuse; car, généralement, les hommes se servaient de foulards en soie.

Les soins que nécessitait sa défense, l'inquiétude qui aurait dû le travailler, ne l'avaient pas distrait de sa manie littéraire, et il avait remis à son défenseur, qui la faisait circuler parmi ses confrères, une pièce rimée dans laquelle il revendiquait la propriété de la fameuse chanson intitulée : *Pétition d'un Voleur à un Roi son voisin.*

Avril paraissait très préoccupé; François avait le visage contracté et le maintien tranquille.

Tous deux, décemment vêtus, conservaient les allures de l'ouvrier parisien sous leurs redingotes neuves, et avaient le regard abbattu. Certes, il y avait bien de quoi, car jamais mélodramaturge au service du boulevard du Temple n'avait mieux tissé un drame que le hasard ne l'avait fait dans celui où ces deux hommes jouaient leurs têtes.

Afin qu'on saisisse d'un seul coup d'œil le côté *dramatique* de ces longs débats, nous allons, au risque de nous répéter, mais pour faciliter la besogne au lecteur, dessiner à grands traits la position respective des accusés entre eux.

Avril, se trouvant en prison, et persuadé que Lacenaire lui avait frustré sa part dans l'affaire de la rue Montorgueil, l'avait dénoncé comme auteur de cet attentat, auquel lui-même, Avril, n'avait pas participé, et s'était offert à le faire prendre.

François, arrêté pour une escroquerie et voulant se dégager des mains de la police, crut faire un coup de maître en révélant à la justice l'assassinat du passage du Cheval-Rouge dont il ne s'était pas mêlé.

Tous deux pensaient, sans s'être consultés, bien entendu, que la police ne ferait pas connaître à Lacenaire le nom de son délateur. François était convaincu qu'il garderait le silence sur la tentative de la rue Montorgueil; Avril ne pouvait supposer qu'il parlerait du meurtre de Chardon.

Lacenaire, au dépôt, ayant été mis au courant de ces perfidies, il résolut de faire tomber la tête des deux traîtres avec la sienne, et, pour assurer jusqu'au bout sa vengeance, il s'astreignit à jouer à la Cour d'assises le rôle de ministère public, à réfuter pied à pied les défenses de ses complices afin de les confondre à chaque pas. Ceux-ci, en se débattant, dans les enchevêtrements de leurs crimes, contre ce mauvais génie, furent obligés de faire avec lui assaut de ruse et d'habileté. Là se trouvait l'intérêt de cette lutte judiciaire.

Quant à la Justice, elle avait, elle, un autre but. Soupçonnant, d'après les dépositions des habitants de la rue

Montorgueil, d'après celles des médecins qui visitèrent le cadavre des Chardon, et par la présence inexpliquée d'un couteau ramassé sur le lieu du crime, qu'il y avait trois assassins apostés pour tuer le garçon de caisse, et que trois autres avaient participé au meurtre du passage du Cheval-Rouge; la Justice, disons-nous, crut devoir faire tous ses efforts pour amener Lacenaire à découvrir le troisième criminel, ce sanglant inconnu, qui, selon son intime conviction, s'était servi du couteau brisé, trouvé dans la chambre de la vieille femme.

Des précautions extraordinaires avaient été prises pour empêcher, entre les accusés, une collision que les rumeurs de la prison signalaient comme imminente. La garde avait été doublée, et deux agents de la police de sûreté, placés derrière eux, surveillaient leurs mouvements.

Un instant avant l'ouverture de l'audience, Lacenaire se mit à causer amicalement avec les deux gendarmes au milieu desquels il était assis.

M. Dupuy, conseiller à la Cour royale de Paris, présidait la Cour d'assises; M. Partarrieu-Lafosse, avocat-général, occupait le siége du ministère public; Me Brochant, avocat stagiaire, défendait Lacenaire; Me Laput était le défenseur de François; Me Vidallot plaidait pour Avril. Les témoins étaient au nombre de cinquante-cinq.

— Accusé, levez-vous, dit M. le président à Lacenaire. Comment vous appelez-vous?

— Pierre-François Lacenaire.

— Votre âge?

— Trente-cinq ans.
— Votre profession?
— Ancien commis-voyageur.

Les mêmes questions furent adressées aux des autres accusés qui déclarèrent s'appeler Pierre-Victor Avril, menuisier, âgé de trente ans, né et domicilié à Issy.

Le greffier donna ensuite connaissance, aux trois complices, des actes d'accusation dressés contre eux.

Nos lecteurs étant déjà instruits des crimes qui leur étaient reprochés, il est inutile de mettre sous leurs yeux ces documents.

Pendant qu'on les lisait, Lacenaire conserva une attitude indifférente et distraite. Son sourire toutefois avait quelque chose de convulsif et de forcé; il appuyait sa tête sur la barre et jetait de temps en temps de rapides coups d'œil sur ses co-accusés, lorsque l'accusation se reportait sur eux. par suite de ses dépositions. Avril s'efforçait de paraître impassible: François lançait à Lacenaire des regards pleins de menace et de courroux.

Celui-ci était presque endormi lorsque le greffier termina cette lecture, qui dura près de deux heures, et ce ne fut que lorsque le président relata les différents chefs d'accucation qui pesaient sur lui qu'il parut seulement s'arracher à sa torpeur. Il rajusta élégamment alors sa chevelure, et écouta sans s'émouvoir la longue nomenclature d'assassinats et de faux qui lui étaient imputés. L'audience fut suspendue un instant. A sa reprise, M. le président fit sortir Avril et François, et procéda à l'interrogatoire de Lacenaire, qu'il engagea à rester assis. L'accusé se leva et salua gracieusement.

CHAPITRE XXXIV

Première audience. — Interrogatoire de Lacenaire. — Interrogatoire d'Avril. — Interrogatoire de François.

M. LE PRÉSIDENT. — Depuis combien de temps connaissiez-vous Chardon ?

LACENAIRE. — Depuis mil huit cent trente.

D. Alliez-vous souvent chez lui ?

R. Je n'y ait été qu'une fois.

D. Cependant, il paraît que la portière vous connaissait ?

R. Elle ne me connaissait pas.

D. Savez-vous si Avril allait voir Chardon de son côté ?

R. Je crois qu'il y a été trois fois.

D. Avant le 14 décembre, saviez-vous ou savait-il que Chardon dût toucher de l'argent ?

R. Nous avions quelques indices, nous savions que Chardon devait recevoir de l'argent de la reine.

D. Mais cette somme devait être une aumône, et par conséquent peu faite pour exciter à un crime ?

R. Chardon avait dit qu'on devait lui avancer dix mille francs pour fonder une maison hospitalière destinée aux hommes.

D. Saviez-vous si Avril a offert à Fréchard de l'aider dans l'assassinat ?

R. Oui, je savais cela. Avril proposa l'affaire à Fréchard de ma part. J'en parlai à Fréchard après Avril, mais Fréchard me dit que cela ne lui convenait pas.

D. Fréchard prétend que cette offre lui a été faite dans un cabaret?

R. Cela est possible, car Avril a fait la proposition deux fois, mais une fois sans mon ordre.

D. Le projet d'assassinat a-t-il une date? (Silence.) Qui d'Avril ou de vous a eu l'idée première du crime et a fait la première ouverture?

R. Je ne m'en souviens pas au juste.

D. Dans la matinée du 14 décembre, êtes-vous sorti du garni avec Victor Avril?

R. Oui, à onze heures, nous avons été déjeûner à une barrière voisine de la Courtille. Nous sommes restés jusqu'à midi et demi.

D. Vous aviez dû vous munir des moyens de mettre à exécution votre affreux projet? Vous aviez un carrelet? qu'avait-il, lui? allait-il pour vous aider? quels étaient les conventions, les rôles distribués?...

R. Les rôles avaient été distribués tels qu'ils ont été joués. Nous avons rencontré Chardon dans le passage, après avoir frappé inutilement chez lui. — *Nous sortons de chez toi*, lui dis-je. Il nous répondit : *Alors, remontons*. Nous remontâmes. Avril entra le premier, moi le second, Chardon le dernier. Avril était sans armes, il est vrai; mais, lorsque Chardon est entré dans le petit cabinet, il lui tint quelques propos insignifiants, et, selon nos conventions, il lui sauta à la gorge et lui serra le cou. Tandis que je le frappais par derrière à coups de lime, Avril le fit glisser le long du lit. Comme il se débattait encore, Avril se saisit d'un merlin pendu derrière la porte et l'a achevé. (Un mouvement d'horreur accueille ces paroles prononcées d'un ton leste et indifférent.)

D. Ainsi, c'est Avril qui a pris le merlin?

R. Oui, pour achever Chardon, qui remuait encore.

D. Avez-vous frappé plusieurs coups?

R. Oui. Quand j'ai vu Avril qui *finissait*, j'ai été à la femme Chardon; je lui ai porté plusieurs coups, et quand j'ai pensé qu'elle ne pouvait plus se défendre, j'ai bousculé les matelas par dessus elle. (Mouvement d'horreur).

D. Avril vous a-t-il aidé dans le second assassinat?

R. Non, j'ai fait tout cette fois. Avril n'a porté aucun coup.

D. Avril est-il venu vous rejoindre?

R. Oui, quand je finissais, il est venu m'aider à faire effraction à la grande armoire. Il fallait déranger le lit pour y arriver. Avril m'a aidé.

Ici, Lacenaire, sans hausser ni baisser la voix, entre dans des détails fort minutieux des localités, des circonstances de l'effraction. Il emploie des termes pleins de précision. On dirait un professeur démontrant à des élèves une théorie sientifique.

D. En frappant cette vieille femme, n'avez-vous pas été vous-même blessé à la main par la force du coup?

R. Oui, monsieur le président, comme vous le dites, par la force du coup.

M. LE PRÉSIDENT. — Cette circonstance est importante; elle confirme la déclaration de Lacenaire. M. le commissaire de police avait, à la vue du tire-point ensanglanté par le manche, présumé cette circonstance.

D. Qu'avez-vous pris dans l'armoire? Rendez compte des circonstances du vol qui suivit ce double assassinat.

R. Nous prîmes cinq cents francs en argent, de l'argenterie, un manteau, un gilet de couleur rose dans lequel nous enveloppâmes l'argenterie et quelques hardes. Je pris aussi une petite Vierge en ivoire qui était sous la pendule de la veuve Chardon. Je croyais que cette Vierge était d'un grand prix, et j'envoyai Avril la vendre chez un marchand du quai Malaquais; mais comme le marchand n'en offrait que trois francs, nous la jetâmes à la rivière afin de ne pas laisser pour si peu une pièce à conviction si compromettante. C'est moi qui ai emporté l'argent et le manteau de Chardon sur mes épaules.

D. Que fîtes-vous après le crime?

R. Après l'assassinat, nous allâmes nous baigner. Après être sorti des bains Turcs, où nous fîmes disparaître les taches de sang de nos mains et de nos habits, Avril alla vendre l'argenterie et le manteau, pendant que je l'attendais à l'estaminet de l'*Epi-scié*, sur le boulevard du Temple. Il retira deux cents francs des couverts et vingt francs du manteau. Ensuite, nous avons été dîner ensemble, et nous passâmes le reste de la soirée au spectacle.

D. A quel théâtre avez-vous été?

R. Aux Variétés. (Mouvement de surprise).

D. A quelle heure vous-êtes-vous quittés?

R. A onze heures. J'allai à mon logement. Avril m'a quitté et a été, je crois, dans une maison de filles.

D. Il me semble qu'il résulte de l'instruction qu'Avril vous a proposé de passer la nuit chez un nommé Soumagnac?

R. Pardon, monsieur le président, vous faites une méprise; c'est dans *l'affaire* de la rue Montorgueil que nous avons été chez Soumagnac. (Mouvement.)

L'accusé, dont le sang-froid ne s'est pas démenti un instant, rend compte de sa conduite et de ses démarches jusqu'au moment où Avril fut arrêté sur le boulevard pour avoir fait évader une fille publique.

D. Savez-vous la date de l'arrestation d'Avril sur le boulevard? Vous savez qu'Avril prétend que le jour de cette arrestation est le jour où le crime contre les Chardon a été commis.

R. Il ment; il a été arrêté le samedi qui a suivi l'assassinat du passage du Cheval-Rouge.

D. Si Avril n'avait pas été arrêté, ne vous aurait-il pas aidé dans l'assassinat de la rue Montorgueil?

R. Sans contredit; c'était arrangé, puisque nous avions, de concert, employé les fonds à meubler la chambre de la rue Montorgueil.

D. A quelle heure a été commis l'assassinat de la veuve Chardon et de son fils?

R. A une heure moins cinq minutes (Mouvement). J'ai entendu sonner une heure à l'horloge de Notre-Dame-des-Champs pendant que je fracturais l'armoire.

M. LE PRÉSIDENT. — Il paraît certain qu'en effet le crime a eu lieu le jour.

D. Comment ont commencé vos relations avec Avril?

R. A Poissy; nous étions dans le même atelier. Nous nous étions promis de nous revoir lorsque nous serions en liberté. Il vint me trouver aussitôt qu'il le put.

D. Vous vous étiez donc promis de vous aider dans vos crimes, et vous le regardiez donc comme un homme capable de tout?

R. C'était l'idée que je m'étais faite de son caractère.

D. Je passe à l'affaire de la rue Montorgueil. Sous quel nom avez-vous loué, rue Montorgueil?

R. Sous le nom de Mahossier.

D. Qui a logé avec vous?

R. Avril, dans les premiers jours.

D. Quel état avez-vous annoncé professer?

R. J'ai dit que j'étais étudiant.

D. N'avez-vous pas dit que vous étiez avocat?

R. Non: j'ai dit que j'étais étudiant en droit.

D. Quelle était votre intention en louant ce logement?

R. Notre intention était d'attirer là un garçon de recette et de lui prendre son sac.

D. En employant l'assassinat?

LACENAIRE, avec nonchalance : — En employant l'assassinat.

D. Est-ce la seule tentative d'assassinat et de vol de cette nature que vous ayez faite?

D. Non, monsieur; il y a eu une tentative de ce genre qui a manqué, rue de la Chanvrerie, sur un garçon de caisse de M. Rougemont de Lowenberg, parce que le portier est monté avec ce garçon de recette.

D. Faites-nous connaître les détails de l'affaire de la

rue Montorgueil, et comment vous avez eu François pour complice.

Lacenaire entre dans les détails de l'entrevue qu'eut François avec Bâton, et où le premier annonça qu'il tuerait un homme pour vingt francs.

C'est après cette communication, comme nos lecteurs doivent se le rappeler, que François fut abouché avec Lacenaire. Cependant, celui-ci ne voulut pas nommer Bâton à cette nouvelle audience ; — on verra pourquoi.

D. Quel était le jeune homme auquel François fit cette confidence ?

R. Je ne veux pas le nommer.

D. N'avez-vous pas écrit votre nom sur la porte de la rue Montorgueil ?

R. Oui, monsieur : c'est-à-dire celui que je prenais, le nom de *Mahossier*.

D. Comment s'est passée l'attaque du garçon de caisse ?

R. Les faits sont très exactement racontés dans l'acte d'accusation.

R. Quand le garçon est entré dans la première pièce, je le priai de passer dans l'autre ; je le saisis par l'épaule et le frappai. François lui mit la main dans la bouche, mais le garçon s'étant mis à crier *à l'assassin !* François se sauva et moi après lui. François pensa que si j'étais pris on le laisserait fuir tranquillement. Il ferma la porte sur moi, mais je l'ouvris ; en courant je criai *à l'assassin*. Les passants entendirent de quel côté François se sauvait. Je me rendis chez notre ami commun (celui qu'il refuse d'abord de nommer et qui est Bâton), je ne trouvai personne. J'allai attendre alors dans un cabinet de lecture. Quand j'en ressortis, j'allai de nouveau chez le même camarade. J'y retrouvai alors François qui me dit en me voyant entrer. « Tiens, c'est toi, mon pauvre ami, je te croyais arrêté? » — « Si je ne le suis pas, lui répondis-je, cela n'a pas été de ta faute. »

D. Vous persistez à ne pas faire connaître le nom de cet ami inconnu?

R. Oui, monsieur le président.

D. Il devait vous aider?

R. Oui, monsieur le président.

D. Après la tentative de la rue Montorgueil, que fites-vous avec François?

R. Nous avons été dîner, et nous avons été passer la nuit chez Soumagnac, qu'on nomme aussi Magny, et qui est un ami particulier de François. La portière de Soumagnac avait l'ordre de donner la clef à François, et effectivement, quand nous vînmes nous coucher, elle la donna sans difficulté.

D. Qu'avez-vous fait le lendemain?

R. Nous sommes allé, François et moi, et la personne que je ne veux pas nommer, à Issy, pour y commettre un vol chez une parente de François. Mais nous ne pûmes réussir, parce que la servante était à la maison. Vainement François voulut-il l'éloigner, en lui disant que sa maîtresse l'attendait à la noce, qui se faisait aux *Vendanges de Bourgogne,* elle ne voulut pas s'éloigner. Il n'y avait plus de voitures, d'ailleurs, et le coup manqua ainsi. Nous retournâmes à Paris. Je pris un nouveau logement chez Pageot, sous le nom de Bâton, et François sous celui du Fizelier. C'était le soir du jour de l'an.

M. L'AVOCAT-GÉNÉRAL. — Nous avons fait relever les actes de l'état civil, et voici la preuve que la parente de François s'est réellement mariée ce jour-là.

M. LE PRÉSIDENT. — Il paraît que Pageot logeait les gens de votre profession, et qu'il était assez facile sur les noms qu'on lui donnait, satisfait d'être en règle? — François a-t-il couché avec vous?

R. Oui.

D. N'avait-il pas de gros favoris rouges?

R. Rouges, oui, mais pas très gros, c'est-à-dire allant jusqu'à la bouche.

D. Lacenaire, indépendamment des détails que vous venez de nous donner, en auriez-vous quelques autres à faire connaître, quelques faits importants à révéler? (Mouvement de curiosité.)

LACENAIRE, après une pause : — Non... non..., monsieur le président, seulement je me souviens que, le soir d'un des premiers jours de janvier, nous volâmes, François et moi, une pendule à l'étalage de l'horloger Richon, rue Richelieu 108; je vendis cette pendule à un marchand d'habits. Il me revient aussi en mémoire qu'Avril est venu précédemment avec moi, rue de Sartines, n° 4, pour commettre un assassinat sur un garçon de recette de M. Rothschild. Il a dû être vu par la portière. Je m'appelais Louis Guérin alors, et j'avais lancé un mandat sous ce nom, mais le garçon de recette ne vint pas au rendez-vous, et nous fûmes obligés de nous en aller sans rien faire. Seulement Avril emporta une paire de rideaux de la chambre de mon ami. (Mouvement d'hilarité.)

D. Mais vous pouvez bien nommer le jeune homme qui vous a prêté sa chambre sans savoir pourquoi ?

R. Ah! très volontiers. Il s'appelles Desbayes, dit *Coutelier*.

M. LE PRÉSIDENT ordonne que la portière de la rue de Sartines, n° 4, et Desbayes dit *Coutelier*, seront entendus.

M. DUCLOS, juré. — La servante d'Issy qui a empêché le vol de François par sa présence est-elle assignée ?

M. L'AVOCAT-GÉNÉRAL. — La servante sera assignée pour demain.

L'audience est suspendue pendant un quart d'heure.

AVRIL est ramené. Sa figure pâle et contractée annonce une émotion profonde. M. le président commence par lui demander s'il n'a pas été condamné à cinq ans pour vol.

AVRIL — Oui, monsieur.

D. Depuis combien de temps étiez-vous lié avec Chardon ?

AVRIL, d'une voix forte. — Je n'ai jamais été lié avec Chardon. Je l'ai connu pendant les deux ans de prison qu'il a fait à Poissy.

D. Depuis votre sortie, avez-vous continué vos relations avec lui ?

R. Il m'a invité à aller chez lui, et j'y suis allé quelques jours avant le 14 décembre.

D. Vous connaissiez le local ?

R. Je le connaissais parfaitement.

D. Ne saviez-vous pas que derrière la porte de Chardon était suspendue une espèce de petite hachette qu'on appelle un merlin ?

R. Je ne m'en suis jamais aperçu.

D. Vous saviez que Chardon possédait de l'argent ?

R. Je pensais qu'il devait en avoir, mais il ne devait pas en avoir beaucoup.

D. Il paraîtrait résulter de l'instruction, que vous auriez dit devant un ou même deux témoins, qu'il possédait une somme assez importante, par exemple, *dix mille francs* ?

R. Ceux qui ont dit cela sont *véritables faux témoins*. (On rit.) Je n'ai jamais tenu un pareil langage.

D. N'avez-vous pas proposé au nommé Fréchard, qui a été aussi détenu avec vous, une affaire dans laquelle il y aurait dix mille francs à gagner ? Ne lui avez-vous pas offert mille francs, s'il consentait *à buter*, à assassiner quelqu'un ?

R. Je n'ai jamais proposé pareilles choses à Fréchard.

D. Il y a un témoin qui vous attribue ce propos.

R. Je le nie entièrement.

Pendant la suite de cet interrogatoire, Lacenaire se penche de nouveau sur la barre et se cache la figure, mais il la relève la tête de temps en temps et profère à voix basse quelques paroles pour confirmer ce que rapporte M. le président de ses déclarations.

M. LE PRÉSIDENT. — N'avez-vous pas dit : *on trouvera toujours bien quelqu'un qui voudra le faire* ?

R. Non.

D. Il y a une circonstance qui semble donner bien de la force à la déclaration de ce témoin. Vous avez parlé de *dix mille* francs à gagner et de mille francs pour la part du complice; mais vous auriez eu soin de ne nommer ni le lieu, ni la personne sur laquelle le meurtre aurait été commis.

R. La déposition du témoin est invraisemblable, puisqu'il connaissait Chardon aussi bien que moi.

D. Vous n'avez pas désigné Chardon par son nom, mais par le sobriquet de *ma tante*, qui, en terme d'argot, indique des mœurs infâmes, et comme Chardon était connu pour avoir de pareilles mœurs, il l'a ainsi reconnu.

D. Après le 14 décembre, êtes-vous allé loger dans le même garni que Lacenaire ?

R. Je suis allé avec lui chez Mme Desforets. J'ai logé avec lui, rue Montorgueil, jusqu'à ce que j'aie été arrêté pour une fille publique. Pendant ce temps, Lacenaire a vendu les meubles dont nous avions payé chacun la moitié.

D. Qui avait acheté les meubles ?

R. C'est Lacenaire. Il m'a dit qu'il avait de l'argent provenant d'une pièce qu'il avait faite *pour M. Scribe* (rires d'incrédulité) et de chansons vendues par lui à M. Vigouroux, caissier du *Bon-Sens*.

D. On doit trouver extraordinaire que vous ayez attaché votre sort à celui de Lacenaire, de façon à ne pas le perdre de vue au moment où il venait de commettre un crime aussi atroce ?

R. Il fallait bien vivre quelque part.

D. Comment vous êtes-vous procuré l'argent qui a servi à payer votre part de meubles?

R. Je suis sorti de Poissy avec *deux cents quarante francs* que j'avais gagnés péniblement par mon travail. Je vivais très sobrement et je ne faisais presque pas de dépense. A la demande de Lacenaire, nous nous sommes mis en chambre pour vivre avec plus d'économie; et je ne me suis mêlé avec lui dans aucune chose.

D. Le 14 décembre, avez-vous accompagné Lacenaire au domicile de la veuve Chardon et de son fils?

R. Je n'y suis pas allé le 14 décembre.

D. Lacenaire déclare le contraire. Avez-vous dîné avec lui?

R. Non, mais déjeûné, cela se peut.

LACENAIRE. — Nous avons déjeûné entre la barrière de la Courtille et une autre barrière, chez un marchand de vins.

M. LE PRÉSIDENT. — Comment s'appelle ce marchand de vin?

LACENAIRE. — Je ne puis pas le dire. Mais on désine ce cabaret sous le nom de *Grand-Sept*, parce qu'on y voit pour enseigne un gros chiffre 7, qui indique non pas le numéro de la maison, mais le prix du vin Le marchand de vin est un homme âgé, qui a trois ou quatre enfants. Vous pouvez le faire appeler.

M. le Président ordonne que le marchand de vin soit assigné.

AVRIL. — J'ai souvent déjeûné là avec Lacenaire, mais je ne puis afirmer que cela ait eu lieu ce jour-là. Tout cela ne fait rien à l'assassinat auquel je n'ai pris aucune part.

D. N'avez-vous pas été le soir aux Variétés avec Lacenaire?

R. Je suis allé souvent au spectacle; je ne suis allé qu'une fois aux Variétés?

D. Eh bien! n'aviez-vous pas dîné avec Lacenaire le même jour du spectacle des Variétés?

R. Je ne puis répondre à cela. Je n'en ai aucun souvenir.

D. Quel spectacle donnait-on aux Variétés le même jour où vous prétendez y être allé avec Lacenaire?

R. Je ne me rappelle pas.

D. Ainsi, vous avez logé avec Lacenaire, couché avec lui la veille de l'assassinat, déjeûné avec lui, passé la soirée avec lui le jour de l'assassinat; vous ne le quittez pas de tout le jour, et vous prétendez n'avoir pas été avec lui chez Chardon; et vous allez, en outre, avec lui aux bains Turcs?

R. Je suis allé souvent avec lui aux bains Turcs, mais je ne sais si c'était le 14.

M. LE PRÉSIDENT. — Lacenaire, vous rappelez-vous qu'Avril soit allé avec vous aux bains Turcs ce jour-là?

LACENAIRE, avec le plus grand sang-foid. — Parfaitement, monsieur le président; j'avais même sur les épaules le manteau de Chardon. (*Mouvement pénible dans l'auditoire.*)

M. LE SRÉSIDENT. — Avril, ne seriez-vous pas allé aux bains Turcs pour laver des taches de sang qui se trouvaient sur votre pantalon et votre gilet?

R. Non, il n'y a jamais eu de taches de sang ni à mon pantalon ni à mon gilet?

M. LE PRÉSIDENT. — Lacenaire déclare que vous l'avez assisté dans l'assassinat de Chardon, et que vous avez gardé même plusieurs objets provenant du vol qui suivit cet assassinat, entre autres choses un bonnet de soie noire.

R. Je n'ai jamais eu de bonnet de soie noire, mais seulement un bonnet de fil. Au reste, je ne sais pas ce qui porte Lacenaire à me charger comme ça.

D. C'est précisément parce que Lacenaire n'a aucun intérêt à vous charger, puisqu'il avoue l'assassinat de la veuve Chardon et de son fils, qu'il paraît vraisemblable qu'il dit vrai.

R. Lacenaire croit avoir sujet de m'en vouloir, parce que, soi-disant, c'est moi qui l'ai fait arrêter. Il a déclaré qu'il m'en voulait et qu'il ferait son possible pour me perdre. Tout ce qu'il dit contre moi, c'est un *comtois qu'il bat.*

M. LE PRÉSIDENT. — Messieurs les jurés, *battre un comtois*, signifie, en termes d'argot, mentir sur quelqu'un par vengeance ou dans un but intéressé.

A cette expression d'Avril, Lacenaire part d'un éclat de rire qu'il a de la peine à réprimer.

D. Avril, à quelle époque avez-vous quitté Lacenaire?

R. J'ai quitté Lacenaire quand il m'a proposé l'assassinat de la rue Mortorgueil. Le jour même où je le quittai, j'ai fait une escroquerie qui m'a fait arrêter; je lui avais donné le moyen comment je voulais que l'affaire fût faite. Il voulait assassiner le garçon de caisse, moi que le voulais pas. J'avais proposé de lui mettre un masque de poix sur la figure. Je pensais que cela valait mieux que de l'assassiner.

D. Alors vous l'auriez étouffé; vous l'auriez tué sans répandre de sang?

R. Non, monsieur; cela l'aurait empêché de respirer pendant quelques minutes. Nous ne lui aurions mis le masque que seulement le temps de prendre son argent et de nous en aller.

D. N'est-ce pas vous qui avez vendu l'argenterie de la veuve Chardon, moyennant deux cents francs?

R. Non, monsieur; je n'ai jamais vendu rien provenant d'assassinat commis par Lacenaire.

D. N'êtes-vous pas allé rejoindre Lacenaire dans un estaminet?

R. Non, monsieur.

LACENAIRE. — Il m'a rejoint à *l'Épi-Scié*.

AVRIL. —Nous ne sommes allés chez aucun épicier.

LACENAIRE. — Il ne s'agit pas non plus d'épicier, mais d'un estaminet, dont l'enseigne est composée d'une espèce de rébus, on y a mis pour enseigne un épi scié. Cet estaminet se trouve sur le boulevard du Temple, avant d'arriver chez Franconi.

AVRIL. — Tout cela ce sont des inventions pour me faire condamner.

M. LE PRÉSIDENT. — Lacenaire convient que c'est lui-même qui a porté les premiers coups à Chardon fils; il avoue avoir assassiné seul la veuve Chardon, et dit que vous n'êtes arrivé qu'après le crime consommé; ainsi il ne montre pas contre vous tant d'animosité.

AVRIL. — L'animosité est bien assez grande comme cela.

M. LE PRÉSIDENT. — Il n'est pas présumable que vous ayez conservé assez sur vos économies pour payer la moitié du mobilier acheté par Lacenaire. Combien a coûté ce mobilier?

LACENAIRE. — Une centaine d'écus en tout.

M. LE PRÉSIDENT. — Vous a-t-il remis la moitié de la somme?

LACENAIRE. — Ce n'est pas vrai; c'était pris sur l'argent volé chez les personnes assassinées.

AVRIL. — C'est faux!

UN JURÉ. — Avril avait *deux cent quarante francs*, il a dépensé, dit-il, cent et quelques francs pour sa part du mobilier; qu'a-t-il fait du reste?

AVRIL. — *J'ai fait la noce.* Après cinq ans de privations et de travail, je pouvais bien m'amuser avec de l'argent si péniblement gagné.

M. LE PRÉSIDENT. — Etant à Poissy, vous vous étiez déjà entendu avec Lacenaire pour commettre des crimes de cette nature?

R. Lacenaire était un homme d'esprit et de beaucoup d'éducation; il me dit qu'il était en état de faire des escroqueries dans le meilleur genre. Je ne demandais pas mieux. Voilà pourquoi je l'ai fréquenté; mais, quand il m'a parlé d'autre chose, de projet d'assassinat, je n'ai pas voulu rester avec lui. D'après tout ce qu'il me disait, je commençais à penser mal de lui.

D. N'avait-il pas été question antérieurement, entre vous et Lacenaire, d'employer le même moyen dont on s'est servi rue Montorgueil, pour attirer rue de Sartines, 4, un garçon de recette de la maison Rothschild?

R. Lacenaire me fit venir un jour dans cette rue-là, dans le logement d'un nommé Coutelier, et me dit qu'il allait faire venir un garçon de caisse auquel nous allions faire voir le tour. Alors il acheta deux tire-points et se mit à les aiguiser sur le carreau. Je lui demandai pourquoi faire : il me répondit que c'était pour assassiner le garçon de caisse. Je lui dis alors que je ne voulais pas, et je m'en allai.

Lacenaire. — Allons donc! Le coup a manqué parce que le garçon de caisse n'est pas venu.

Avril — Non, monsieur, c'est faux!

M. le Président. — Continuez.

Avril. — Alors nous essayâmes de faire des escroqueries dans ce logement. Lacenaire alla se commander beaucoup d'habits, mais ces habits furent apportés par deux femmes, et alors le coup manqua. Il aurait fallu qu'il n'y eût qu'une femme pour faire l'escroquerie.

D. Comment cela?

R. Oui, parce que je me serais caché dans la chambre du fond; alors Lacenaire aurait emmené la femme en lui disant de venir toucher l'argent chez son notaire; il l'aurait perdue dans la rue. Moi, sortant de la chambre, j'aurais pris les habits, je me serais sauvé, et j'aurais été rejoindre Lacenaire dans un endroit convenu.

M. le Président. — Cependant Lacenaire soutient que vous vous entendiez avec lui pour assassiner les garçons de recette?

Avril. — Faux! faux! Lacenaire voulait assassiner

les garçons de recette. Il était venu pour cela avec deux *tire-points* ou carrelets; moi, je ne voulais pas, j'avais un autre système.

D. Lequel?

R. Celui du masque de poix.

M. LE PRÉSIDENT. — Mais c'était une autre manière de le tuer!

AVRIL. — Il y avait aussi une autre affaire de marchandises, mais elle devait se faire par l'entremise d'un nommé Bâton.

D. Quel est ce Bâton?

R. C'est un jeune homme qui fréquentait Lacenaire.

M. L'AVOCAT GÉNÉRAL. — Lacenaire s'est ensuite logé sous le nom de Bâton, qui existe en effet.

M. LE PRÉSIDENT. — Lacenaire, Avril vous a-t-il parlé d'un masque de poix?

LACENAIRE. — Cela m'a été dit, mais je ne me le rappelais pas.

M. L'AVOCAT GÉNÉRAL. — Avril, vous avez été arrêté au mois de décembre pour avoir favorisé l'évasion d'une fille publique. Etait-ce avant le 14 décembre?

R. C'est le 21.

M. L'AVOCAT GÉNÉRAL. — Ainsi, vous renoncez à l'espèce d'*alibi* que vous avez invoqué?

UN JURÉ. — Comment Lacenaire a-t-il su qu'Avril avait été arrêté?

LACENAIRE. — Par une personne de sa société, car je n'avais pas été mêlé à son affaire.

M. LE PRÉSIDENT. — Avril, vous avez couché avec Lacenaire dans le même lit?

R. Oui, parce qu'il n'y avait qu'une seule chambre de disponible.

M. le Président retrace avec une grande fidélité à l'accusé Avril tout ce que Lacenaire a dit en son absence. Il fait venir ensuite l'accusé François et lui demande depuis quelle époque il connaît Lacenaire.

FRANÇOIS. — Depuis le 1er *janvier* de cette année. J'avais dit, dans mon interrogatoire, à M. le juge d'instruction, que je le connaissais depuis la fin de décembre; c'est une erreur. Comme j'étais proscrit par la police pour un autre délit pour lequel j'ai déjà été condamné à trois ans de prison, et obligé de me cacher constamment, je n'ai pu conserver l'époque dans ma faible mémoire.

M. LE PRÉSIDENT. — Ce souvenir vous revient tardivement, mais heureusement, car s'il était vrai que vous n'eussiez connu Lacenaire que depuis le 1er janvier, toute l'accusation à votre égard disparaîtrait; il serait prouvé que vous n'avez pas commis avec lui le crime du 31 décembre.

FRANÇOIS. — Comment aurais-je commis un crime le 31 décembre? J'étais alors à Issy, à deux lieues de Paris. Je suis parti le matin chercher de l'ouvrage, de chantier en chantier. N'en ayant pas trouvé, je suis allé chez un de mes parents à Issy pour réclamer des secours.

D. Sous quel nom connaissiez-vous Lacenaire, le 1er janvier?

R. Sous le nom de Bâton et ensuite sous celui de Gaillard.

M. LE PRÉSIDENT. — Vous avez dit, dans un de vos

interrogatoires : « J'ai couché chez mon ami Soumagnac avec Bâton; or, messieurs les jurés ne confondront pas le véritable Bâton, aujourd'hui connu, avec Lacenaire, qui portait alors le nom de Bâton.

Lacenaire ne peut contenir en ce moment le rire qu'il s'efforce de comprimer depuis quelques instants, il laisse éclater enfin les marques d'une vive hiralité.

François. — J'ai dit cela, il est vrai, à monsieur le juge d'instruction; mais, je me trompais, et je suis convaincu de mon erreur. Le 31 décembre, j'ai couché chez Soumagnac, mais non pas avec Lacenaire.

D. N'avez-vous pas été chez votre tante avec Lacenaire et Bâton?

R. Quel Bâton?

Lacenaire rit à se tenir les côtes.

D. Non pas Lacenaire, mais le véritable Bâton, celui qu'on nommait Alphonse?

R. Je connais deux ou trois Alphonse, comme je connais plus d'un Bâton.

M. le Président. — Il est résulté de la procédure que vous avez dîné le 31 décembre avec Lacenaire, si je ne me trompe.

Lacenaire. — Pardon .. Vous faites erreur, monsieur le président. J'ai couché et non dîné chez Soumagnac. Quand nous sommes entrés pour coucher, Soumagnac n'y était pas; on remit la clef à François; et quand Soumagnac revint avec sa maîtresse, il s'aperçut, bien qu'il fût ivre, que nous étions deux. Il demanda à François quel était son compagnon, et celui-ci répondit : « C'est Bâton, dont je t'ai déjà parlé plusieurs fois »

François. — C'est faux! absolument faux!... Lacenaire a beaucoup plus de moyens que moi, je ne sais ni lire ni écrire, et il saura arranger sa défense de manière à me compromettre. Il me retournera comme un gant ; mais ce ne sont pas là des preuves. — Ce qui est vrai, le voici : Je sortais de ma chambre, rue de l'Egout, Lacenaire était avec un nommé Adolphe que j'ai vu à la Préfecture, en 1831. C'est ainsi que nous fîmes connaissance. Nous avons bu toute la journée, et comme j'étais pris de boisson et Lacenaire aussi, nous avons été ensemble dans son garni : je ne le connaissais pas avant.

M. le Président. — Un témoin dira pourtant que vous avez été loger avec Lacenaire chez ce Soumagnac ou Magny. C'est le même.

François. — Non, monsieur.

Lacenaire. — Nous y avons été tous deux.

François. — Vous êtes un fourbe!

M. le Président. — Pas d'injures... ne vous permettez pas des expressions semblables.

M. l'Avocat-général. — Dans l'instruction, vous avez avancé avoir couché avec Lacenaire chez Magny le 31 décembre.

François. — Je l'ai déjà dit, je me suis trompé d'un jour avec M. le juge d'instruction. J'ai confondu le 31 décembre avec le 1er janvier. C'est le 3 ou le 4 janvier seulement que nous avons été coucher chez Magny.

M. le Président. — Alors, vous vous seriez trompé deux fois : la première en disant avoir connu Lacenaire le 31 décembre, tandis que ce n'était que le 1er janvier, et la seconde en disant que vous n'aviez couché que le

31 décembre chez Magny avec Lacenaire, tandis que ce serait le 3 ou le 4 janvier.

A cette époque, ne portiez-vous pas des favoris rouges jusqu'à la bouche?

R. Je n'avais que de petits favoris rouges comme de l'écarlate et pas de barbe.

M. LE PRÉSIDENT. — Les témoins ont signalé le complice de Lacenaire par les favoris rouges, bien que dans leur trouble ils n'aient pas pu vous reconnaître complétement.

Qu'avez-vous fait le 31 décembre?

FRANÇOIS. — Je suis allé à Issy avec un homme qui sortait de la troupe, et qui se nomme Dicoq; j'allais demander des secours à mon père; ne l'ayant pas trouvé, je me suis adressé à ma tante.

D. Quelle heure était-il quand vous avez été chez votre tante?

R. C'était vers la brune.

D. N'y avait-il pas un mariage?

R. Oui, monsieur.

D. C'était le lendemain du mariage, pendant qu'on faisait un repas aux *Vendanges de Bourgogne;* il paraît que vous vouliez voler votre tante?

R. C'est impossible, monsieur le président.

D. N'avez-vous pas dit à la servante de votre tante d'aller aux *Vendanges de Bourgogne?*

R. Eh! mon Dieu, non, monsieur le président.

D. Et ce jour-là vous n'avez pas été avec Lacenaire rue Montorgueil?

R. Non, monsieur.

D. Où logiez-vous avant cette époque ?

R. Chez Magny.

D. Le 1er janvier, où avez-vous logé ?

R. Chez Pageot.

D. Pourquoi avez-vous donné un autre nom que le vôtre ?

R. La police était à ma recherche et me persécutait de toutes les manières.

D. Connaissez-vous Alphonse Bâton ?

R. Je connais plusieurs Bâton.

D. Pourquoi appeliez-vous Lacenaire Bâton ?

R. C'est faux.

D. Vous saviez donc que Lacenaire avait des raisons pour se cacher ?

R. Je ne lui ai pas dit ce nom.

M. LE PRÉSIDENT. — Messieurs les jurés remarqueront qu'à partir du 31 décembre, celui que Lacenaire déclare avoir été son complice ne le quitte plus; il reste avec lui jusqu'au 6 janvier.

À François : Lacenaire vous a fait confidence de l'assassinat commis sur la veuve Chardon et sur son fils ?

R. C'est de toute impossibilité.

D. N'avez-vous pas dit à divers témoins qu'il vous avait montré et que vous avez tenu dans vos mains l'instrument qui a servi à commettre ce crime ?

R. C'est faux. Seulement, le 6 janvier, j'ai entendu Lacenaire dire à un de ses amis : « Tu es un lâche ! tu t'es mal comporté chez Chardon et avec le garçon de caisse. » Effrayé de cette révélation, je le quittai.

M. LE PRÉSIDENT. — Vous avez dit dans l'instruction

que c'était le 1ᵉʳ janvier que vous aviez reçu cette confidence, et cependant vous avez continué de coucher avec lui jusqu'au 6 janvier. Comment peut-on supposer qu'après une pareille confidence, vous auriez continué de coucher avec lui?

R. Ce serait bien malheureux d'être complice d'un assassinat pour avoir couché avec Lacenaire.

M. LE PRÉSIDENT. — Je ne dis pas cela; mais il me semble que si vous n'aviez pas été complice vous ne seriez pas resté avec Lacenaire.

LACENAIRE. — Je lui ai dit le 30 décembre que j'étais l'auteur de l'assassinat de Chardon.

M. LE PRÉSIDENT, à François. — Lacenaire a déclaré que Bâton lui avait annoncé que vous aviez dit : « Je suis poussé à bout; pour vingt francs, je tuerais un homme. » Lacenaire déclare que le 31 décembre, vous avez changé d'habits avec lui.

R. Oh! par exemple! je ne comprends pas comment Lacenaire, qui a tant d'esprit, peut dire cela; nous ne sommes pas de la même taille.

LACENAIRE. — Il m'a donné une veste de chasse qui, à la vérité, m'était un peu large; je lui ai donné une redingote à la propriétaire. Magny m'a dit que François avait voulu lui emprunter son habit, mais que celui-ci le lui avait refusé, parce qu'il avait ses visites du premier de l'an à faire.

D. Quand, sur la déclaration de Lacenaire, on a été vous chercher à la maison centrale de Poissy, pourquoi avez-vous témoigné la plus grande terreur? Pourquoi avez-vous dit : « Je suis un homme perdu! » — Et pourquoi avez-vous indiqué avec votre main sur votre cou le genre de supplice que vous craigniez?

R. Cela n'est pas vrai. Je regrettais de quitter un atelier où je pouvais gagner ma vie, et je gémissais de me voir exposé à subir les lenteurs d'une instruction criminelle, sans pouvoir gagner un sou.

Mᵉ Laput, avocat de François. — Le système de Lacenaire est évidemment de perdre ces deux hommes.

M. le Président. — Vous direz cela dans votre plaidoirie.

A l'accusé François : Lacenaire prétend que le 1ᵉʳ janvier vous avez changé d'habits avec lui?

R. Est-il possible que ma taille, qui est assez élevée, puisqu'on m'appelait le *grand Hippolyte*, puisse se comparer avec celle de Lacenaire? J'avais une veste et Lacenaire une redingote : ma veste pouvait-elle aller à Lacenaire? Je ne conçois pas, encore une fois, comment Lacenaire, qui a tant de moyens, ait pu faire une *boulette* semblable et dire une pareille bâtise.

Lacenaire. — J'avais une redingote à la propriétaire qui était assez longue. François avait une petite veste de chasse. Nous avons changé ensemble : ma redingote allait très-bien à François ; j'étais un peu gêné dans sa veste de chasse, j'en conviens ; mais un habit de chasse peut aller à toutes les tailles.

M. le Président. — François, vous avez été arrêté et condamné pour un autre délit. On poursuivait les auteurs de la tentative d'assassinat commise sur Genevay ; il paraît que, fort indiscrètement, vous avez fait des révélations contre Lacenaire, et Lacenaire, à son tour, sachant que vous l'aviez fait connaître comme l'auteur de ce crime, vous a dénoncé à la justice. Jusqu'alors, il avait refusé de nommer ses complices: mais il a dit que cette révélation le dégageait de sa parole.

FRANÇOIS. — C'est une preuve qu'il a dit cela par vengeance.

D. Indépendamment de ce crime, l'accusation vous reproche le vol d'une pendule fait à l'étalage de M. Richon?

R. Je ne sais pas seulement ce qu'on veut me dire.

M⁰ LAPUT, avocat de François. — Je prie monsieur le président de demander à Lacenaire si, étant au Bâtiment-Neuf, à la Force, il n'a pas raconté à un camarade de prison les circonstances du crime du passage du *Cheval-Rouge*, en se disant innocent lui-même et en désignant les auteurs?

LACENAIRE. — Je ne me rappelle rien de semblable. Je n'ai fait aucune révélation étant au Bâtiment-Neuf; et lorsque plus tard, ayant appris que j'étais dénoncé, j'ai révélé le nom de mes complices, je me suis bien gardé, dans mon propre intérêt, de laisser soupçonner cette circonstance.

M⁰ Laput, soutient que Lacenaire a fait cette déclaration au nommé Grobetty, détenu à la maison de travail de Melun, et insiste pour que ce témoin soit cité en vertu du pouvoir discrétionnaire de M. le président.

Un débat s'engage entre M. le substitut du procureur général et l'avocat, qui assure avoir écrit pour demander que Grobetty fût assigné.

M. L'AVOCAT-GÉNÉRAL. — déclare n'avoir reçu aucune demande de ce genre.

M. le Président fait remarquer que la déposition de Grobetty ne pourrait être entendue à titre de témoignage, cet homme étant sans doute condamné à une peine afflictive et infamante.

Avril. — Il peut prêter serment ; il n'est pas condamné à une peine afflictive ; je le sais bien, moi, puisqu'il n'est condamné qu'à *trois ans*, et le *minimum* des peines infamantes est de *cinq*.

On rit dans l'auditoire en voyant Avril si savant sur le Code pénal.

M. l'Avocat-général consent à l'assignation de Grobetty.

L'audience est renvoyée au lendemain.

CHAPITRE XXXV.

Deuxième audience. — Suite des interrogatoires. — Les témoins. — M. Allard.

A dix heures, les accusés sont introduits : Lacenaire a conservé son assurance et sa sérénité de la veille, et prie son avocat, qu'il accueille avec un sourire affectueux, de lui communiquer quelques-uns des journaux où se trouvent rapportés les détails de la séance de la veille. Il parcourt avec attention le *Journal des Débats*, demande une plume, fait quelques observations en marge de la feuille et prend des notes.

Avril et François ont une attitude morne et silencieuse.

Les précautions pour la sûreté des accusés et pour empêcher aucune lutte ont été augmentées encore. Les bancs réservés dans le prétoire sont garnis de dames élégantes; la curiosité, loin de paraître épuisée par les révélations si complètes de la précédente séance, semble s'être encore accrue.

M. LE PRÉSIDENT. — Nous allons entendre les témoins : — Le premier de ceux-ci est M. le docteur BEAUFILS. Appelé le 16 décembre pour constater la mort de Chardon et de sa mère, il rend compte de l'état des cadavres : Chardon fils, vêtu d'un gilet de flanelle et d'un autre gilet, portait les traces de blessures faites avec un instrument triangulaire et avec une hachette. Il paraissait avoir été assailli à la fois par deux meurtriers.

Le docteur reconnaît, comme ayant pu servir à ce crime, les instruments trouvés sur le lieu même, le merlin et le carrelet emmanché dans un bouchon. Celui des assassins qui s'est servi du carrelet a dû se blesser à la main, parce que le bouchon s'est trouvé percé de part en part.

Lacenaire reconnaît le carrelet comme s'en étant servi.

M. LE PRÉSIDENT. — Avril, reconnaissez-vous la hache?

AVRIL. — Je ne puis pas la reconnaître, monsieur le président, puisque je n'y étais pas.

LACENAIRE. — C'est Avril qui a frappé Chardon avec la hache.

M. BEAUFILS décrit les plaies dont était couverte la veuve Chardon; elle avait été frappée à coups de stylet et de couteau.

On a, en effet, trouvé dans sa chambre un couteau ensanglanté; le carrelet a été découvert derrière une chiffonnière.

Avril. — Si Lacenaire a été blessé à la main, il a dû en conserver la cicatrice.

Lacenaire, qui vient de cesser la lecture de son journal, montre, en souriant, à son avocat, la cicatrice légère que la blessure lui a laissée au petit doigt de la main droite.

Avril soutient qu'il n'a jamais eu connaissance de cette blessure.

C'est sur cette circonstance et sur ce fameux couteau dont Lacenaire n'a pas pu ou n'a pas voulu expliquer la présence sur le lieu du crime, que vont rouler les débats qui vont suivre.

Après cet incident, nous rapporterons en entier l'intéressante déposition de M. Allard, bien que la plupart des circonstances qu'elle relate aient été déjà mises au jour par nous. Mais nos lecteurs verront, dans les paroles même de l'honorable fonctionnaire, combien nous avons serré de près la vérité, en racontant les épisodes de l'étrange existence de Lacenaire. Nous n'avons pas voulu résumer ce témoignage, car rien à nos yeux ne reproduit mieux la couleur et le véritable caractère d'un procès que les expressions même dont se sont servies les personnes qui y ont figuré.

Revenons à la cicatrice de Lacenaire. Avril demande que l'on examine la main de son associé.

Avril. — Je demande que l'on examine la cicatrice.

M. Beaufils (après avoir examiné la main de l'accusé). — La cicatrice est encore apparente.

Lacenaire (à voix basse, au témoin, avec une pantomine expressive). — J'ai frappé comme cela ; la pointe s'est enfoncée dans le manche et m'a blessé.

Un Juré. — Lorsqu'Avril est allé coucher avec Lacenaire, peu de temps après, s'est-il aperçu de cette blessure?

Avril. — Non ; et certainement un homme qui aurait frappé avec cet instrument-là se serait fait une blessure grave. On ne voit pas du tout la cicatrice.

M. Beaufils déclare ensuite que, sur le cadavre de la veuve Chardon, il a reconnu des blessures qui ont dû être produites par un autre instrument que le tire-point et la hache. Deux couteaux ont été trouvés sur le théâtre du crime.

Lacenaire. — Je ne me suis pas servi de couteau, mais d'un carrelet ; c'est là une circonstance que je ne puis expliquer.

On lui représente les couteaux, il ne les reconnaît pas et assure qu'il les a vus pour la première fois dans le cabinet du juge d'instruction.

M. le Président, à Lacenaire. — Il résulte donc de votre affirmation qu'Avril ne s'est pas servi de couteau?

R. Je ne le crois pas. Dans tous les cas, je ne l'ai pas vu.

Pendant tout le temps que met à déposer le docteur Beaufils, Lacenaire, occupé à écrire sur ses genoux, ne lève pas la tête ; il ne prête quelque attention au débat que lorsque M. le président fait passer sous les yeux des jures les instruments qui ont servi au crime. Il reconnait le carrelet aiguisé et le merlin qui lui sont présentés. Avril, au contraire, déclare ne reconnaître ni le merlin, ni la lime, que souillent encore la rouille et les taches produites par le sang.

M. Costaz, docteur en médecine, dépose dans le même sens et sur les mêmes faits. Il a vu les couteaux et pense que le crime a été commis par deux personnes au moins, peut-être par trois. Le docteur révèle deux faits nouveaux et importants : — J'ai remarqué, dit-il, autour de l'un des yeux de Chardon cinq blessures non pénétrantes, portées avec le tire-point à très peu de distance l'une de l'autre. J'ai été convaincu que ces blessures n'ont pu être faites qu'après la mort de la victime; car le plus petit mouvement aurait dérangé la main de l'assassin. La veuve Chardon, continue M. Costaz, n'était pas morte sur le coup, et je pense qu'elle a pu vivre pendant dix heures. Lorsque nous l'avons examiné, le cadavre conservait encore quelque chaleur à la région gastrique.

M. le Président. — Lacenaire, vous voyez qu'on soupçonne, d'après l'état des blessures, qu'il pouvait y avoir trois personnes. On a supposé aussi que dans la maison, rue Montorgueil, il y avait trois meurtriers. Il semblerait que vous n'avez pas encore dit toute la vérité. Étiez-vous seul avec Avril chez Chardon?

Lacenaire. — Oui, monsieur le président.

M. le Président. — Ce qui paraît faire croire qu'il y avait trois personnes, c'est qu'il y avait trois instruments.

Lacenaire. — Je ne me suis pas servi de couteau, et

Avril ne s'est servi que de la hache contre Chardon fils. J'affirme que personne que moi n'a porté la main sur la veuve Chardon; ainsi, il ne peut y avoir de traces de coups de couteau sur elle.

M. Costaz. — La plaie du cou n'aurait pu être faite avec l'instrument triangulaire que voici ; les côtés du carrelet n'auraient pas fait une coupure aussi nette, mais une déchirure.

Lacenaire. — Ce qui est certain, c'est que je n'ai pas quitté une minute la veuve Chardon; je l'ai laissée ensuite entassée sous les matelas et les couvertures.

M. le docteur Ollivier (d'Angers) entre dans les mêmes détails et porte un jugement semblable à celui de ses confrères sur l'emploi d'un instrument piquant et tranchant, tel qu'une lame de couteau, et le concours de deux personnes pour l'assassinat de la veuve Chardon.

M. le Président. — Celui qui se déclare auteur du crime prétend qu'il l'a commis seul et qu'il s'est servi d'un carrelet, mais non d'un couteau.

M. Ollivier. — La mémoire de l'inculpé le sert mal. Il y a un fait matériel et très positif. Il y a eu deux instruments : l'une des plaies prouve l'impossibilité de l'emploi d'un instrument triangulaire; c'est celle du voile du palais, membrane flottante qui a été coupée avec netteté, et dans laquelle le carrelet aurait dû laisser l'empreinte de ses trois angles. D'ailleurs, nous avons trouvé dans la chambre de la femme Chardon un couteau ensanglanté qui s'adaptait parfaitement à la blessure du cou.

M. le Président. — Lacenaire, il n'y a rien à répondre à cela.

Lacenaire. — Je n'ai rien à répondre non plus, si ce n'est que je soutiens ma première déclaration. Je ne me suis pas servi de couteau, et moi seul ait tué la veuve Chardon.

M. le Président. — Dans des moments comme ceux-là, il est à croire qu'un assassin, même un assassin de profession, ne conserve pas tout son sang-froid, qu'il est effrayé. Ne serait-il pas possible que, machinalement et par instinct, ayant vu que le tire-point qui vous avait blessé à la main ne pouvait plus vous servir, vous avez lâché l'instrument et pris le couteau ? Il serait possible que vous ne vous rappelassiez pas tous les faits.

Lacenaire, tranquillement. — Je me les rappelle parfaitement tous. D'ailleurs M. le docteur parle d'un couteau ensanglanté ; ce couteau a été trouvé dans la chambre du fils ; on a trouvé dans la chambre de la mère et dans un tiroir de commode un couteau brisé et qui n'a pu servir.

M. Ollivier. — C'est précisément ce couteau qui a dû servir.

Lacenaire — On aurait dû en conserver la pointe.

M. le Président. — On annonce que les héritiers Chardon ont retrouvé cette pointe. Il s'expliqueront là-dessus.

Après sa dernière réponse, Lacenaire sourit ironiquement, promène des regards distraits sur l'assemblée, passe la main dans sa chevelure, et ne s'occupe pas d'un court débat qui s'engage entre les deux docteurs et M. le Président pour rétablir le nombre probable des assassins.

CHAPITRE XXXVI.

MM. Allard et Canler. — Piéges de Police.

L'huissier de service annonce M. Allard, chef du service de sûreté de la ville de Paris. (Marques générales de curiosité.)

M. LE PRÉSIDENT. — Monsieur Allard, votre déposition est aujourd'hui moins importante qu'elle ne l'était auparavant. Tous les faits que vous avez révélés à la justice ont été confirmés en tous points par Lacenaire; mais, enfin, donnez-nous quelques explications.

M. ALLARD commence en ces termes une déposition remplie d'intérêt :

« — J'ai reçu des révélations des trois accusés. Avril a demandé spontanément à aider la justice à retrouver Lacenaire. Je connaissais Avril, et n'avais pas grande confiance dans ces déclarations; cependant, il me dit :

« — Je connais parfaitement Lacenaire; nous avons été à Poissy ensemble, et je l'ai rencontré à la sortie de Poissy; il m'a fait connaître ses projets, et je devais moi-même l'aider dans l'affaire du garçon de caisse.

« — Comment! m'écriai-je, vous êtes donc aussi un assassin, Avril?

« — Non, reprit-il, je ne voulais pas verser le sang; je proposais seulement d'appliquer sur la figure du garon de recette un masque de poix qui aurait étouffé ses cris, et nous l'eussions volé. — Lacenaire, continua Avril, a bien fait autre chose; il a volé des rideaux chez un de ses amis, le nommé Coutelier, rue de Sartines. »

Ici, Lacenaire jette un regard dédaigneux et moqueur à Avril. Avril riposte en fixant sur lui des yeux pleins de menace et de haine.

M. Allard continue au milieu de l'attention générale :

« — Je pensais un instant que Coutelier pouvait être un *banquiste*; on le mit momentanément en arrestation; mais il déclara qu'il connaissait Lacenaire et qu'il aiderait lui-même à le rechercher. Plus tard, je m'aperçus que la conduite d'Avril avait quelque chose d'étrange; il nous disait : « Je dois voir Bâton, qui est l'ami de Lacenaire. Lacenaire fréquente la Courtille : si vous me laissez libre, je vous promets de le faire découvrir. » On accepta, *jusqu'à un certain point*, cette proposition; mais, voyant qu'elle n'aboutissait à rien, Avril fut mis de côté.

« Sur ces entrefaites, François, qui était à Sainte-Pélagie, m'écrivit qu'il voulait me parler, et que, si je me refusais à l'entendre il demanderait un entretien au juge d'instruction. François fut amené devant moi, et me dénonça Lacenaire comme l'un des meurtriers de Chardon. Je trouvai cela extraordinaire de la part de François, car il n'était pas d'un caractère à compromettre ses camarades. Cependant, je transmis ses renseignements à l'autorité. Lacenaire fut arrêté à Beaune et amené à Paris, à la Préfecture de police. Je lui dis : « Votre affaire est *concluante*: vous avez commis beaucoup de faux. —

Ces faux-là, dit en souriant Lacenaire, je n'en parle pas, c'est une bagatelle : le fort emporte le faible. — Vous êtes, dis-je, accusé de deux assassinats ; vous avez certainement des complices ; il est dans l'intérêt de la société de les faire connaître : je vous demande donc des révélations. Comme vous le voyez, j'arrive droit au but ; je connais votre caractère, et d'ailleurs vous savez que c'est ma manière. — Oui, me répondit-il, je sais que vous vous y prenez d'une manière loyale. — Je vous donne ma parole d'honneur, ajoutai-je, que si je puis faire quelque chose pour vous, dans votre position, je le ferai. » Lacenaire dit : « Eh bien ! accordez-moi une faveur : mes fers me gènent, ils m'empêchent de marcher, faites-les-moi ôter, et je vous donne ma parole d'honneur *que je parlerai.* — Je ferai tout ce que je pourrai à ce sujet, lui répondis-je. »

« Et en effet, j'obtins de M. Le juge d'instruction la faveur que réclamait Lacenaire. Il se montra alors fort satisfait et me dit : « Savez-vous quel est mon complice dans l'affaire de la rue Montorgueil ? — C'est François. » Et en même temps, il me raconta tous les détails que la Cour connaît sur la nature de leurs relations et sur la part qu'aurait prise François à la tentative commise dans la rue Montorgueil. — « Mais, lui dis-je, François n'a été reconnu par personne lors des confrontations. — Cela est vrai, dit Lacenaire, mais c'est parce qu'il avait eu soin de changer de vêtements et de couper ses favoris. »

« Le lendemain, Lacenaire me confirma ses révélations et me parla d'une tentative d'assassinat qui ne fait point partie de cette affaire. Il s'agissait de la nommée Javotte, marchande au marché Saint-Jacques-la-Boucherie, qu'il avait tenté d'assassiner au mois de septembre. Je lui demandai pourquoi il voulait tuer cette fille, il me répondit : — « Javotte connaissait mon projet d'assassiner un garçon de recette ; pour ne pas laisser derrière moi un témoin indiscret, je l'attirai dans une chambre et je la frappai avec un *tire-point* ; mais je la manquai, elle en est revenue. « — Le tire-point était, en effet, l'arme dont Lacenaire se servait habituellement ; c'est ainsi qu'il a assassiné Chardon et qu'il a voulu assassiner Genevay. Il m'a donné sur l'affaire Javotte, des détails qui ne m'ont laissé aucun doute. Cependant il ajouta : — « J'ai revu Javotte depuis le 18 janvier, et j'ai bu avec elle. — Comment ! lui dis-je, cette femme a eu le courage de boire avec son assassin ? — Sans doute, a-t-il répondu, Javotte avait ses raisons pour cela ; je lui ai vendu des objets provenant de vol ; de peur d'être compromise elle-même, elle m'a laissé tranquille. » Tout cela, messieurs, est consigné dans mes rapports. »

Pendant cette importante partie de la déposition de M. Allard, Lacenaire n'a pas seulement levé les yeux de dessus le journal qu'il tient à la main.

« Lacenaire m'inspirait de la confiance, continua M. Allard. J'avais été à même de vérifier l'exactitude de la plupart de ses révélations, relatives, par exemple, à des vols de pendules sur le boulevard, de cravates et d'habits rue du Temple. Personnellement, j'allai vérifier ces divers vols, et je trouvai que Lacenaire me disait l'exacte vérité. J'envoyai mes rapports à M. le juge d'instruction, Lacenaire me les confirma.

« Je ne cessai pas de voir Lacenaire, il me donnait des indications fort utiles. — « Je veux vous dire toute la vérité, me dit-il un jour. Nous devions, dans une chambre de la rue de Sartines, Avril et moi, assassiner un garçon de recette de M. de Rothschild. » Le même jour, je fis venir Avril et lui fis part des révélations de Lacenaire. — « Vous connaissez son caractère, lui dis-je; j'ai pu l'apprécier, il n'est pas menteur, il m'a toujours dit la vérité. Que dites-vous de sa révélation touchant la rue de Sartines? — Il y a du vrai là-dedans, répondit Avril, excepté qu'il ne s'agissait pas d'assassinat. Je savais que Lacenaire devait commettre une escroquerie. Les escroqueries, ça me va, moi, c'est mon fait. — Oh! repris-je, vous allez bien jusqu'au vol avec violences? — Le vol avec violences, répondit-il, ça me va encore, mais non l'assassinat! — Qu'avez-vous donc vu, rue de Sartines? — J'ai vu Lacenaire qui aiguisait dans la seconde pièce un *tire-point*. Je lui demandai ce qu'il faisait là, et il me dit : *J'affûte.* » (Mouvement.)

« Je répétai ce propos à Lacenaire, qui me dit : « Avril ment. Nous avons acheté ensemble, dans une petite rue près du pont Notre-Dame, deux *tire-points* bruts, et nous les avons préparés dans la chambre rue de la de Sartines. »

« Enfin, il me fit, à la Conciergerie, des révélations sur le double assassinat du passage du *Cheval-Rouge*. C'était un nommé Germain qui leur avait indiqué Chardon comme ayant de l'argent. Ce Germain était un indicateur pour vols et non pour des assassinats. Tous les faits relatifs à ce crime sont connus, excepté le suivant : —

Lorsque Lacenaire et Avril sortirent de la chambre de Chardon, Lacenaire tira la porte, elle ne se fermait pas, un bout de tapis s'y opposait. En ce moment, deux personnes montèrent et demandèrent Chardon. Lacenaire répondit qu'il n'y était pas. « Si ces deux personnes étaient entrées, continua Lacenaire dans son récit, elles auraient pu voir le cadavre qui était encore dans la cuisine. »

M. Allard rend compte ici, d'après les déclarations de Lacenaire, de l'assassinat de la rue Montorgueil. Il ajoute que celui-ci lui dit que le lendemain, premier janvier, il but le matin avec François et la fille Javotte.

Lacenaire. — Pardon... une observation, quant au fait relatif à la fille Javotte; à cet égard, M. Allard fait une confusion. J'étais bien avec François et Bâton, le 1er janvier, sur le boulevard. Je rencontrai Javotte qui était avec un nommé Baptiste. François passa devant eux, j'entrai chez un marchand de vin avec Bâton et Javotte, mais François nous attendit plus loin et ne but pas avec nous.

M. le Président, à François. — Qu'avez-vous à dire?

François. — La même chose que dans l'instruction. J'ai dit à M. Allard ce que je savais. M. Allard fait erreur quand il dit que le grand qui, dans l'affaire Chardon, attendait à la porte du marchand de vin, était moi.

M. Allard. — Je n'ai pas dit que c'était vous. J'ai rapporté ce que m'avait dit Avril. C'est lui qui m'avait signalé le grand, qui attendait à la porte du marchand de vin.

M. le Président. — M. Allard n'a pas désigné l'homme auquel il aurait dit : « Tu ne feras rien pour monter sur l'échafaud. »

M. Allard. — Ce n'est pas là le propos; François me dit que Lacenaire avait dit à ce grand qui attendait tout pâle à la porte du marchand de vin : « Tu ne feras jamais rien pour monter sur l'échafaud!..... »

M. le Président. — C'est cela. Comme s'il eût dit : « Tu ne seras jamais digne de monter sur l'échafaud. »

M. Allard. — Précisément.

M. le Président, à Lacenaire. — Vous convenez des faits rapportés par M. Allard?

Lacenaire. — Parfaitement exact.

M. le Président. — Avril, il résulte de la déposition du témoin que vous auriez conservé des relations très intimes avec Lacenaire, et que vous aviez promis de le faire arrêter?

Avril. — Je ne savais pas où était Lacenaire, et je n'ai pu donner de renseignements.

M. Allard. — C'est Avril qui nous avait connaître que Lacenaire avait un parent du côté de la Franche-Comté, et une parente du côté de la rue Barre-du-Bec.

Lacenaire sourit et hausse les épaules d'un air de pitié.

M⁰ Laput, avocat de François. — Lacenaire n'a-t-il pas fait des déclarations contre François, en l'impliquant dans la tentative d'assassinat de la rue Montorgueil, seulement après avoir appris que François l'avait dénoncé lui-même?

M. Allard. J'avais, en effet, parlé de ces révélations

à Lacenaire; elles étaient connues et constatées dans l'instruction. Il est vrai que Lacenaire se montra indigné de ces révélations : « Comment, dit-il c'est lui qui me dénonce, lui qui a été mon camarade et mon complice?... »

Lacenaire, vivement. — Je ne nie rien de cela. Je conviens que c'est parce que François a fait à M. Allard des révélations contre moi que j'ai fait à mon tour des révélations contre François. C'est maintenant à MM. les jurés de voir si la vérité est de mon côté. Que ce soit par un motif de vengeance que j'aie agi, je ne le nie pas; au contraire je l'avoue.

Avril. — Je vous prie de demander à M. Allard s'il m'a laissé sortir de prison et tout à fait libre pendant huit jours?

M. Allard. — Sans doute, vous deviez donner des indications, faire découvrir les coupables. « Il fallait, disiez-vous, vous laisser aller à la Coutille. » Je vous ai laissé sortir en liberté, mais surveillé de près.

Avril. — Ah!... Suis-je rentré sans difficulté?

M. Allard. — Je vous ai fait rentrer en prison quand j'ai vu que vous vouliez vous promener.

Avril. — Me suis-je caché?... J'étais libre, pourtant.

M. Allard, en souriant d'un air de doute. — Oh! libre, c'est-à-dire que vous croyiez l'être, mais vous ne l'étiez pas. Vous ne vous doutiez guère qu'il y avait derrière vous des agents qui vous surveillaient.

CHAPITRE XXXVII.

Types de prison. — Vie privée des voleurs. — Brutus et la mort de César à Poissy.

A mesure qu'on approche du dénoûment de cet étrange procès, l'intérêt dans les dépositions et la vivacité dans la lutte entre les accusés, augmente d'intensité. On voit défiler devant la Cour des types assez curieux recrutés parmi les habitués des prisons ; des saltimbanques, des receleurs, des ruffians et des filous de différents caractères. C'est d'abord Brabant, un petit voleur cynique, puis Fréchard, dit *Brutus*, voleur lettré et délicat, amoureux des tragédies de Voltaire, et dont les expressions, pleines d'enflure et de solennité, rappellent celles qu'affectionne l'école de M. Prudhomme. Du reste, le langage prétentieux de Fréchard ne fait que mettre mieux en relief ses instincs vicieux, et son témoignage est précieux en ce sens, qu'il montre dans l'intimité de ses allures, dans sa *vie privée* enfin, cette classe interlope de gens ui vivent en chasseurs au milieu de la société, et que police traque à son tour.

Reprenons le témoignage de M. Allard, au moment où Avril soutient que ce fonctionnaire l'avait laissé à Paris en toute liberté.

M. le Président. — Vous avait-on abandonné ?

Avril. — On m'a abandonné libre.

M. Allard. — Il est bien certain qu'il se croyait libre, il avait bien une espèce de liberté. Tous les jours un détenu nous dit qu'il connaît des détails, qu'il a des révélations à faire, des indications à donner. Il ne sait pas une adresse, mais offre d'y conduire la police. On le le laisse sortir seul en apparence. S'il était accompagné ostensiblement par nos agents, qui sont tous connus des malfaiteurs, les complices prendraient la fuite; ce serait un bon moyen pour ne jamais prendre personne. On laisse donc les révélateurs seuls, mais on a soin de veiller sur eux.

Avril. — M. Allard a-t-il remis de l'argent à Lacenaire, et ne l'a-t-il pas fait transférer à la Conciergerie pour prix de ses renseignements.

M. Allard. — De l'argent !.. de l'argent !.. Non, mais toutes les fois qu'un prisonnier se conduit bien, on a des égards pour lui, et même on lui donne des secours pour subvenir à ses besoins. Lacenaire qui se conduisait bien, et qui était (ce sont ses termes) *un bon prisonnier*, a été mis à l'infirmerie, tandis qu'un autre, qui se conduisait mal, a été mis au cachot. Il est vrai aussi qu'il a obtenu de légers secours.

Un Témoin — que le *National* appelle M. *Koller*, les *Débats* M. *Candet*, le *Temps*, M. *Collerc*, la *Gazette de France* et la *Quotidienne*, M. *Calais*, et que la *Gazette des Tribunaux* ne mentionne même pas, ce témoin qui, sans aucun doute, n'est autre que M. Canler, dépose ensuite et entre dans de longs et intéressants détails sur les moyens qu'il a employés pour découvrir les auteurs du crime commis rue Montorgueil.

Nos lecteurs connaissent déjà les ressources déployées à cette occasion par l'ancien sous-chef du service de sûreté.

M. Jacques Chardon, ébéniste, frère et fils des deux victimes. — La société que voyait mon frère ne me convenant point, j'ai rompu avec lui et avec ma mère; ainsi j'ignore complétement ce qu'ils pouvaient posséder. Mon autre frère, garde municipal, est mort dans la semaine même où l'assassinat a eu lieu.

M. le Président. — N'avez pas trouvé dans l'appartement un couteau brisé?

M. Chardon. — Le concierge, en lavant des traces de sang, a trouvé une pointe de couteau de dix-huit lignes. Je n'ai pas voulu y porter la main et lui ai dit de déposer ce débris chez le commissaire de police.

Le concierge de la maison examine le couteau brisé, et dit que la pointe par lui trouvée a pu en provenir.

Le greffier des dépôts déclare que la pointe du couteau n'est pas jointe aux pièces.

Mme Chardon, femme du précédent témoin, se présente en habits de deuil, et fait une déclaration semblable à celle de son mari.

Brabant, âgé de vingt et un ans, menuisier en bâtiment, condamné à six mois de prison pour vol et détenu à Bicêtre, est amené par un garde municipal. — Il demeurait dans la même maison que Chardon avec qui il était lié. Chardon se vantait d'avoir de l'argent et d'en recevoir de diverses personnes. Le 14 décembre au soir, il monta chez Chardon et frappa à plusieurs reprises à sa porte. Mais on ne lui répondit pas. Il redescendit et dit au portier : Chardon n'a pas voulu m'ouvrir, il est tard, ouvrez-moi, je vais aller coucher ailleurs.

M. LE PRÉSIDENT. — Chardon avait-il un manteau ?

BRABANT. — Oui, monsieur, il avait un manteau brun avec un collet en peluche.

M. LE PRÉSIDENT. — Lui avez-vous vu de l'argenterie ?

BRABANT. — Je ne lui ai vu que la petite cuiller que je lui ai *changée*.

M. L'AVOCAT GÉNÉRAL. — Vous voulez dire que vous lui avez *volée;* car c'est pour ce vol que vous avez été condamné à l'emprisonnement que vous subissez maintenant. (On rit.)

Brabant convient du fait et se retire en disant à demi-voix : « Encore quarante-neuf jours, ça sera fini... il n'y a pas d'affront. » (On rit de plus belle.)

Lacenaire lève en ce moment les yeux du journal qu'il lit et demande au gendarme placé près de lui l'explication de l'hilarité générale. Après en être instruit, il sourit, et se remit aussitôt à sa lecture d'un air sérieux.

Madame DESFORETS, logeuse, rue Saint-Maur, fait une déposition sur l'époque à laquelle Lacenaire et Avril sont venus loger chez elle. Lacenaire est sorti de la maison le 31 décembre au matin, tenant à la main une petite canne et un livre relié sous le bras. Il n'est pas revenu depuis.

Ce livre était le *Contrat social.*

M⁰ Laput. — Monsieur Dupuy, je demanderai communication du livre de police.

M. le Président. — Avocat, je ne suis pas ici M. Dupuy ; je préside, et vous devriez observer davantage les convenances de votre robe.

Lacenaire regarde d'un air moqueur M⁰ Laput, qui demande la permission de donner lecture de la déposition faite par Mme Desforets dans l'instruction.

M. le Président. — Je ne le souffrirai pas. C'est à moi de diriger les débats.

M. le président examine ensuite le livre de police, et constate que Lacenaire et Avril y sont portés comme entrés à un jour de distance et qu'ils sont sortis le même jour.

La logeuse déclare que, du 6 ou 14, les deux accusés ont couché ensemble dans le même lit.

M. le Président. — Du reste, Avril ayant renoncé à l'*alibi* qu'il avait invoqué, ces constatations deviennent dès lors sans importance.

Fréchard, dit *Brutus*, est introduit en habit de condamné et amené par un garde municipal.

M. le Président. — Ayant été condamné à une peine aflictive et infammante, vous ne pouvez prêter serment ; mais je vous engage à dire la vérité, sans vous laisser influencer par aucun motif de haine ou de vengeance.

Fréchard déclare être serrurier-mécanicien et débute ainsi, après avoir aspiré d'un air important une prise de tabac.

Lacenaire s'apprête à l'écouter avec attention.

Je suis obligé, dit le témoin, de remonter à une époque antérieure au double assassinat reproché à Lacenaire et à Avril pour vous prouver que je n'en impose pas. En 1832, je fus amené à Poissy par un jugement à deux ans. Je travaillai dans le même atelier qu'Avril. Il était polisseur et moi mécanicien. Avril se trouva un jour pris en flagrant délit, en fabriquant un couteau pour son propre compte, ce qui est défendu à Poissy, puisqu'on ne doit travailler que pour l'entrepreneur. Le gardien Alliance lui demanda ce couteau qui était tout neuf; Avril ne veut pas le rendre; on descend chez le comptable; une querelle s'engage. Avril frappe le gardien des pieds et des mains, puis il se précipite sur un *grattoir*, petite lime triangulaire de trois quarts, affilée sur les plats et dont les arêtes sont tellement vives qu'avec ces arêtes même on gratte les poignées de sabres pour les polir. Avril voulait plonger cet instrument dans le dos du gardien. Au risque d'encourir le mécontentement de mes camarades d'infortune, je sautai sur lui, et lui relevant le bras par derrière, je fis remonter l'outil qui me blessa légèrement au front. Je ne craignis pas d'aggraver ma postion, quoique mes camarades s'écriassent que cela ne me regardait pas. Mais ce fait seul prouve que je n'en voulais pas à Avril.

J'aimais une femme, ma compagne, une nommée Stéphanie Certain. Elle avait été condamnée en 1831, le 22 septembre, comme ma complice, et était citée parmi celles qui se livrent de bonne heure au crime.

Cette femme m'écrivait souvent pour m'exhorter, dans les termes les plus énergiques, à ne pas perdre courage. Je fis part à Avril des lettres de Stéphanie. Je crois qu'elle est restée à Clermont, je n'ai plus entendu parler d'elle. Lorsqu'Avril et moi nous fûmes sortis de Poissy, je le rencontrai un jour sur les boulevards extérieurs. Je ne le reconnus pas. J'étais sorti de Poissy presque aveugle, à cause du feu de la forge, qui m'avait tellement brûlé les yeux que je ne pouvais même plus supporter la clarté du soleil. J'étais alors avec une autre maîtresse, Flore Bastin. Avril me demanda si l'on me nommait *Brutus*. — C'est un de ces noms vulgaires que les prisonniers se donnent mutuellement ; on m'avait surnommé *Brutus* parce que je déclamais volontiers des vers de la *Mort de César*. (On rit.)

Dussé-je encourir le blâme, je dois dire toute la vérité, et j'entre dans ces détails pour que l'on croie à ma déclaration. Comment croire, en effet, qu'Avril eût été assez imprudent pour me proposer l'assassinat de Chardon en présence d'une femme inconnue ?

Mais il croyait que Flore Bastin était la même que Stéphanie Certain, dont je lui avais parlé. Nous allâmes prendre un verre d'eau-de-vie au coin de la barrière de Mousseaux. Avril me dit qu'il n'avait par d'argent, je payai pour lui. Stéphanie Certain avait pour surnom l'*Anglaise* ; — c'était son nom de guerre, comme moi *Brutus* (nouveaux rires). — Ces détails sont utiles aux jurés pour que vous compreniez ma déposition et y ajoutiez créance. — « Est-ce l'*Anglaise*? me demanda Avril ? » je fis un signe affirmatif de suite, pour terminer la question sur cette personne, et ne point parler de mon ancienne. « Avril me dit, puisque c'est l'*Anglaise*, elle est *franche*, on peut *jaspiner* (parler) devant elle. » A ces mots, il tire de sa poche dix-huit à vingt fausses clés en disant : « Je n'ai pas réussi aujourd'hui, demain je réussirai. » Quand nous eûmes bu et mangé, nous allâmes à mon domicile, chez ma mère, rue Roquépine, prendre encore une légère goutte d'eau-de-vie, Avril me promit de revenir me voir.

Trois jours après, Avril revint chez moi, et m'offrit de prendre un verre de vin, dans un cabaret, au coin de la rue de la Ville-l'Évêque. Là, il me fit confidence qu'il avait une *jolie affaire*, et que c'était un assassinat. Il me dit : Tu connais parfaitement *la tante* Chardon, que nous avons vue à Poissy, c'est la personne qu'il faut *descendre*.... (Mouvement.)

M. LE PRÉSIDENT. — Vous savez ce qu'il entendait par la *tante* Chardon, ce n'était pas la veuve Chardon ?

FRÉCHARD. — Non, monsieur le président. C'est Chardon fils, connu sous le sobriquet de *la tante*. Avril me dit : « C'est une affaire de huit à dix mille francs. En nous mettant trois, nous aurons trois mille francs chacun. Gaillard (Lacenaire) est instruit de ce que je t'avance, et nous partagerons. Tu peux compter sur trois mille francs, et s'il n'y a pas assez, je te compléterai la somme sur ma part. »

Figurez-vous l'effet que produisit sur ma maîtresse un projet et une proposition semblables ! Ses cheveux se hérissèrent sur sa tête ; il ne s'en aperçut pas, et continua en disant : « Tu es fort, et Chardon est non-seulement épuisé, mais naturellement bien plus faible que toi ; je pense que tu ne refuseras pas l'affaire. »

Je répondis : « Il est de toute impossibilité que nous

fassions une affaire semblable ; d'abord, je ne trempe jamais mes mains dans le sang humain, et ensuite, je ne pense pas que Chardon soit capable de posséder une somme aussi *conséquente*. » Il me dit : « Chardon s'affuble habituellement d'un vêtement ecclésiastique ; il se présente chez des personnes riches et charitables, et reçoit des aumônes de toutes sortes, de l'argenterie, des choses précieuses. » Avril me proposa d'aller le voir, je n'y allai pas. Il revint lui-même me voir le dimanche d'ensuite ; j'étais malade, j'avais un rhumatisme, mais l'appétit allait toujours. Ma maîtresse avait apporté pour déjeuner un morceau de bœuf rôti. Avril entra : Lacenaire est en bas, me dit-il. — Mais tu sais bien que je ne veux pas voir Lacenaire, répondis-je. — Pourquoi cela. — J'ai mes raisons pour cela. — Au même instant, Lacenaire entra de lui-même dans la chambre et se mit à déjeuner avec nous. Après la réfection, Avril me demanda si je voulais faire l'*affaire de la tante*, je lui répondis *affirmativement* que non, et je ne le revis plus. Ce dimanche-là où nous avons déjeuné ensemble était celui qui précédait le 11, jour où j'ai moi-même été arrêté.

Avril conteste avec énergie les principales circonstances de cette déposition. — J'ai été déjeuner avec Lacenaire chez Fréchard, dit-il, c'est vrai ; mais Fréchard parle de beaucoup de rapports qui ont existé entre moi et lui. Depuis ma sortie de Poissy, jusqu'au 11, jour où il a été arrêté, il n'y a que seize jours ; je l'aurais donc rencontré le jour même de mon arrivée à Paris.

M. LE PRÉSIDENT, à Lacenaire. — Étiez-vous présent

lorsque Avril fit la proposition d'assassinat à Fréchard?...

LACENAIRE. —Non, monsieur le président, mais je me rappelle que le jour où nous avons déjeuné chez Brutus, Avril me dit : « J'ai parlé à Brutus de notre affaire, il *n'y mord pas.* » J'en parlai à mon tour à Brutus, qui me dit : « La chose ne me convient pas. » Je n'en parlai plus.

FRÉCHARD. — Quelques jours se passèrent ; je rencontrai Avril dans le faubourg Saint-Denis, et je dois vous prouver que je n'ai pas de haine et de vengeance contre lui, et qu'au contraire, j'ai toujours été le dernier à lui vouloir du bien. Avril me dit qu'il allait *au rague*, c'est-à-dire à l'ouvrage, ou, pour mieux dire, qu'il avait un vol à faire. Je lui dis : « Mais tu ne peux aller *au rague* dans un pareil état, tu es mal vêtu, tu n'as pas de linge blanc ; j'ai deux chemises toutes blanches ; j'en ai une sur moi, par hasard, je vais te la prêter. » Nous entrâmes chez un marchand de vin pour faire l'échange.

Trois ou quatre jour après, Avril revint me voir rue Roquépine ; il tenait à la main une volaille sans plumes et sans tête... (On rit). « J'ai *fait ça*, hier, dit-il, voilà de quoi vivre pour aujourd'hui ; faisons la *pot-bouille* avec. » Je craignais d'être compromis par sa visite, ainsi que ma maîtresse. Nous lui fîmes un accueil assez froid. Ma maîtresse m'avait fait comprendre le danger qu'il y avait à le recevoir, et je le lui montrai bien. Il me dit en s'en allant : « *Tu es un fainéant, un lâche!* tu n'aimes que l'argent qui ne te coûte rien. » Je lui répondis des choses qu'il est inutile que je répète ici. Je le rencontrai peu de temps après dans la rue Phélippeaux ; il me parla de la même chose; nous nous quittâmes. Le soir même, je vis Lacenaire; nous prîmes un petit verre d'eau-de-vie rue du Faubourg-du-Temple, et nous nous donnâmes rendez-vous au cabaret du *Grand* 7, barrière de la Chopinette.

Avril. — Tout cela est entièrement faux! J'ai rencontré Lacenaire une seule fois avec un nommé...

Lacenaire. — Ochard; avec Ochard.

Avril. — Vous n'avez qu'à entendre Ochard, il vous dira la vérité.

M. le Président. — Quel intérêt supposez-vous qu'ont Lacenaire et Fréchard à mentir sur vous... Que leur en adviendrait-il?

Avril. — Ah! ce qui leur reviendrait! à Lacenaire d'abord, la chose de me perdre avec lui; quant à Fréchard, il est condamné à perpétuité, et, grâce à sa déposition, il n'ira pas aux galères. Il sera plus tard commué en deux ou trois années, et enfin on le verra grâcié : ça se passe toujours ainsi.

M. le Président. — Comment supposez-vous que l'autorité veuille corrompre des prisonniers pour dénoncer leurs camarades?

Avril. — C'est la vérité, il y a mille exemples à Bicêtre, entre autres, Jadin.

Fréchard. — Je suis condamné à perpétuité, c'est vrai; mais j'ai perdu la vue depuis dix-neuf mois; les médecins le constatent, et la société ne me refusera pas pour asile une maison centrale. Pour éviter le bagne, je n'ai pas besoin d'être le délateur d'un innocent.

Lacenaire. — Puis-je faire une question à Fréchard?

M. le Président. — Oui.

Lacenaire. — Fréchard vient de dire qu'Avril n'avait pas d'argent à sa sortie de Poissy ! Avril a dit hier cependant qu'il m'avait donné cent francs pour acheter des meubles rue Montorgueil. (Mouvement. Lacenaire regarde Avril et sourit.)

Avril. — J'avais de l'argent, à preuve que j'ai payé une oie au *Salon de Flore*, à la Courtille. — Cela m'a bien coûté quinze francs.

Fréchard. — C'est vrai, il était en fonds ce jour-là : mais c'est la seule fois où je lui ai vu des écus.

Fréchard retourne au banc des témoins, où il est placé entre deux gendarmes.

Flore Bastin, âgée de trente ans, couturière, — c'est la maîtresse de Fréchard, — dépose qu'elle a entendu Avril proposer à Fréchard de *buter*, c'est-à-dire de tuer quelqu'un qu'il désignait sous le nom de la *tante*, en disant qu'il y aurait *deux ou trois mille francs* à gagner. Fréchard a positivement refusé. M. Avril m'a menacée de me battre si je persistais dans ma déposition ; il m'a même fait des menaces jusque chez M. le juge d'instruction.

Avril. — Cela est-il probable ! Regardez dans l'instruction si jamais j'ai menacé madame.

M. le Président. — Les menaces ont pu être faites, non dans le cabinet du juge, mais dans la pièce à côté.

Avril. — Mais si je l'avais battue ou même menacée seulement, elle aurait crié et j'aurais été arrêté du coup ; mais madame a un intérêt aussi en me chargeant. Elle a une permission pour voir son amant, et ils se sont concertés ensemble. Le résultat c'est que son amant restera dans une maison au lieu d'aller aux galères. Madame, d'ailleurs, est sa complice, elle a été condamnée déjà.

Mᵉ BROCHANT, avocat de Lacenaire. — Je dois rendre hommage à la vérité. Flore Bastin a été accusée en même temps que Fréchard, en 1834 ; on lui reproche d'avoir déjà encouru sous son nom deux condamnations précédentes ; mais le fait n'a pu être établi. J'étais son défenseur, et je crois que c'est avec raison qu'elle a été acquittée.

AVRIL. — C'est bien mieux ! madame a été jugée avec Fréchard et acquittée, quoique son complice ait été condamné !

Après une courte suspension, l'audience est reprise, et M. le président remet de nouveau sous les yeux de Lacenaire les indices qui portent à croire qu'il y avait trois personnes dans l'assassinat du passage du *Cheval-Rouge*.

LACENAIRE persiste à déclarer qu'il n'a eu qu'un complice et nie de nouveau s'être servi du couteau.

M. LE PRÉSIDENT. — Cependant, il paraîtrait résulter du débat, malgré vos dénégations, que trois personnes auraient concouru au double assassinat chez les Chardon. Trois instruments ont servi à ces crimes.

LACENAIRE. — Quand il serait vrai qu'on se serait servi d'un couteau, cela ne prouverait point la présence d'une troisième personne. Le bouchon qui servait de manche au carrelet ayant été perforé par un bout qui n'était pas émoussé, celui qui tenait cet instrument aurait pu se servir d'un couteau, mais je nie en avoir employé aucun.

M. LE PRÉSIDENT. — Ce ne peut être non plus Avril, car, s'il se servait de la hache, il n'a pu se servir du couteau.

LACENAIRE. — C'est tout simple. Aussi il n'a été fait usage d'aucun couteau dans cette affaire. En examinant, du reste, celui que vous me faites présenter, monsieur le président, il me semble impossible qu'il se soit brisé dans le corps des victimes; la fracture semble avoir été déterminée par une pesée. Comment, d'ailleurs, le morceau de couteau qui manque ne serait-il pas resté dans la blessure?

M. LE PRÉSIDENT. — Ne serait-il pas possible que vous fussiez retenu par la fidélité que vous croiriez devoir à un autre complice?

LACENAIRE. — Si j'étais retenu par ce motif, je dirais : oui, il y avait une troisième personne; mais je ne veux pas la nommer.

M. LE PRÉSIDENT. — C'est juste... c'est juste...

M. L'AVOCAT GÉNÉRAL. — La proposition faite à Fréchard n'indique-t-elle pas le dessein de vous adjoindre un troisième complice?

LACENAIRE. — Non, monsieur.

AVRIL. — A l'époque indiquée par Fréchard, j'avais une paralysie et ne pouvais saisir un homme au cou. Maintenant même, je ne puis lever le bras.

LACENAIRE. — Je n'ai jamais eu connaissance de cette paralysie d'Avril.

On passe ensuite à des témoignages peu importants.

Lacenaire écoute avec distraction cette partie du débat : puis il finit par ôter de la poche de son habit des feuillets manuscrits qu'il place sur ses genoux et lit attentivement.

C'étaient sans doute des pages de ses Mémoires.

CHAPITRE XXXVIII.

Tentative de crime et séance de lecture. — Soumagnac. — Les commère de la rue Montorgueil.

La liste des témoins de l'affaire Chardon étant épuisée, on arrive à la série des faits concernant la tentative d'assassinat de la rue Montorgueil.

M. MALLET, banquier. — Le 29 décembre, quelqu'un s'est présenté chez moi pour demander mon prédécesseur. Il me demanda de me charger du recouvrement d'un effet sur Lyon ; il me demanda aussi d'encaisser un effet sur Paris, ce que son départ ne lui permettait pas de faire. Il était tiré sur Mahossier, demeurant rue Montorgueil, 66, payable le 31 décembre.

D. Que s'est-il passé ce jour-là ?

R. J'ai appris le soir de ce jour-là qu'il y avait eu une tentative sur notre garçon de caisse.

M. Mallet reconnaît Lacenaire.

Louis-Étienne GENEVAY, 19 ans, garçon de caisse

chez M. Mallet. Ce témoin est introduit au milieu d'un mouvement général d'intérêt.

Mᵉ Laput. — Avant l'audition de ce témoin, je désire que Lacenaire donne le signalement de François, qu'il prétend faire passer pour son complice. Genevay se retire.

Lacenaire. — Parfaitement, monsieur, et à cet égard les témoins se sont trompés, comme ils se sont trompés lorsqu'ils ont dit : « Nous avons vu descendre trois individus. » François n'avait pas une redingote, comme on l'a dit, mais bien une veste de chasse, couleur bronze, une casquette, une cravate rouge, des souliers et des bas noirs. Voilà quel était son signalement exact.

Genevay rentre et fait sa déposition. Il s'exprime avec difficulté. — J'ai frappé à la porte, dit-il en somme ; un individu m'a fait entrer dans une pièce. Cet individu reste derrière moi ; à droite, je vois un gros homme et je demande à qui je dois m'adresser ; on me montre le fond en me faisant voir un sac d'argent. Au même moment, je reçois sur l'épaule comme un violent coup de poing et je crie : *Au voleur!* Il veut me faire taire, et je crie plus fort encore : *Au voleur!* C'est alors que les individus crient eux-mêmes et que nous descendons tous les trois l'escalier.

D. Pourriez-vous reconnaître celui qui était à votre droite ?

R. Je l'ai regardé à peine ; c'était un homme de bonne taille, un peu plus grand que l'autre ; il avait des favoris dont je ne puis indiquer la couleur.

D. Quel était l'habillement de l'homme à droite ?

R. Il avait une redingote,

D. En êtes-vous bien sûr?

R. Je crois l'avoir vu. Il avait un chapeau rond ordinaire.

D. Cet homme (en montrant François) pourrait-il vous rappeler l'assassin?

R. Je ne pourrais pas le reconnaître. L'homme avait des favoris et monsieur n'en a pas.

Mme ROBINET, blanchisseuse. — J'ai vu fuir trois hommes qui criaient : *Au voleur!* J'en ai saisi un par sa redingote. Cet individu m'a entraînée au fond du corridor; là, il m'a toisée en se retournant, et lorsqu'il a vu que c'était une femme âgée qui le retenait, il m'a fait pirouetter jusqu'à l'autre bout du carré et m'a fait faire volte-face.

Lacenaire écoute en riant cette déposition.

D. Reconnaissez-vous celui qui vous aurait ainsi maltraitée?

R. C'est quelqu'un qui baissait la tête.

D. Etait-ce vous, Lacenaire?

LACENAIRE, riant plus fort. — Probablement...

L'hilarité de l'accusé se communique à l'auditoire.

La femme ROBINET répète que les hommes qui fuyaient étaient au nombre de trois.

GENEVAY, rappelé, déclare que les assassins n'étaient que deux, et qu'il a couru après eux sur l'escalier.

Lacenaire, après cette déposition, reprend son attitude d'écrivain, et fait quelques corrections au crayon en marge de ses feuillets.

On entend une femme qui prétend, elle, avoir vu

quatre individus dans l'escalier, trois assassins et le garçon de caisse.

Lacenaire. — C'est faux! nous n'étions que deux! Il y avait beaucoup de personnes attroupées devant la porte : comment, dans cette foule, distinguer trois individus qui fuyaient? Je déclare que j'ai fermé la porte le second et qu'il n'y avait personne derrière moi.

M. le Président, au témoin. — Quel est celui qui serait tombé sur l'escalier?

François, à voix basse et s'adressant à Lacenaire d'un ton menaçant : — Dites que c'est moi! dites que c'est moi!

Lacenaire sourit et jette sur son co-accusé un regard étrange.

La dame Darbois a vu passer Genevay porteur de sa sacoche. Elle a entendu crier, et est sortie aussitôt pour faire chorus, *sans savoir pour qui, ni pour qu'est-ce.*

Vive et bruyante hilarité. — Lacenaire s'en fait expliquer la cause par un des gendarmes, et prend part aux rires qui retentissent dans la salle.

M. le Président. — Ces rires sont indécents, en vérité! La scène qui nous occupe est trop triste, trop grave pour exciter la gaité.

Le silence se rétablit, Lacenaire se remet à écrire sur son genou.

On entend encore quelques femmes qui viennent déposer sur les faits de la rue Montorgueil. Elles pensent qu'il y avait trois malfaiteurs.

Lacenaire persiste à déclarer qu'il n'y en avait que deux, et soutient toute la discussion à ce sujet avec un sang-froid et une présence d'esprit qui ne se sont pas troublés un instant durant tout le cours de cette longue audience.

Henri Soumagnac, dit Magny, marbrier. — Je connais Hippolyte (c'est François); je l'ai rencontré à la porte Saint-Denis, et il est venu coucher une douzaine de fois chez moi, rue de l'Egout; il y venait même en mon absence, et la portière avait l'ordre de lui donner ma clef. Il est venu coucher le 31 décembre. Je l'ai vu le lendemain matin de très bonne heure, au moment où je m'en allais. Il était seul et, la veille, il avait ribotté.

Lacenaire. — Je vais rappeler au témoin une circonstance qui pourra l'aider à fixer ses souvenirs. M. Magny rentrait à deux heures du matin, le 31 décembre; il était accompagné d'une fille. Il se dirigea vers le lit où j'étais avec François. « Ah! dit-il, après avoir tâté, il y a deux têtes! » Il alla dans une autre chambre avec sa maitresse. Comme Magny était un peu en ribotte, il pourrait avoir oublier ça; mais voici une circonstance qu'il se rappellera : il avait oublié sont port d'armes dans le lit, et vint le lendemain matin le réclamer à François.

Soumagnac. — Il est vrai que j'ai un port d'armes, mais je ne sais pas comment monsieur peut le savoir... Je ne connais pas monsieur... D'ailleurs, parce que j'ai un port d'armes, ce n'est pas une raison pour le laisser trainer partout.

Lacenaire. — Je vais vous dire comment je sais...

François, à Lacenaire. — Menteur! menteur!

Lacenaire, sans regarder François. — François a trouvé ce papier; il a dit : « Bon! c'est un port d'armes.

cela peut servir si l'on était arrêté sans papiers. » En sortant le matin, M. Magny, qui, sans doute, avait fouillé dans sa poche, ne trouvant pas son permis de chasse, revint cinq minutes après le chercher. François le laissa fureter pendant longtemps dans la chambre ; mais, voyant enfin l'inquiétude de Soumagnac et l'impossibilité de garder ce papier, il fit semblant de chercher à son tour et le lui rendit. Aussitôt après la sortie de Magny, nous avions relevé le matelas sur lequel nous nous étions couchés par terre, et le port d'armes, étant avant cette opération sur le lit, se trouvait après sous le matelas.

SOUMAGNAC. — Ce sont des mensonges auxquels je ne comprends rien.

M. le Président insiste et reproche au témoin son manque de bonne foi. Il lui rappelle une condamnation à un an de prison qu'il a déjà encourue, et en tire cette conséquence que l'on ne peut ajouter créance entière à sa déclaration.

FRANÇOIS. — Monsieur le Président, je vais vous expliquer comment Lacenaire a pu savoir que Magny était possesseur d'un port d'armes : c'est parce qu'à une autre date, du 3 au 4 janvier, je l'ai mené coucher chez Magny en l'absence de Magny, et c'est alors qu'il a vu le port d'armes. Je ne crains rien, messieurs, je ne demande ici que la justice !...

LACENAIRE. — Mais soyez donc tranquille !... soyez donc tranquille !... vous l'obtiendrez, et complète encore !

FRANÇOIS. — Je ne te parle pas, misérable...

Lacenaire hausse les épaules et se penche vers son avocat qui lui parle.

M. LE PRÉSIDENT. — François, je vous rappelle au respect que vous devez à la justice! Soyez désormais plus calme, je vous le dis dans votre propre intérêt.

M. LE PRÉSIDENT à François. — Vous aviez toujours dit que vous aviez couché le 31 décembre chez Soumagnac; ce n'est qu'aujourd'hui que vous avez parlé du 3 ou 4 janvier.

FRANÇOIS. — C'était de ma part une erreur manifeste, puisque, même à cette époque, j'ai dit que j'avais vu Lacenaire le 1er janvier pour la première fois.

M. LE CONSEILLER AYLIES à Soumagnac. — Témoin, n'êtes-vous pas cependant entré chez vous le 31 décembre avec une concubine?

SOUMAGNAC. — Je n'ai pas de concubine.

LA VEUVE COLLARD, portière, déclare qu'elle ne peut savoir si Magny est entré le 31 décembre seul ou avec une femme; elle était couchée et Magny n'avait pas de lumière. Vous comprenez bien, ajoute le témoin avec une extrême volubilité, que je n'allais pas me mêler de ça. Mon état est de tout voir sans rien dire... (On rit.) Certainement qu'il amenait quelquefois des femmes, mais cela ne me regardait pas... D'ailleurs il n'avait pas une femme *d'habitude*... il en changeait... c'était tantôt l'une, tantôt l'autre. Je ne sais pas si, le 31 décembre, deux personnes ont couché dans le lit, je ne le faisais pas tous les jours.

LACENAIRE. — Nous sommes sortis de chez Soumagnac à 10 ou 11 heures. Cette femme faisait son lit.

LA PORTIÈRE. — *Ah! le faux témoin!...* (On rit.) Tiens! que j'aurais été faire un lit le jour de l'an! j'avais

bien autre chose à faire ce jour-là. (On rit encore.)
D'ailleurs, est-ce que je connais c'm'sieu-là, moi! dit-elle
en désignant Lacenaire. (Hilarité. Lacenaire rit aussi).

M. LE PPRÉSIDENT, à la portière. — Avez-vous vu Lacenaire chez Soumagnac dans la nuit du 3 au 4 janvier?

LA PORTIÈRE. — Non.

Lacenaire sourit et suit des yeux la portière jusqu'à ce qu'elle soit assise au banc des témoins.

FRANÇOIS. — J'affirme que Lacenaire n'est venu chez Soumagnac que dans la nuit du 3 au 4 janvier, et si la portière ne l'a pas vu, c'est que je le cachais.

LACENAIRE. — Tout cela est faux! je ne suis point retourné chez Soumagnac, je n'ai point quitté, depuis cette époque, le garni de Pageot, comme cela sera prouvé par ses livres.

CHAPITRE XXIX.

Pageot. — Arrestation d'un faux témoin. — Témoin
en station à la Martinique.

PAGEOT, logeur en garni. — Les accusés sont venus loger chez moi, en dernier lieu, les 1ᵉʳ et 2 janvier 1835. Ils étaient deux (Le témoin montre Lacenaire et François); ils s'appelaient alors Fizelier et Bâton; ils sont restés deux jours.

M. LE PRÉSIDENT. — C'est une erreur; vérifiez le fait.

R. Fizelier (François) est sorti le 3. — Bâton (Lacenaire) est sorti à la même époque.

M. LE PRÉSIDENT. — Je vois qu'il est sorti le 6 sur votre livre?

PAGEOT. — C'est une erreur.

M. LE PRÉSIDENT. — Comment avez-vous dit cela?... J'ai votre registre sous les yeux, et je vois que les deux accusés sont restés chez vous plus longtemps que vous ne le dites. Fizelier y a demeuré du 1er au 7, et Bâton, du 1er au 6. Votre maison est une maison détestable où l'on ne reçoit que des voleurs. Je conçois, du reste, qu'un homme comme vous en impose à la justice : messieurs les jurés apprécieront votre témoignage.

UN JURÉ. — Mais le livre de Pageot a une surcharge : un 7 au lieu d'un 6 : Pourquoi cela ?

PAGEOT, troublé. — C'est possible, on ne sait pas... ou peut se tromper de date.

M. LE PRÉSIDENT. — On ne surcharge pas; vous agissez ici de mauvaise foi. On a pratiqué certains témoins, et votre action répond à votre conduite. Retirez-vous!

M. L'AVOCAT GÉNÉRAL. — Les registres de Pageot sont tenus avec une irrégularité coupable!

AVRIL, qui est étranger à ce débat, à voix basse. — Te voilà *chouette!* (empêtré).

Madame PAGEOT, femme du précédent témoin, fait une déposition semblable à celle de son mari.

L'audience est levée à six heures, et renvoyée au lendemain. Lacenaire se lève, salue la Cour qui se retire, rassemble ses papiers, se lève, rajuste ses habits et met ses gants. Toutes les dames et tous les avocats placés à leurs bancs le regardent attentivement. Il salue les unes et les autres.

L'audience du 15 décembre est ouverte à dix heures et demie. Les accusés sont introduits.

Lacenaire conserve toujours la même apparence de sang-froid et de tranquillité. Il parle avec vivacité à son avocat qu'il semble consulter; François est pâle et paraît abattu; Avril promène un regard haineux sur le public qui encombre toutes les parties de la salle; ses joues sont couvertes d'une rougeur fébrile. Comme la veille, tous les bancs réservés sont garnis de dames, dont Lacenaire, surtout, attire l'attention.

Il se lève et demande la parole : Avant que l'audition des témoins continue, dit-il, je prie M. le Président de faire rechercher un dossier du cabinet de M. Michelin, juge d'instruction. Il trouvera un procès-verbal dressé par un commissaire, dans une tentative d'assassinat dont j'ai été victime lorsque j'habitais le Bâtiment-Neuf, tentative faite par les prisonniers à l'instigation de François.

M. LE PRÉSIDENT. — Le fait est vrai et résulte de l'instruction de cette affaire.

FRANÇOIS. — Je suis étranger à tout cela; j'étais au secret sur une autre cour.

M. LE PRÉSIDENT. — François vous a fait des menaces?

LACENAIRE. — Il n'y a pas eu seulement de la part de François des menaces, il y a eu aussi des voies de fait dont j'ai été victime. Un procès-verbal a été dressé, et je tiens à ce que ce procès-verbal soit lu à MM. les jurés.

Du reste, on peut voir encore à mon front la cicatrice d'une blessure.

FRANÇOIS. — Je n'ai pas ameuté les prisonniers contre M. Lacenaire, c'est lui, au contraire, qui m'avait écrit une lettre d'horreurs. Lacenaire nous narguait. Il disait en revenant de l'instruction : « J'ai des pièces de cent sous. » Au reste, les affaires de M. Lacenaire ne me regardent pas.

Le sieur Benoît, garçon de recette de M. Pillet-Will, a été, rue de la Chanvrerie, pour toucher un faux billet souscrit Bluet ou Boulet. Le portier ne connaissant pas ce nom, il s'est retiré.

UN JURÉ. — Combien aviez-vous d'argent?

Le sieur BENOÎT. — Quatre-vingt-onze mille francs. (Mouvement dans l'auditoire.)

LACENAIRE, tranquillement. — Monsieur a mal lu; le billet était signé Bonin. (Nouveau mouvement.)

LEROY ANDRÉOL, alors détenu à Poissy.

D. Votre profession?

R. Saltimbanque... (On rit.)

D. Dites ce que vous savez.

R. Un jour, j'étais assis sur un banc de la maison centrale de Poissy. François vint s'asseoir auprès de moi; je lui dis : « Votre figure ne m'est pas inconnue, j'ai eu *l'honneur* de vous voir quelque part, est-ce à la *Force* ou à *Bicêtre*?... » François me répondit : « C'est à Port-Royal, ou à Saint-Pierre de la Martinique; nous avons servi ensemble sur *le Jean-Bart*, vaisseau qui faisait partie du convoi de l'amiral Jacob. » — « Nous nous rencontrons, lui dis-je, sous de bien fâcheux auspices... »

La conversation continua; François me parla de Lacenaire sous le nom de Gaillard, et me dit que, le 31 décembre, ayant couché avec lui, il vit tomber un poignard de son manteau; il lui en témoigna son mécontentement. Il allait me donner d'autres détails, lorsque plusieurs détenus revinrent et lui coupèrent la parole, mais il avait eu le temps de me dire qu'il était tranquille sur les suites de son affaire.

Lacenaire. — Beaucoup de personnes ont entendu François tenir sur moi, à Poissy, des propos qui étaient d'un enfant, d'un sot ou d'un fou, puisqu'en me compromettant il se compromettait lui-même, et une semblable conduite était inexplicable de la part d'un homme de son âge et de son caractère. Aussi, ceux qui m'ont rapporté ces propos ajoutaient que, s'il lui était arrivé malheur, c'était bien par sa faute, et qu'il l'avait cherché.

M. le Président, à Andréol, qui est rappelé. — Andréol, ne vous a-t-on pas fait des menaces?...

Andréol. — Je vais vous dire toute la vérité. Tout à l'heure, je viens de remettre à M. l'huissier une lettre dans laquelle je vous prie de me faire transporter dans une autre maison, parce que je suis menacé. Cependant je n'ai dit que la vérité, toute la vérité, et si je n'ai rien déclaré de plus, c'est que je n'en sais pas davantage.

Notre intention n'étant pas de nous appesantir sur le procès de Lacenaire, nous croyons devoir laisser de côté une foule de petits témoins, si pittoresques que soient leurs personnes et leur dépositions, afin d'arriver vivement au réquisitoire du ministère public, aux plaidoiries des avocats et aux discours prononcés par les accusés eux-mêmes.

Cependant, avant d'aborder cette partie finale des débats, il nous faut mentionner deux incidents assez importants relatifs à Pageot et au fameux Bâton, le comparse de l'Ambigu.

La déclaration du logeur Pageot, son attitude embarrassée devant la Cour, ses mensonges évidents, sa clientèle de scélérats recrutés dans toutes les sentines de Paris, et surtout les surcharges préméditées de son livre de police, avaient excité dans l'auditoire et sur le banc des avocats de fréquentes marques de surprise. Pageot avait inspiré tant de dégoût à l'audience, que lorsqu'il vint s'asseoir avec sa digne moitié sur les bancs réservés aux témoins, ceux-ci, par une sorte de répulsion instinctive, s'éloignèrent vivement d'eux comme s'ils s'étaient donné le mot, pour établir une espèce de cordon sanitaire autour de ce couple répugnant. Tous les auditeurs s'attendaient à voir Pageot appréhendé au corps pour faux témoignage, et leur étonnement fut grand lorsqu'ils le virent regagner paisiblement, comme tout le monde, son affreux domicile; mais, ce que le ministère public avait jugé à propos d'ajourner, fut fait à l'audience du lendemain.

— A la fin de l'audience d'hier, dit M. l'Avocat général, nous demandâmes que le registre de police tenu par le logeur Pageot nous fût remis. Notre intention était de faire contre ce témoin des réquisitions que nous croyons fondées. Nous demandons, dès à présent, qu'il soit tenu note par le greffier des faits déclarés par ledit Pageot.

à savoir, que les deux individus inscrits comme entrés chez lui, le 3 janvier, étaient sortis, l'un le 6, l'autre le 7. — Nous demandons encore mention de ce fait, qu'au moment de la vérification des dates par M. le Président, à la date du 6, indiquée comme celle de la sortie de Bâton, on remarque encore le chiffre 7, qui a été surchargé.

M. l'Avocat général requit en conséquence que Pageot fût sur-le-champ mis en état d'arrestation, afin qu'il fût instruit contre lui par un membre de la Cour pour le crime de faux témoignage.

M. le Président, faisant droit aux conclusions du ministère public, ordonna la mise en arrestation immédiate de Pageot, et commit M. le conseiller Aylies pour instruire l'affaire.

M. LE PRÉSIDENT. — Huissiers, exécutez l'ordre de la Cour.

Quant à Bâton, dont le témoignage devait être décisif à l'égard de François, puisque, de son dire, dépendait le sort de cet homme, on ne savait ce qu'il était devenu. Le complice de Lacenaire, dans l'affaire de la rue Montorgueil, avait de grandes chances de sauver sa tête si le figurant de l'Ambigu pouvait se taire jusqu'à la fin, car ce silence aurait maintenu dans l'esprit des jurés le doute sur sa coopération à ce crime. Il fut donc rassuré sur son sort quand, après avoir écouté avec une attention pleine d'anxiété l'appel nominal des témoins fait par l'huissier après la lecture des actes d'accusation, il eut acquit la certitude que Bâton ne se trouvant pas parmi ceux qui devaient déposer, n'avait pas été par conséquent entendu à l'instruction.

Mais c'était là *un coup* qu'avait monté Lacenaire contre son dénonciateur. Il savait où se trouvait Bâton, ce même Bâton que la justice avait longtemps cru être le troisième assassin de Chardon, l'assassin au couteau, soupçonné d'être en tiers dans la tentative de la rue Montorgueil, présomptions qui avaient complétement disparu, du reste, devant un *alibi* péremptoirement établi par le comparse au commencement de l'instruction.

Aussi, dès que Lacenaire eut entendu un des jurés manifester le désir d'entendre Bâton, et le président répondre qu'on n'avait pu s'emparer de cet homme, à peu près vagabond, il s'empressa de mettre la justice sur les traces de ce témoin qui, semblable au *Deus ex machina* du drame antique, devait venir dénouer toute l'action.

— Il n'est pas difficile de trouver Bâton, dit Lacenaire, car il est en ce moment en état d'arrestation. Il y a quinze jours, Bâton était à la Préfecture de police. L'inculpation qui pesait sur lui n'a pas pu permettre de le mettre en liberté.

Effectivement, M. le Président ordonna qu'on fît les recherches nécessaires, et, deux heures après, une des portes du prétoire de la Cour s'ouvrit. Au milieu des gendarmes précédés d'un huissier, on vit, non sans étonnement, le fameux Bâton, dont le nom avait si souvent retenti depuis deux jours. Ce témoin, qu'il semblait si difficile de trouver, était là, sous la main de la justice; et, sur l'indication de Lacenaire, cinq minutes avaient suffi pour le faire paraître. Il fut amené devant la Cour. Lacenaire lui sourit avec bienveillance; le visage de François, si pâle jusqu'alors, se colora vivement tout à coup.

M. LE PRÉSIDENT. — Connaissez-vous les accusés?

BATON. — Je les connais tous trois.

M. LE PRÉSIDENT. — Il paraît même que vous les connaissez tous les trois d'une manière particulière. (L'embarras de Bâton se manifeste dans son attitude; il semble chercher dans les regards de Lacenaire le motif de sa comparution en justice.)

M. LE PRÉSIDENT. — Vous rappelez-vous une conversation que vous avez eue avec Lacenaire sur le boulevard? Ne vous a-t-il pas dit qu'il éprouvait un embarras dans l'exécution d'un projet, que l'arrestation de son complice le mettait dans l'impossibilité de s'emparer de l'argent d'un garçon de recette?

BATON, après une longue hésitation. — Je ne me rappelle rien de semblable.

D. Êtes-vous bien sûr de ne pas vous le rappeler? Ce qui doit vous mettre parfaitement sur la voie, c'est que, ne voulant pas lui servir de complice, vous lui avez indiqué l'homme qu'il lui fallait.

R. Mais non.., plaît-il? je ne lui ai jamais fait de propositions.

D. Vous remémorez-vous d'avoir parlé à François et à Lacenaire?

R. Mais... je ne me rappelle pas. (Il jette un regard furtif sur François, qui paraît plus troublé de moment en moment.) J'ai pu lui parler de quelqu'un, mais je ne lui ai proposé personne pour un assassinat... Mais cela ne me regarde pas.

Bâton hésitait à répondre et avait peur de parler; cependant sur les interpellations de Lacenaire, et après quelques regards encourageants jetés par lui au témoin celui-ci avoua tout à la justice. Bâton dévoila ses rapports avec François, l'entrevue de celui-ci avec Lacenaire, et la rencontre des deux assassins chez lui après l'avortement de l'affaire de la rue Montorgueil. — Dès ce moment, François était perdu.

Une joie cruelle passa sur le visage de Lacenaire, et, comme il voulait encore ajouter quelques mots à la déposition de Bâton :

FRANÇOIS, s'écria avec un accent de colère. — Ah ça! il n'y a donc que pour lui à parler ici? On n'entend que lui ; on ne veut donc pas me donner la parole?

M. L'AVOCAT GÉNÉRAL. — Parlez, accusé; dans votre système, vous n'avez connu Lacenaire que le 1er janvier, jour qui a suivi la tentative d'assassinat; vous ne l'aviez jamais vu jusque-là, disiez-vous, et voilà Bâton qui déclare que vous vous êtes trouvé avec lui et Lacenaire le 31 décembre au soir.

François se rassied et garde le silence.

LACENAIRE. — Voilà, monsieur le président, comment les choses se sont passées. François est véritablement sorti le premier de la rue Montorgueil; il m'a même enfermé. Bâton n'était pas chez lui; j'ai été passer une demi-heure dans un cabinet littéraire; je suis retourné ensuite chez Bâton, où j'ai trouvé François.

François, avec un violent accès de colère. — Mais il est donc avocat-général, à présent !

M. LE PRÉSIDENT. — Vous avez le droit d'être avocat-général de même ; faites vos observations. (Lacenaire rit aux larmes.)

M. VIGOUROUX, caissier du journal le *Bon Sens*, déclare qu'il a connu Lacenaire à Sainte-Pélagie. A sa sortie de Poissy, cet accusé vint le trouver ; il était mal vêtu, malheureux. Le témoin lui a donné des secours ; à diverses reprises, il a reçu la visite de Lacenaire ; mais bientôt, informé des recherches que la police exerçait contre lui, à raison d'un nouveau vol, il le gourmanda avec force et lui interdit sa maison.

Lacenaire soutient qu'il n'a fait aucune démarche pour capter la confiance de M. Vigouroux ; il se tenait éloigné des détenus politiques. Loin de tenter de s'attirer une confiance dont il se jugeait indigne, il a dit à ceux qui lui demandaient qui êtes-vous ? *Je suis voleur de profession.* Il ajoute qu'il espérait trouver dans la carrière littéraire de suffisantes ressources.

Lacenaire, qui semble n'avoir engagé ce débat que pour avoir occasion de parler d'une chanson qui a donné lieu à un procès récent alors, se plaint de ce que cette pièce, qui faisait partie d'un recueil dont il est l'auteur, et qu'il a remis à M. Vigouroux, ait été imprimée sans sa participation.

M. Vigouroux, après avoir établi que Lacenaire est toujours resté étranger à la rédaction du *Bon Sens*, déclare que la chanson sur laquelle insiste si fort l'accusé, a été envoyée aux journaux par des détenus de la

Force, et qu'elle a de même été adressée à la *Glaneuse* journal de Lyon, qui l'a insérée le premier.

La liste des témoins ayant été épuisée, la Cour prend quelques instants de repos.

A la reprise de l'audience, la parole fut donnée au ministère public.

CHAPITRE XL.

Le réquisitoire. — Plaidorie pour Lacenaire. — Discours de Lacenaire. — Eloquence inculte de François — Scène violente.

Lorsque M. Partarieu-Lafosse, substitut du procureur général, se leva, Lacenaire cessa la lecture qu'il faisait, se croisa les bras et écouta avec attention le magistrat. Celui-ci commença en ces termes :

Messieurs les jurés,

Au point où la civilisation est parvenue en France, dans un pays longtemps renommé par la douceur de ses mœurs, c'est avec un douloureux étonnement que, depuis plus d'une année, on a vu se renouveler dans Paris même une multitude d'assassinats, exécutés avec une audace, avec une cruauté inouïes. On s'est demandé, non sans effroi, si la vie humaine avait cessé d'être protégée, si une association mystérieuse, qu'il était impossible d'atteindre, se faisait un jeu de tremper ses mains dans le sang. Il est cruel que la solution de cette question ait été si longtemps à se faire attendre.

Aujourd'hui commence à se dérouler devant vous la série de ces tragiques forfaits, et dès à présent, si nous ne nous trompons, vous avez le mot de la terrible énigme. Oui, messieurs, il existe des hommes pour lesquels l'assassinat n'est pas une dernière extrémité où le plus pervers n'arrive qu'en tremblant, mais *une affaire*, une affaire comme une autre, que l'on propose, que l'on examine, dont on discute les moyens, et que, le jour venu, on raconte en pleine audience avec un complet sang-froid; des hommes pour lesquels l'assassinat n'est pas un accident, le paroxysme de la colère, la mauvaise pensée d'un moment; mais une habitude, une profession.

C'est assez vous dire à quels termes nous réduisons la cause. Il y a dans l'accusation un vol, commis la nuit par deux personnes, il y a des faux nombreux, en écriture authentique, en écritures de commerce, en écriture privée. Tout cela serait grave partout ailleurs; ici, ce n'est rien, absolument rien : nous n'en parlerons pas. Nous nous bornerons à recueillir le sang versé, et en son nom, au nom de l'humanité, nous viendrons demander réparation.

Nous voici donc, sans plus tarder, le dimanche 14 décembre 1834, rue Saint-Martin, au passage du Cheval-Rouge.

Là, messieurs, habitait avec sa mère un homme sur lequel son horrible fin nous commande le silence : François Chardon. Détenu deux ans à Poissy, il y avait connu Lacenaire et Avril; connaissance fatale qu'il devait payer de sa vie.

Lacenaire sortit de Poissy en août 1834, Avril le 25 novembre suivant. Chardon se vantait d'avoir de l'argent, des couverts ; on prétendait même qu'il devait recevoir de la munificence de la reine 10,000 fr. pour la fondation d'une maison de refuge ; pour des accusés tels que ceux qui paraissent devant vous, c'était une occasion tout indiquée.

Le jour est convenu. Vers une heure de l'après-midi, Lacenaire demande à la portière si Chardon est chez lui. Sur sa réponse affirmative, il monte suivi d'Avril. Mais, après avoir frappé inutilement, tous deux redescendent. Dans le passage ils aperçoivent Chardon. « *Nous venons de chez toi,* » lui disent-ils.— « *En ce cas, montez avec moi,* » répond le malheureux.

On entre dans une première pièce. Quelques paroles insignifiantes sont à peine échangées. Avril saisit Chardon par le cou ; Lacenaire le frappe avec un tire-point, par derrière d'abord, puis par devant. Chardon tombe, et, en se débattant, ses pieds font ouvrir un buffet plein de vaisselle. Avril s'empare d'un merlin suspendu à la porte et l'achève.

Cela fait, Lacenaire pénètre dans la pièce voisine. Une victime bien facile, une femme de soixante-six ans, y était étendue son son lit de douleur. De son arme empreinte encore du sang du fils, Lacenaire en a bientôt fini avec la mère. Le lit est déplacé ; une armoire est forcée ; 500 fr., quelques couverts sont enlevés. Jusque sous le verre d'une pendule, la cupidité va chercher une petite Vierge en ivoire, que l'on suppose être d'un grand prix.

Cependant les meurtriers avaient les mains, les vêtements ensanglantés. Le génie dramatique de l'Angleterre s'écriait jadis « que toutes les eaux de l'Océan réunies « ne pouvaient laver ces taches-là. » Pour les accusés, la chose est plus simple, on met le manteau d'une des victimes sur le sang qui a jailli de ses plaies; on va aux *Bains-Turcs*, et tout est effacé. Puis on dîne, on se délasse aux *Variétés* des émotions de l'assassinat; et Avril termine dans une maison de prostitution une journée si bien commencée, si bien remplie.

Le lendemain, vous croyez peut-être que le crime se reposera? Nous ne parlerons pas de remords, nous savons trop qu'il n'a point accès dans certaines âmes; mais enfin le bras se fatigue, et l'on éprouve le besoin de faire au moins une halte dans le sang. Non; pour de tels hommes, un crime commis n'est qu'un acheminement, une facilité de plus pour commettre un nouveau crime, et pour le commettre sur une bien plus grande échelle. Il ne s'agit plus désormais de ravir à un hypocrite mendiant les quelques aumônes par lui recueillies, à une grabataire infirme les minces épargnes de ses derniers jours. A nous maintenant les recettes des Pillet-Will, des Lowemberg, des Rothschid, des Mallet! L'opération est aisée. Nous présentons à l'une de ces maisons un billet payable à un domicile qui sera le nôtre. A l'échéance, le garçon de caisse arrive avec une lourde sacoche, avec un riche portefeuille. Nous le tuons, et nous lui prenons tout.

Dès le 15 décembre, en effet, et avec les fonds du Cheval-Rouge, Lacenaire, sous le nom de Mahossier, loue un obscur logement rue Montorgueil, 66. Avril, qui doit être encore son second, qui a payé sa part dans les meubles, y vient coucher avec lui. Mais, le 20, Avril fait une étourderie : il est arrêté sur le boulevard, pour avoir arraché une fille publique des mains des soldats. C'est ici qu'il faut lui chercher un remplaçant, c'est ici que François apparaît à son tour sur la scène.

Mais, avant d'arriver à lui et à la tentative du 31 décembre, épuisons ce qui concerne la journée du 14, et demandons-nous si les révélations de Lacenaire vous sembleront suffisantes pour déterminer votre conviction contre Avril.

Il est une objection, souvent répétée, que la défense ne manquera pas de reproduire. Pour condamner, vous dira-t-on, il faut des preuves, des témoignages irrécusables. Or, Lacenaire n'est pas un témoin, c'est un accusé. Les déclarations d'un accusé ne prouvent pas contre son coaccusé.

Nous avons hâte de repousser cette objection, car nous n'en connaissons pas qui s'appuie davantage sur des doctrines surannées, qui oublie davantage les droits et les devoirs du jury, tel que nos temps modernes l'ont fondé.

Non, messieurs, il ne faut pas au jury ni preuves, ni présomptions ; il ne lui faut, la loi le dit, qu'une conviction intime. Cette conviction, il la prend partout, il la tire de tout, sans s'inquiéter du moyen, du nom scientifique que la logique impose à tel ou tel élément du débat. Voilà comment il est vraiment omnipotent, dans la souveraineté de sa conscience.

Ainsi, par exemple, on entend un témoin dûment assermenté. Vous ne le croyez pas, si quelques indices vous persuadent qu'il ment, si, pour ne pas sortir de la cause, c'est un Pageot, une femme Pageot, un Soumagnac. Vous croyez un accusé, quand cet accusé est un Lacenaire.

Lacenaire ne s'attend pas sans doute à trouver son éloge dans notre bouche; mais enfin, il est des positions désespérées où l'on peut avoir un dernier mérite, celui de prendre franchement son parti, de reconnaître qu'après le crime une seule chose est possible en justice comme en morale, l'expiation.

Aurait-il cédé à un sentiment moins noble, au désir de la vengeance? Aurait-il voulu entraîner dans sa perte ceux qui avaient trahi le secret de sa retraite? Sur ce point, nous avons aimé à l'entendre répéter hautement, à haute voix : Oui, j'ai parlé par vengeance. mais nous ajoutons avec lui : C'est à MM. les jurés de voir si un homme qui a parlé par vengeance n'a pas cependant dit la vérité.

Eh bien! a-t-on constaté une seule inexactitude dans les renseignements donnés par lui? A-t-il été contredit par un seul témoin? Au milieu de faits si nombreux, s'est-il contredit lui-même, troublé un moment! Non, non, tout a crié dans la cause : Lacenaire dit vrai!

Une seule crainte aurait pu s'offrir à vos esprits : c'est que, par une ostentation déplorable, Lacenaire se fît devant vous pire qu'il n'était. Qui sait? l'imagination humaine est si bizarre, que le crime même peut avoir sa vanité. Nous avons étudié scrupuleusement l'accusé sous ce point de vue, et, selon nos impressions, rien n'est venu prêter le moindre fondement à cette crainte. Nous l'avons trouvé toujours simple, ne visant point à l'effet, ne se posant point en héros de tragédie, et là nous a paru être une nouvelle garantie de sa sincérité.

Au surplus, n'avez-vous pas remarqué combien les dénégations d'Avril étaient embarrassées, incomplètes? Pour juger qu'il fut assassin avec Lacenaire, avez-vous besoin d'autre chose que d'enregistrer ses propres paroles? Lacenaire lui communique son projet de tuer un garçon de recette.

A ce projet, Avril ne fait qu'une objection : il vaudrait mieux, à son avis, lui mettre un masque de poix sur la figure. Le masque de poix, avez-vous dit! mais c'est la mort, la mort dans les tortures. Le patient est là, demandant du jour, de l'air, ce qui est nécessaire aux poumons de l'homme; et ni sa main, ni une main étrangère, ne peut arracher ce qui étouffe ses cris. Amendement barbare, dont toute la valeur se réduit à substituer, à la mort par le fer, la mort par l'étouffement.

Et puis, voyez cette communauté d'existence avant le crime, après le crime.

Du 6 au 15 décembre, qui partage la chambre, le lit d'Avril, chez la femme Duforest? Lacenaire.

Du 15 au 20, qui est encore le camarade de lit d'Avril dans le repaire de la rue Montorgueil? Lacenaire. Quand Avril est conduit au poste, le 20, qui va l'y réclamer? Toujours Lacenaire, son inséparable. Et, certes, il prouvait bien, ce jour-là, à quel point Avril lui tenait au cœur. Les deux cadavres de la rue Saint-Martin étaient à peines relevés, et son intervention l'exposait à une arrestation personnelle, mais n'importe! il le lui faut, c'est son bras; et au péril de sa vie, il veut le revoir.

Après des démonstrations si accablantes, nous n'ajouterons qu'un mot sur les révélations de Fréchard. On y voit Avril, dès les premiers jours de décembre, prenant l'initiative pour l'assassinat de Chardon, proposant à Fréchard, à trois reprises, d'y coopérer, et lui assurant qu'il y aurait au moins 10,000 fr. à recueillir. Devant la fille Bastin, Avril s'exprimait avec plus de réserve ; mais il offrait 2,000 francs *pour buter avec lui une tante;* et vous savez, initiés que vous avez été aux secrets de cet horrible langage, comment ces mots désignaient clairement Chardon.

C'en est assez quand à Avril. Maintenant, comme Lacenaire, nous passons d'Avril à François,

François est présenté par Bâton à Lacenaire comme ayant proféré ce propos : « *Dans la position où je suis, je tuerais un homme pour 20 francs.* »

Le 30 décembre seulement, à huit heures du soir, il entre en relations avec lui, et tout d'abord Lacenaire lui fait confidence de son crime du 14. François a bientôt pris sa résolution. Dès le lendemain, il est prêt ; et le voilà, dans la matinée du 31, attendant sur la paille du logement de la rue Montorgueil l'arrivée du garçon de Mallet.

Vers trois heures, Genevay frappe à la porte. Lacenaire l'ouvre, la referme, et pousse Genevay vers une pièce très sombre, où François se tenait devant une table. Comme la victime s'avance, Lacenaire qui était resté derrière elle, lui porte dans l'épaule un coup de tire-point tellement violent, qu'il pénètre jusque dans la poitrine. Cependant, il lui reste assez de force pour crier *au voleur !* Alors François se jette sur elle, le saisit au cou, et cherche à lui mettre les doigts dans la bouche. Mais il n'y peut réussir; les cris redoublent; les assassins fuient.

Où vont-ils se retrouver? C'est ici que l'audition de Bâton a été l'un de ces incidents que la Providence ménage pour éclairer les dernières obscurités d'un procès. Il n'avait assurément nulle envie de parler; vous le voyez encore, immobile comme une statue, tout pâle de ses crimes, ne laissant tomber ses paroles qu'une à une, sur les interpellations réitérées de M. le président. Eh bien! la force de la vérité lui arrache tout contre François. Vous ne pouviez attendre une reconnaissance formelle de la part d'un garçon de caisse de dix-huit ans, de femmes, d'enfants, accourus au bruit et glacés de terreur, mais Bâton vous montre les deux assassins en relations la veille de leur tentative; il vous les montre arrivant chez lui au moment où elle vient d'échouer, allant coucher ensemble, changeant de costume. Grâce à lui, vous les suivez pas à pas.

François avait prétendu n'avoir connu Lacenaire que le 1ᵉʳ janvier 1835. Il est démenti par Bâton, qui affirme les avoir mis en rapport au moins le 30 décembre.

Lacenaire avait déclaré que François, qui le précédait dans la fuite, avait fermé la porte de l'allée après être sorti. Bâton atteste que François arriva en effet le premier vers cinq heures; que, quand Lacenaire arriva à son tour, une demi-heures après, François lui dit : « *Ah! te voilà, mon pauvre ami, je te croyais arrêté;* » à quoi Lacenaire répondit : « *Si je ne le suis pas, ce n'est pas ta faute, tu m'as laissé là.* »

Lacenaire avait déclaré que la nuit du 31 décembre au 1er janvier avait été passée par eux chez Soumagnac, ami particulier de François rue de l'Egout-Saint-Antoine. Bâton atteste, qu'en effet, le 1er janvier, à dix heures du matin, il les rencontra du côté de la place Royale, et qu'ils lui dirent avoir couché chez un ami, qui fut nommé par eux Magny ou Soumagnac.

Lacenaire avait déclaré que, le 31 décembre, François avait un habit-veste olive, une cravate rouge et une veste de chasse; mais, le lendemain, François s'était revêtu de la redingote de Lacenaire.

Désormais, le crime les a rivés à la même chaîne. François, quel est cet homme que vous disiez ne pas connaître, qui, du 1er au 6 janvier, a la moitié de votre lit dans l'infâme garnit de Pageot, que vous faites inscrire sous le faux nom de Bâton, pendant que vous vous cachiez sous celui de Fizelier? C'est Lacenaire. Cette poitrine coupable, d'où peuvent s'échapper, dans le trouble des nuits, d'affreuses révélations, elle ne craint pas de se presser contre la vôtre; elle reconnaît en vous un confident, un frère.

Vous-même vous vous êtes trahi, lorsque, détenu depuis à Poissy pour autre cause, vous vous êtes cru en sûreté quant à l'attentat de la rue Montorgueil. Voici Leroi-Andréol; il vous a entendu dire qu'en allant coucher avec Lacenaire, vous fûtes saisi de voir tomber de dessous son manteau un poignard. Voici Alexandre; il a recueilli de votre bouche que, la veille de l'assassinat du garçon, vous aviez été avec Lacenaire, et vous aviez porté l'outil qui avait servi à cet assassinat et à plusieurs autres. Vous aviez, ajoutiez-vous, à l'époque du crime, et comme plusieurs témoins en ont déposé, de gros favoris rouges venant jusqu'à la bouche. Mais vous les aviez fait couper par un perruquier de vos amis, ce qui vous avait sauvé en empêchant les reconnaissances.

Ah! oui, vous aviez raison plus tard, sur l'annonce de votre translation à Paris, de trembler, de pâlir devant le gardien Coignet. Vous aviez raison de vous écrier : « *Je suis un homme perdu, je sais ce qui me revient!* » C'est que vous saviez que Lacenaire avait parlé, que Bâton pourrait apparaître, et que vous seriez confondu.

Messieurs, voilà en abrégé toute la cause. Un mot seulement, avant de finir, sur le principal accusé.

Souvent les accusés traduits sur ces bancs plaident devant vous, sinon comme excuse, du moins comme atténuation de leurs fautes, le délaissement de leur famille, le dénûment, l'insuffisance de leur éducation; tous ces moyens manquent complètement à Lacenaire. Fils de braves négociants de Lyon, il reçut l'instruction la plus soignée. Au dossier, sont des morceaux de prose, de poésie, de sa main. Ils avaient été conservés comme pièces de comparaison pour une vérification d'écritures. Nous y avons trouvé les éléments d'une vérification plus grave, celle de l'intelligence de l'accusé; et, si l'audience ne nous avait pas suffi, nous nous y serions convaincu que ses facultés naturelles étaient des plus distinguées. Il était donc des favorisés ici-bas, car les dons les plus précieux sont ceux de l'intelligence.

Pourquoi faut-il, nul plus que nous ne le déplore, que cette plume, qui, dans le commerce, dans la politique, dans les lettres, pouvait lui assurer une aisance honorable, il l'ait brisée pour l'échanger contre le sanglant tire-point?

Voilà ce qui arrive, quand on n'a pas cette foi calme dans l'avenir, qui se confie au travail et à la patience; quand on veut tout conquérir en un jour, maladie trop commune de notre siècle; quand, entraîné par des passions désordonnées, on aime mieux s'enivrer d'une horrible supériorité parmi les pervers, que de prendre place parmi les bons et parmi les honnêtes.

Mais, plus on est tombé de haut, plus on est coupable, plus aussi l'on doit servir d'exemple à tous.

Nous ne nous le dissimulons pas : vous êtes en présence d'un pénible devoir; mais les devoirs pénibles sont précisément ceux qu'il est le plus méritoire d'accomplir. Vous l'accomplirez donc, car la sûreté publique est gravement compromise, car la plaie sociale est profonde. Ils n'hésitent pas, eux, quand il s'agit de frapper leurs victimes; vous n'hésiterez pas davantage pour les frapper à leur tour. Et autant les méchants déploient de fermeté, d'énergie pour commettre le mal, autant vous en aurez, vous, pour le réprimer.

M⁰ BROCHANT, jeune avocat chargé de la défense de Lacenaire, succède au ministère public, et s'exprime ainsi :

Messieurs,

Après ces longs et pénibles débats, où se sont déroulés tant de scènes sanglantes, tant d'écrasants témoignages, tant de funestes aveux, je me sens ému, je l'avoue, d'un profond sentiment de terreur.

Car, alors que de toutes parts retentissent des cris de vengeance et de mort, il me faut seul élever la voix contre tous, lutter seul contre une juste indignation, et vous faire oublier le sang des victimes pour vous faire épargner le sang du meurtrier.

Le sang du meurtrier!... C'est là, messieurs, l'expiation que l'on vous demande, et c'est cette pensée qui vient ranimer mon courage, mais sans calmer mes craintes.

Je ne vois plus dans ce procès qu'un coupable qui repousse toute défense, qu'un homme qui jette sa tête à vos pieds et qui vous dit : Prenez-la, j'ai mérité la mort... Je ne vois plus ici qu'un homme qui vous raconte avec un imperturbable sang-froid tous ses forfaits; qui se plaît à entrer dans les plus horribles détails pour soulever vos cœurs et appeler sur sa tête une peine qu'il regarde comme la fin de ses misères...

C'est un suicide qui prend soin d'éclairer lui-même votre jugement, comme celui qui veut quitter la vie prépare avec attention l'arme fatale qui doit consommer son sinistre projet.

Je comprends, messieurs, tous les dangers de ma mission. Il faudrait un pied plus ferme que le mien pour ne pas glisser sur ce terrain tout sanglant... un bras plus nerveux pour renverser cet échafaud qui se dresse déjà...

Je n'avais, pour répondre à l'honorable confiance de la Cour, que mon zèle et mon dévoûment; puissent-ils me servir d'excuse à vos yeux, si mon ardeur m'entraînait dans des discussions auxquelles vos esprits ne sauraient s'associer!

Je serai court, messieurs, car telle est ma position, que je ne puis discuter les faits de cette cause, où pourtant il me serait si doux de pouvoir douter : je ne puis soulever une page de cette immense procédure, sans qu'un nouveau crime m'apparaisse hideux... et sans qu'il soit aussitôt revendiqué par Lacenaire. Je viens donc seulement vous dire ce que c'est que cet homme que vous ne connaissez point encore, puis vous soumettre quelques méditations qui me paraissent de nature à vous disposer à l'indulgence, et pour lesquelles j'ose réclamer toute votre attention...

Chez un homme inculte et grossier, les plus grands excès se conçoivent et s'expliquent facilement. Là, pour dominer, pour régner en maître, le vice, et avec lui le crime, auront peu de combats à soutenir, peu d'ennemis à vaincre, ils n'auront que des passions à flatter. Mais lorsqu'il s'agit, comme dans la cause, d'une belle nature, cultivée par l'éducation, faite pour des mœurs douces et paisibles, et dont le seul penchant est l'amour des lettres, oh! alors, le moraliste recule effrayé, et recherche en tremblant les causes d'un si épouvantable phénomène.

Déjà, vous le savez sans doute, messieurs, François Lacenaire est né au sein d'une famille riche et respectée. — Son père était un honorable négociant de la ville de Lyon, qui lui-même avait édifié sa fortune dans le commerce des fers. Parvenu à un âge déjà mûr, il jouissait dans la retraite du fruit de ses veilles, lorsqu'il se maria. — De cette union naquirent treize enfants.

J'insiste sur cette circonstance, parce qu'elle est la cause première des malheurs de cet homme, qui fût toujours resté pur, s'il eût toujours été à l'abri du besoin.

Son père, jaloux de laisser à chacun des siens une position qui leur fît chaque jour bénir sa mémoire, rentra dans les affaires, entreprit un commerce qu'il ne connaissait pas, se lança peut-être dans des spéculations hasardées, et finit par engloutir peu à peu, et à l'insu de tous, la fortune qu'il devait à ses premiers travaux.

Cependant le jeune Lacenaire achevait ses études et se faisait remarquer au collége de Lyon par son zèle, son aptitude et le tour original de son esprit; il apprenait rapidement, était aimé, chéri de tous ses maîtres; et si vous en vouliez une preuve, je n'aurais qu'à vous citer l'exemple d'un de ses anciens professeurs, qui lui prodigue encore chaque jour les marques d'un touchant intérêt.

A sa sortie du collége, il témoigna le désir de venir à Paris pour se livrer à l'étude du droit; il était possédé du besoin de s'instruire et d'utiliser ses heureuses dispositions...

Mais on s'y opposa; ses prières, ses larmes furent inutiles. Il ne savait pas, le malheureux enfant, que le motif de cette résistance était une plaie qui déchirait les entrailles de son père, et que celui-ci cherchait à cacher à tous les yeux!... Le dérangement de sa fortune ne lui permettait déjà plus de faire les sacrifices toujours indispensables pour satisfaire aux vœux de son fils.

Voyez donc, messieurs, à quoi tiennent nos destinées

sur cette terre!... Peut-être si les désirs du jeune homme se fussent accomplis, aurait-il fait l'honneur de la société, au lieu de la remplir de son épouvantable renommée!

On le lança dans le commerce; mais cette vie de chiffres et de spéculations n'était point en harmonie avec son âme ardente et fougueuse.

Il s'engagea, fit la guerre de Morée, obtint son congé en 1829, et revint dans sa patrie.

Là, un coup terrible l'attendait. La maison de son père était fermée: il avait fait faillite et quitté la France.

Lacenaire fut atterré...; cependant son âme énergique se roidit contre le malheur. Il chercha à utiliser ses connaissances, seul bien qui lui restât..., fit mille démarches infructueuses, se présenta chez les anciens amis de sa famille...; mais son père avait laissé des dettes..., les portes se fermèrent devant lui. On recevait le fils du riche manufacturier, on repoussa le fils du commerçant malheureux...

Dès ce moment son âme s'aigrit et s'indigna contre la fortune; il se demanda si un Dieu juste pouvait permettre de telles choses; il se prit à nier l'existence de la Divinité et se créa je ne sais quel déplorable système d'athéisme et de philosophie qui ont précipité sa chute.

Cependant il n'avait point encore tout perdu... Il lui restait le cœur d'une mère, qui, du fond de l'exil, veillait sur son fils. Elle lui fit remettre par un ami fidèle une somme de cinq cents francs.

Son courage se releva.

Le séjour de Lyon lui était devenu odieux. Il quitta cette ville, et vint à Paris chercher une fortune qu'il se croyait certain d'y rencontrer... Comme toujours, on lui fit des promesses, mais comme trop souvent il arrive, on ne les tint pas... Ses ressources s'épuisaient...; chaque jour il les voyait diminuer et frémissait en pensant au lendemain, lorsqu'un nouveau coup vint le frapper et lui enlever ses dernières espérances.

Parmi les jeunes gens qu'il avait rencontrés dans Paris, où les liaisons se forment et se détruisent avec tant de facilité, il en était un qui portait un nom célèbre et honoré de tous. Une de ces querelles puériles qui moissonnent cependant chaque année tant de têtes jeunes et précieuses les conduisit sur le terrain.

Lacenaire évita, dit-on, le combat tant qu'il put. Il semblait pressentir les conséquences funestes de cette malheureuse affaire; enfin, forcé de défendre sa vie ou de passer pour un lâche, il essuya le feu de son adversaire et eut le triste avantage de le tuer sur la place.

Hélas! que n'a-t-il péri dans cette déplorable rencontre!

Dès lors tout son avenir fut brisé. L'affaire eut de l'éclat, les feuilles publiques en retentirent, le nom d'un orateur à jamais célèbre s'y attacha. Ses plus généreux protecteurs le repoussèrent; on l'eût blâmé de refuser le combat, on le punit de l'avoir accepté; on n'osa plus prononcer le nom d'un duelliste, d'un meurtrier, on le plongea dans l'abîme.

Que faire! que devenir!... seul... sans amis... sans famille!... Car il n'avait plus même le cœur d'une mère pour y verser ses douleurs, il n'avait plus les conseils d'un père pour retremper son âme abattue !

Travailler ?... Eh ! oui, sans doute, c'est là le conseil de la vertu... Travailler ! mais cela est-il possible, mon Dieu !... alors que l'éducation vous met au-dessus de ces travaux manuels et serviles qui sont l'apanage d'une classe souffrante et malheureuse, mais grossière et inculte.

Mille projets sinistres bouillonnèrent dans sa tête : le suicide ou le crime ; il n'avait plus d'autre alternative.

Une malheureuse occasion se présenta. Sa tête était égarée ; une escroquerie fut commise : une année d'emprisonnement en fut l'expiation.

C'est ici, messieurs, que commence pour notre société un cruel enseignement ; souvent ces voûtes ont retenti de paroles graves et sévères sur les dangers de nos prisons.

On a redit souvent que ce remède aux plaies qui nous dévorent n'était qu'un véritable poison, et souvent aussi on a traité cela de lieux communs et de banalités. Eh bien ! écoutez cet homme, il vous dira comment, jeté, confondu avec des êtres vicieux, méchants, cruels, cette écume que la société vomit chaque jour de son sein, son caractère hautain s'est soumis à cette dangereuse fréquentation ; comment les principes dont on avait imbu son enfance se sont effacés de son cœur pour faire place à la corruption et au crime.

Tout sentiment de vertu n'était pourtant pas encore éteint dans son âme : soit crainte, soit repentir, nous le voyons à l'expiration de sa peine rentrer dans la société ; puis, se créant une modeste industrie qui suffit à ses besoins, lutter longtemps encore contre l'adversité ! — Mais bientôt il subit la loi commune, il est reconnu par ses anciens compagnons de captivité, signalé comme flétri ; encore une fois la misère vient l'atteindre, la misère et avec elle la faim, ce terrible argument contre lequel vient se briser la morale. Il retombe, et une seconde fois la justice s'empare de lui.

Son esprit s'exalta... Repoussé, maltraité par le monde, il se crut, suivant ses propres expressions, *en état de légitime, défense contre la société;* obligé de vivre avec des misérables dont les habitudes et le caractère contrastaient horriblement avec ses manières distinguées, il jura de devenir leur chef et de les surpasser. Pour leur montrer qu'il était digne d'eux, il apprit cette langue entée sur notre langue comme une sorte d'excroissance hideuse, cet idiome infâme dont quelques mots prononcés dans le débat ont blessé vos oreilles : le désespoir, la honte, la souffrance desséchèrent son cœur; il se dit que la vertu n'était qu'un mot, le crime qu'une œuvre de raison. Il arriva à ce degré de cynisme et d'insouciance qui ne peut être la suite que des grandes infortunes; il ne vit plus dans la vie qu'une occasion de jouissances qui devaient se satisfaire à tout prix, qu'une guerre entre celui qui possède et celui qui n'a rien; dans la mort qu'une cessation de mouvements, de sensibilité, d'activité, de douleur, qu'un retour au néant plus ou moins rapproché, devant lequel ce serait folie que de trembler.

Ces idées devinrent pour lui une seconde nature.

Il méditait à l'avance de sinistres projets, de funestes

représailles, lorsque dans sa prison un homme apparaît, qui vient ébranler ses résolutions et faire jaillir de son cœur encore quelques étincelles de vertu. Cet homme, c'était M. Vigouroux, qu'une affaire politique amenait à la Force.

Quelles qu'aient été ses relations avec Lacenaire, le fait est que, frappé de son esprit original, caustique, mordant, il s'intéressa à lui, qu'il l'engagea à revenir au bien et à chercher dans son talent des moyens d'existence qui ne sauraient lui manquer.

Ses exhortations ne restèrent pas sans succès.

Lacenaire fut transféré à Poissy; une correspondance s'engagea, et quelques lettres, jointes au dossier, prouvent quel changement s'était opéré dans son cœur.

« Soyez persuadé, monsieur, lui écrivait-il, que je m'efforcerai de mériter la bienveillance que vous me témoignez et qui adoucit beaucoup ma position; elle me relève à mes propres yeux, et me prouve que si je ne puis plus aspirer à reprendre dans la société le rang que mes talents auraient peut-être pu m'y faire occuper, je puis encore du moins espérer de reconquérir l'estime des personnes éclairées et dénuées de préjugés, qui, comme vous, pardonnent au repentir, et ne punissent pas un homme toute sa vie pour la faute d'un moment. J'aurais peut-être des motifs d'excuse à alléguer, vis-à-vis de tout autre, dans les circonstances critiques où je me suis trouvé et les épreuves que j'ai subies et auxquelles je n'ai pas eu la force de résister; mais combien je m'en repens en me voyant sans cesse entouré de l'écume de la société, car s'il y a ici quelques personnes que l'on peut fréquenter, la plupart ne sont, comme vous pouvez le penser, que des gens perdus de vices et abrutis dans le crime; aussi, plutôt que de retomber dans une semblable maison, je préférerais mille fois endurer ce que la faim a de plus cruel. Si j'ai des actions de grâces à rendre à la Providence, c'est de ne m'être pas laissé abandonner au découragement et au désespoir. C'est à vous, monsieur, que j'en serai redevable; puissiez-vous jouir de votre ouvrage en disant : J'ai ramené un homme du chemin du crime pour lequel il n'était pas né. Votre connaissance fera époque dans ma vie, car sans vous, je ne doute pas, qu'abandonné de tout le monde, j'aurais continué à parcourir la carrière honteuse de laquelle la nécessité et le délaissement des hommes m'auraient empêché de sortir, etc... »

Vous voyez, messieurs, que de bonnes pensées avaient repris leur empire. Ce n'étaient pas seulement des travaux futiles qui occupaient son esprit et dirigeaient sa plume. Pendant sa détention, il veut du moins que sa honte et sa souffrance profitent à la société; il s'occupe du régime des prisons, il scrute les consciences, remonte à la source de tant de maladies, en cherche le remède, et envoie à M. Vigouroux le fruit de ses observations.

Au mois d'août 1834 il sort de prison, se présente chez son protecteur. Celui-ci l'accueille avec bonté, lui fournit les hardes qui lui manquent et lui donne quelques secours. Lacenaire se crée à l'avance une vie honorable, l'avenir lui apparaît sous de brillantes couleurs; il se redresse plein d'espoir et se met au travail.

Dans ce moment il ne lui fallait qu'un peu d'or pour le

maintenir dans ses heureuses dispositions..... Mais hélas! il n'avait pas de nom littéraire; et, malgré toutes les démarches de M. Vigouroux, le prix qu'on met à ses articles est tellement modique, qu'il ne pourrait suffire aux besoins les plus essentiels de la vie la plus modeste.

Ce fut le dernier coup. Sa chute s'augmenta de toute la grandeur de son espoir déçu. C'est une rage, un désespoir, une fureur atroce; une fièvre brûlante le consume; il se croit poussé au crime par une force supérieure. La fièvre se calme et une profonde insensibilité lui succède... C'est un marbre glacé. Pas un jour qu'il ne rêve quelque infernal projet. Pas un jour que sa main ne fabrique quelque faux. Le péril et la crainte ne sauraient l'ébranler; c'est un délire, une joie sardonique.

Mais au moins il s'arrêtera devant le meurtre!... Ses mains ne sont point encore souillées de sang!... Non, messieurs, il ne s'arrêtera pas, car le vol, le faux, tout cela mène au bagne; eh bien! le croiriez-vous, il préfère l'échafaud, et si la justice, car enfin il y a une justice, si la justice s'emparait de lui, il pourrait revendiquer la mort comme un droit irrécusable.

L'assassinat de Chardon est résolu, consommé de sang-froid. C'est une lettre de change tirée sur le bourreau... La fortune ou la mort!

La vue de ses victimes, l'exécution du forfait ne sauraient l'émouvoir : indifférent comme la matière, il s'étonne lui-même de cette horrible insensibilité. Il a rompu sans trembler le pacte social, il est entré dans une route périlleuse où la chute est certaine, il ne la craint pas, il la brave. Il se rit des lois impuissantes pour l'arrêter, des agents maladroits qui ne peuvent le découvrir. Ce sont là ses joies, ses plaisirs, ses voluptés.

Les crimes faciles ne lui suffisent déjà plus ; il lui faut de savantes combinaisons.

Il conçoit l'assassinat de la rue Montorgueil. Plusieurs tentatives restent sans succès.

Une fois le garçon de caisse ne peut trouver l'adresse : une autre fois le portier monte avec lui ; enfin, le 31 décembre l'occasion se présente sans entraves...

Il m'est pénible à moi de retracer de pareilles scènes.. Une seule chose me frappe, m'étonne, me confond.

Quelques instants avant l'arrivée de Genevay (des témoins en ont déposé, il fumait paisiblement à la porte de la chambre, sur le palier de l'escalier, et lisait avec attention ce livre funeste qui fut comme le symbole de sa vie (1).

Ah ! je vous en supplie, messieurs, suivez-le depuis le mois d'août, depuis sa sortie de Poissy, comptez, si vous pouvez, tous ses crimes, et demandez-vous si tant d'impudence et de sang-froid sont dans la nature même du scélérat !

Voyez-le, paisible et tranquille dans les courts loisirs que lui laisse le crime, employer ses mains ensanglantées à tracer des pensées plaisantes et gracieuses ; et demandez-vous si tout cela peut s'allier avec la raison !

Demandez-lui si le remords déchire son cœur, si son sommeil est agité ; et lorsqu'il vous aura répondu que jamais il n'a senti les aiguillons du repentir, que ses

---

(1) *Le Contrat social.*

nuits sont exemptes de songes et de terreurs, ah! demandez-vous alors si cet homme n'est point travaillé d'une cruelle maladie!

Voyez-le soumettre à la logique, je dirai presque à la morale, son horrible existence...

Écoutez-le vous dire qu'il est plus sage qu'un autre, et puis vous direz : C'est un fou!

Son signalement est donné de tous côtés, il va se cacher sans doute, il va fuir; il est connu de tous les habitants de la rue Montorgueil, sa perte est certaine; mais si ce n'est point un insensé, s'il lui reste encore ce sentiment de conservation inséparable de la vie, la crainte suspendra pendant quelque temps au moins le cours de ses forfaits... Non, il reste, et le 4 janvier il enlève une pendule à la porte de l'horloger Richond, dans un des quartiers les plus fréquentés de la capitale.

Je vous l'ai dit, messieurs, il avait rêvé un terrible suicide par la main du bourreau; vous allez le voir s'accomplir.

Paris n'est plus un théâtre assez vaste pour ses exploits; il le quitte, parcourt la province, laissant partout les traces de son passage, revient bientôt, et repart ensuite pour ne plus revenir que chargé de fers.

Une escroquerie, un faux le font arrêter à Beaune; pendant ce temps, la police de la capitale suivait ses traces; bientôt il est dénoncé, reconnu, accusé de l'assassinat tenté sur Genevay.

Certes, messieurs, cette accusation est grave; mais enfin la victime n'a pas succombé. Il y a quelque chose qui répugne à envoyer à l'échafaud celui qui n'a pas tué.

Il est d'ailleurs, pour un homme de cette sorte, mille moyens de défense: il peut au moins conserver la vie: mais la vie, il la veut heureuse, et plus de fortune possible!... Il parle alors, raconte, dans tous ses détails, le meurtre de Chardon : à peine un soupçon planait-il sur sa tête!

Voilà, messieurs, l'homme que vous avez à juger... Je vous l'ai montré tel-qu'il m'est apparu, et tel, j'espère, que vous l'aurez compris... Je vous l'ai montré, poursuivi par une terrible fatalité, essayant de lutter contre elle, la prenant corps à corps, se roidissant de toute sa force, et toujours terrassé. C'est à vous maintenant de peser ses malheurs et de vous demander si les déceptions, la souffrance, la honte et le désespoir n'ont pu enfanter chez cet homme une maladie cruelle et invincible, si, au lieu d'un barbare assassin digne de votre colère, ce n'est point un esprit malade et digne de votre pitié.

Son insensibilité à la vue de ses victimes; — cette absence de tout remords; — cette tranquillité, ce calme qui n'ont rien d'affecté; ce sourire perpétuel; cette liberté d'esprit qui lui permet de tracer une chanson à la veille de son jugement; — cette attitude à l'audience, où il semble attacher plus de prix à une discussion littéraire qu'aux résultats de votre verdict; — cette confiance dans l'athéisme; ce sang-froid devant l'échafaud, et puis cet amour passionné pour les lettres.

Tout cela me frappe et me bouleverse; tout cela, je ne puis l'expliquer, et les causes les plus célèbres ne nous en offrent aucun exemple.

Méditez, appréciez ce que je ne fais qu'indiquer ici,

car je ne veux que vous éclairer, et vous pourriez croire que je cherche à vous égarer.

Soumettez, je vous en conjure, à une sévère analyse toutes les actions, toutes les habitudes de Lacenaire, et puis, si vous pensez, comme j'aime à le croire, qu'il n'a obéi qu'à la fatalité qui le poursuivait, que la fièvre qui le consumait ne lui a pas laissé ce libre arbitre dont il faut jouir pour être coupable, oh! alors vous n'aurez plus le droit de le tuer, ce serait cruauté!... vous l'enfermerez, vous le garotterez, vous le mettrez dans l'impossibilité de nuire... mais vous ne le tuerez pas!

Lacenaire, messieurs, a dans cette cause un mérite incontestable, et qui lui donne des droits à l'indulgence.— Au milieu de sa vie toute souillée de forfaits, vous remarquez en lui un caractère effrayant de sincérité...

Si la justice ne montre aucune clémence à l'égard des coupables qui viennent à ses pieds confesser leurs crimes, elle donnera par là à la société une fâcheuse leçon. N'est-ce pas dire aux criminels : Mentez audacieusement, car la vérité ne saurait vous sauver ; le doute grandit avec le crime, et plus l'accusation sera grave, plus il sera facilement accueilli par le juge consciencieux; vos dénégations ne seront pour vous qu'une chance de salut.

Quelque soit le motif qui a dicté ses aveux, ne lui en enlevez pas le mérite. Peut-être ont-ils empêché bien des malheurs; et puis ne vous semble-t-il pas qu'il faut user avec ménagement de l'arme qu'un ennemi vous met à la main pour la tourner contre lui ?

Telle est cependant ma cruelle position, messieurs, que cet argument si solide doive aussi m'échapper.

Je m'arrête !... car je n'oublie pas qu'il y a là deux malheureux sur la tête desquels ces aveux pèsent d'un horrible poids ; et moi, dont la mission est de défendre et de protéger, je ne dois pas ici m'ériger en accusateur.

Mais un mot m'a frappé.

Un témoin, qui connaît le cœur humain, a dit à cette audience : « J'ai foi dans la parole d'honneur de Lacenaire. »

L'honneur de Lacenaire !

Je pourrais peut-être, messieurs, chercher, comme tant d'autres, à effrayer vos consciences en vous représentant la peine de mort comme illégitime, barbare et toujours inutile ; je pourrais vous lire les pages nerveuses des auteurs et des philosophes qui l'ont savamment combattue, et peut-être vos cœurs saisiraient-ils avidement mes paroles ; mais c'est à votre raison que je m'adresse, et non pas à votre sensibilité.

Il ne m'est pas permis, d'ailleurs, de faire ici le procès à la loi. Peut-être n'est-il pas encore temps de la rayer de nos codes, car il est des âmes sur lesquels elle peut exercer une salutaire influence.

De sages législateurs, tout en conservant cette terrible pénalité, s'en sont rapportés à vous sur l'application ; ils ont mis entre vos mains un puissant moyen de la faire rejeter et de la proscrire, et ont tous manifesté le vœu qu'il fût fait un usage bien rare de cette dernière et cruelle extrémité.

Eh bien ! après avoir envisagé les malheurs cruels et a terrible réalité qui ont toujours poursuivi Lacenaire, après avoir pesé ce que son caractère a de prodigieux et de surnaturel, après avoir examiné les circonstances que j'ai eu l'honneur de vous signaler, après avoir fait entrer dans la balance la faveur que méritent ces aveux, peut-être penserez-vous (cela est horrible à dire !) qu'il est encore de plus grands criminels.....

A Dieu ne plaise que je veuille diminuer en rien l'atrocité de tous ces meurtres ! mais n'est-il plus de ces crimes de famille, n'est-il plus de ces crimes publics qui font trembler toute une population d'horreur et d'effroi, et qui plongent dans le deuil plus de quarante familles ? N'est-ce pas pour ceux-là, pour ceux-là seulement, qu'il faut réserver les dernières rigueurs de la loi ?

Ce n'est pas tout, messieurs...; il ne suffit pas que la peine offre un exemple salutaire aux malfaiteurs ; il ne suffit pas qu'elle effraie la société par l'horreur qu'elle inspire, il faut encore qu'elle la venge et, par conséquent, il faut qu'elle punisse le coupable. Eh bien ! vous le savez, et déjà j'ai eu l'honneur de vous le dire, la mort n'a point d'empire sur cette organisation malade ou flétrie ; vous voyez avec quel calme et avec quelle tranquilité Lacenaire attend votre verdict ; vous voyez comme il s'accuse lui-même, comme il appelle vos rigueurs ; trompez-le dans ses calculs...

« Il a lu dans le livre de la rue Montorgueil : « que les meurtriers doivent être mis à mort par le droit de la guerre, puisque, par leurs méfaits, ils sont devenus rebelles et traîtres à la patrie. »

Mais il oublie que, quelques lignes plus bas, Jean-Jacques écrit : « On n'a le droit de faire mourir que celui qu'on ne peut faire esclave. »

Vous ne l'oublierez pas, vous, messieurs; vous éloignerez cet homme de la société, car il est dangereux ; vous l'enfermerez dans un de ces lieux de douleurs continuelles, où chaque jour il souffrira mille morts.

Que, chargé de chaînes, vêtu d'une hideuse livrée, il voie s'écouler sans espoir une vie d'opprobre et de honte ; que de sévères châtiments le forcent au travail et lui fassent faire sur le passé de déchirants retours!

La mort pour tant de forfaits ! La mort pour cet homme qui s'en rit et qui la brave ! Oh ! non; ce serait trop peu !... Suivant une belle expression, vous le condamnerez à vivre.

Me Brochant se tournant vers Lacenaire :

Et vous ! vous pour qui je viens de prier ici, vous qui, né sous de si beaux auspices, avez foulé aux pieds les lois les plus saintes de la société, vous comprendrez qu'il est des rigueurs contre lesquelles vous n'avez pas prémuni votre âme.

Au milieu de vos cruelles souffrances, de vos misères sans cesse renaissantes, vous ouvrirez enfin les yeux, et, dans votre malheur, vous connaîtrez le doigt du Dieu que vous avez blasphémé; vous inclinerez votre front devant sa puissance, et vous accepterez vos maux en expiation de tous vos crimes.

Cette plaidoirie, pleine de convenance et de logique, présentée avec un remarquable accent de conscience et de vérité, fut constamment écoutée avec intérêt. L'avocat la termina au milieu du murmure flatteur de l'auditoire et du barreau.

Lacenaire se pencha sur la barre qui le séparait de

Mᵉ Brochant, pour lui témoigner toute sa reconnaissance.

Mᵉ Vidallot présenta la défense d'Avril, et chercha à prouver que le témoignage isolé de Lacenaire, animé par la vengeance, ne pouvait suffire pour porter la conviction dans l'âme de MM. les jurés.

Mᵉ Laput annonça, en commençant, que sa plaidoirie ne durerait pas moins de deux heures. Après une heure, le défenseur demanda quelques instants de repos.

— J'ai faim, François, et toi? dit alors Avril.
— Moi aussi, répondit François.

Lacenaire fit observer à M. le président que, depuis le matin, les trois accusés étaient à jeûn.

L'audience fut suspendue et renvoyée à sept heures.

A sept heures, l'audience fut reprise; l'affluence n'était pas moins grande; aucun des curieux n'avait quitté sa place; les dames surtout qui garnissaient les bancs réservés, cédant à l'empire de la curiosité, paraissaient décidées à attendre le dénoûment du drame.

Mᵉ Laput continua sa plaidoirie, qu'il termina en rappelant à MM. les jurés les erreurs dans lesquelles était trop souvent tombée la conscience des hommes.

Lacenaire, durant tout le cours de cette longue plaidoirie, où l'avocat avait constamment dirigé contre lui d'accablantes récriminations, conserva une attitude assurée, et son sourire habituel ne cessa pas un seul instant de jouer sur ses lèvres.

M. LE PRÉSIDENT. — Lacenaire, avez-vous quelque chose à ajouter à votre défense?

LACENAIRE se leva et s'exprima en ces termes:

Messieurs les jurés, si je n'avais à me défendre que

des assassinats dont je suis accusé, je ne prendrais pas la parole, je m'en référerais entièrement au zèle et au talent de l'avocat que la bonté de la Cour m'a choisi.

Ce n'est pas, toutefois, par un sentiment mal entendu d'amour-propre que je prends la parole après lui; mais, je le sens, messieurs, j'ai à vous dire des choses qui sont incompatibles avec l'exercice des nobles fonctions qu'il vient de remplir dans mon intérêt, sans l'avoir désiré, avec un zèle qui lui acquiert toute ma reconnaissance, et un talent qui, assurément, était digne d'une meilleure cause.

On a voulu, messieurs les jurés, me faire jouer un rôle qui n'est pas le mien; en me dépeignant comme un assassin, on m'a représenté sous des couleurs assez noires pour qu'on ne me dépeigne pas sous celles plus viles encore à mes yeux de lâche calomniateur.

Je ne veux donc pas, croyez-le bien, m'occuper de ma défense; c'est sur la véracité de mes déclarations que je prétends ne vous laisser aucun doute.

Il y a, messieurs, dans l'acte d'accusation, une série de faits qui embrasse à peu près l'époque écoulée depuis le 5 septembre 1834 jusqu'au 7 janvier 1835.

Il est essentiel, avant d'en venir à ces faits, que je vous fasse connaître ceux qui les ont précédés.

Je suis sorti de Poissy le 12 août 1834; j'avais connu Avril dans cette maison de détention; il m'avait paru un homme de caractère. Il avait recherché ma société; nous nous étions liés d'une espèce d'intimité. Il était convenu que nous nous retrouverions dehors et que nous mêlerions ensemble nos communes industries. Je devais enfin, messieurs, fournir la tête, lui le bras.

Sorti de Poissy, j'eus d'autres vues; mes projets, mes intentions ne furent plus les mêmes. Je voulais, s'il m'était possible, rentrer dans le sein de la société.

Vous avez vu, messieurs, quel concours de circonstances m'en ont repoussé.

Du 20 août enfin jusqu'au 12 septembre, jour où je rencontrai Bâton, qui a joué un grand rôle dans tout cela, je n'avais vécu que de vols.

Je n'avais pas vu Bâton depuis sa sortie de Poissy; j'ignorais même qu'il fût en liberté; je le croyais encore n prison pour longtemps; mais il avait été gracié. Je le rencontrai d'aventure sur le boulevard. Je lui fis part de ma position difficile; il me dit la sienne : nous avions tous les deux la conscience assez large; nous avions l'un et l'autre les mêmes intentions. « Travaillons ensemble, » me dit-il. Vous ne comprenez peut-être pas parfaitement, messieurs, je traduis; cela veut dire : « Nous volerons ensemble! »

Alors seulement je lui fis part de mes idées; Bâton, lorsque je lui eus communiqué mes moyens d'exécution, acquiesça à mes projets; il m'offrit ses services, et il fut convenu que nous mettrions mes plans à exécution; mais nous n'avions pas d'argent, et il en fallait pour louer un appartement. Ce fut alors que je fis mon premier faux. Doutez-vous de la sincérité de ma déclaration? Constatez la date de ce premier faux. Quelques rentrées nous étaient venues de ces faux; les premiers fonds furent employés à louer l'appartement de la rue de la Chanvrerie.

Le 14 novembre, nous devions mettre le complot à exécution, Bâton et moi; l'affaire a manqué, vous savez par quelles circonstances. Le caissier de M. Pillet-Will a fait erreur de nom. La seconde fois, le portier a accompagné le garçon de recette; sa présence nous gênait; il eût été une sorte de témoin.

Lacenaire prononça ce discours d'un ton soutenu et familier à la fois; il rapporta les divers détails résultant de ces longs débats, discuta et suivit pied à pied les nombreuses charges de l'accusation. Il examina avec une grande précision la question de médecine légale, et s'appliqua à convaincre les jurés de la vérité de ses révélations; il disculpa Bâton, contre lequel des soupçons pouvaient s'élever; convint d'avoir reçu de M. Allard quelques secours, et déclara que si la vengeance avait dirigé sa conduite lorsqu'il avait appris que ses complices étaient devenus ses dénonciateurs, sa révélation, pour être intéressée, n'en était pas moins digne de confiance.

— Je ne viens pas demander grâce, dit-il en terminant, je ne tiens pas à la vie; je ne dirai pas que je sois stoïque

Si la société m'offrait les jouissances de la vie, la fortune, j'accepterais. Je ne tiens pas à l'existence, messieurs, je vis dans le passé : depuis huit mois, la mort est assise à mon chevet. Je ne demande pas grâce; je ne l'attends pas; je ne la veux pas... elle serait inutile.

Puis, il s'assit au milieu du murmure de l'auditoire sur lequel son discours, qui avait duré plus d'une heure, avait produit une forte impression.

Avril demanda à la Cour la permission de lire un résumé des faits, dans lesquels ils se trouvait impliqué.

Ce manuscrit, rédigé par lui-même, était resté chez son avocat, à qui M. le président permit de l'aller chercher.

François demanda la parole, et d'une voix émue, avec l'accent de la colère, et s'animant par degrés, il prononça ces mots :

L'orateur Lacenaire vient de vous dire tout le cours de l'instruction : mais je vais, messieurs, vous faire apercevoir le mensonge. Il a dit que nous avions couché chez Soumagnac; le fait est faux; il a dit que j'avais été arrêté le 6, c'est le 9 que j'ai été arrêté, encore un mensonge!

Ici la voix de François s'altéra, et ce fut les dents serrées, le visage agité de mouvements convulsifs et les lèvres contractées qu'il poursuivit en ces termes :

— Misérable! toi, qui as juré haine et vengeance à tout le genre humain, tu ne crains pas la justice des hommes, mais en allant à la mort, tu craindras peut-être la justice de Dieu devant lequel tu paraîtras tout rouge! Ces messieurs ont aussi des comptes à rendre; ils hésiteront avant de joindre de nouvelles victimes à celles qui déjà t'attendent couvertes de sang! Si l'on me condamne, moi innocent, ah! je ne crains pas la mort! je l'ai bravée cent fois, j'ai combattu de nobles ennemis; j'ai été blessé cinq fois : j'ai sauvé un canonnier au pied de l'Atlas, et j'ai eu trois doigts enlevés par une blessure honorable!... Toi! vil assassin, lâche! tu veux laver tes mains dans mon sang; mais, encore aujourd'hui, je peux lever la main, pour la dernière fois peut-être, mais sans effroi; toi tu *caponeras* au moment de la mort... lâche! »

Après cette allocution véhémente, François s'assit au milieu des rumeurs de l'assemblée.

Avril donna lecture du mémoire justificatif dont nous avons parlé plus haut. Ce document ne jeta aucun jour nouveau sur le débat.

François demanda une seconde fois la parole.

« Jeudi, dit-il, lorsque j'ai comparu devant vous, je n'étais pas criminel; je le suis aujourd'hui, car j'ai porté la mort à mon père, un vénérable vieillard, à ma mère, la meilleure des mères!... Vous êtes des négociants, messieurs, je ne citerai pas mon père; les calomnieuses dénonciations du misérable Lacenaire l'ont déshonoré. Vous le connaissez tous : ses cheveux ont blanchi *sous le poids* de l'honneur et de la vertu. Lacenaire est capable de tout, messieurs; il parle, c'est un orateur; il vous a endoctrinés, beaucoup de vous l'applaudissent... Ah! messieurs, je n'ai pas peur de mourir : condamnez-moi, je marcherai avec courage à l'échafaud! — Mais lui, dix jours après, vous le verrez, il dénoncera d'autres complices; il les dénoncera pour de l'argent; il cherchera à prolonger sa vie. Vous verrez si je mens... Je ne demande pas grâce, messieurs! j'invoque le poids de la justice. De mon sort, de ma vie, je m'en soucie peu, mais à mon heure suprême, je me reposerai sur la conscience de *mon jury.* »

Ces énergiques paroles d'un homme qui avait déclaré aux débats ne savoir ni lire ni écrire, produisirent dans l'assemblée un long mouvement d'étonnement et de stupeur. François retomba épuisé sur son banc. Lacenaire, dont l'impassibilité ne s'était pas démentie un instant, regarda son coaccusé avec un sourire de triomphe, et lorsque François se retourna vers lui, il lui tira la langue ainsi que le ferait un véritable gamin. Ce fait incroyable nous a été affirmé par un témoin *de visu*, alors avocat, et devenu depuis un de nos savants jurisconsultes. L'aspect de cette scène satanique cause une sorte de stupeur. Au milieu de l'émotion générale, M. le président Dupuy prononça la clôture des débats, et reproduisit, avec une impartialité et une précision remarquables, dans son résumé, les charges de l'accusation et les moyens de la défense.

A onze heures, MM. les jurés entrèrent dans la chambre de leurs délibérations. On fit sortir les accusés de la salle. En descendant dans sa prison, Lacenaire, conduit au milieu de deux gendarmes, chancela sur les marches graisseuses de l'escalier qui conduit du Palais à la Conciergerie. — Mauvais signe! dit-il en riant d'un rire livide.

Puis il demanda une tasse de café qui lui fut servie aussitôt.

A deux heures, un coup de sonnette annonça que le verdict était rendu; la Cour rentra en séance, un profond silence s'établit, et le chef du jury, tout ému, prononça affirmativement sur les divers crimes imputés aux accusés, en admettant des circonstances atténuantes à l'égard seulement de Martin François.

Quant à Avril, lorsqu'il sut la réponse des jurés en ce qui le concernait, il jeta un regard furieux sur leur banc, et dit à demi-voix : *Merci!* Puis, d'une voix altérée : « Je suis condamné par vous ; je ne demande pas grâce, je préfère la mort aux fers à perpétuité ; mais, je le jure devant Dieu, ceci est un assassinat judiciaire.

François Martin cacha sa figure dans son mouchoir.

Lacenaire et lui gardèrent le silence. — M. le président prononça alors contre Lacenaire et Avril la peine de mort, et contre Martin François celle des travaux forcés à perpétuité.

— François a sauvé sa tête, dit Lacenaire en se levant, mais ce ne sera pas pour longtemps...

Et il se livra aux gendarmes.

Arrivé au greffe de la Conciergerie il se mit à réfléchir.

— Cet imbécile! dit-il en parlant d'Avril, cet imbécile qui prétend que j'ai livré sa tête en retour de l'argent que j'ai reçu de la police! — J'aurais pu, moi aussi, lui demander combien il avait reçu pour livrer la mienne... Mais à quoi bon?... Si nos deux têtes devaient se payer d'après leur mérite, et à prix égal, assurément j'aurais perdu gros, car il faut convenir que la sienne ne vaut pas la mienne, et que, véritablement, l'étoffe n'est pas la même.

Après cet accès d'orgueil, il se laissa tranquillement revêtir de la camisole de force et s'endormit.

L'appareil sinistre qui gênait ses mouvements lui fit passer une nuit agitée et pleine de rêves horribles.

CHAPITRE XLI.

Après la condamnation. — Le réveillon. — Poésies de Lacenaire.

Le lendemain même du jour où son sort avait été décidé, Avril se pourvut en cassation. Lacenaire, qui d'abord avait annoncé l'intention de se pourvoir aussi, si Avril recourait à la Cour de Cassation, déclara qu'il voulait consulter son avocat.

— Cependant, ajouta-t-il, je ne veux pas laisser en aussi beau chemin mon ouvrage, car si l'arrêt est cassé, — et je crois qu'il le sera, — je veux paraître devant une autre cour d'assises avec le même droit que mes co-accusés, et les confondre comme je l'ai fait devant celle de Paris.

Ainsi qu'on se le rappelle, la camisole de force dont on l'avait revêtu après sa condamnation, avait peuplé sa nuit de visions sinistres; mais, dès qu'on l'eut délivré de cet instrument de torture, il mangea avec appétit et dormit tranquillement.

On le transféra à Bicêtre, et presque aussitôt, il fut ramené à la Conciergerie. Sous les verrous de cette dernière prison, il se montra constamment ce qu'il avait été dans les autres, matérialiste dans toute l'acception du mot, et beaucoup plus soucieux de la rédaction et de l'impression de ses Mémoires, de la facture de ses vers et de la correction de ses épreuves, que de la triste fin qui l'attendait.

Ses occupations quotidiennes consistaient à recevoir des visites, à écrire des lettres, à lire les journaux, à suivre une polémique avec le *Corsaire*, et il s'occupait beaucoup plus en ce moment de M. A...., qu'il accusait de lui avoir ravi une partie de sa gloire comme chansonnier, que de François et d'Avril.

Il s'était accompli d'ailleurs une transformation complète dans l'âme de ce dernier condamné. Autant il avait été irascible et violent à la Cour d'assises, autant il se montrait résigné depuis sa condamnation. Il n'en voulait presque plus à Lacenaire, et voyant l'impossibilité de vivre après les charges accablantes qui avaient pesé sur lui, il s'était laissé aller à la domination que son complice exerçait sur son esprit. Comme un soldat qui se repent d'avoir menacé son supérieur, Avril avait fait entendre des paroles où perçait le regret de s'être révolté contre son chef de file, et celui-ci, en apprenant la disposition d'esprit de son complice, avait manifesté à son tour le désir de faire un réveillon avec son vieil ami.

Au milieu du repas, les instincts sanguinaires d'Avril s'étaient réveillés. Voici comment on s'en était aperçu. Lacenaire avait laissé presque intact un morceau de viande saignante qui faisait partie du festin. Avril le gourmanda sur cette abstention :

— Tu n'aimes donc plus le sang, Lacenaire? lui dit-il.

— Ma foi, non, répondit le poète-assassin.

— Eh bien, moi, je l'aime toujours, répondit Avril.

Et prenant à deux mains le plat où la viande incuite

avait déposé un jus sanguinolent, il en avala toute la sauce d'un trait.

Pour détourner Avril de ces idées sombres, Lacenaire lui chanta une chanson faite par lui pour la circonstance, et dont les voûtes de la Conciergerie ne durent qu'à regret répéter le refrain ; — nous la transcrirons plus bas avec quelques-uns de ses autres vers — mais Avril devenant de plus en plus soucieux, on sépara les deux condamnés, de peur que leurs mutuelles récriminations ne sortît un nouveau meurtre.

Voici une partie des vers composés par Lacenaire durant l'intervalle que mit la Cour de cassassion à se prononcer sur son pouvoi :

A M. B..., MON DÉFENSEUR

C'est à vous qu'ici je dédie
Ces vers, enfants de mon loisir.
Déjà ma bouteille est finie,
Et ma raison va revenir.
Ne craignez pas que la sagesse
Change votre image à mes yeux ;
Je n'ai pas besoin de l'ivresse
Pour vous voir bon et vertueux.

ODE A LA GUILLOTINE

> Terra suscepit sanguinem fratris tui de manu tua.
> GENÈSE, IV, 11.

I

Longtemps après le jour qui vit notre naissance,
Lorsque loin du berceau s'échappa notre enfance,
Lorsque sans être un homme on n'est plus un enfant,
De l'avenir, dit-on, se soulève le voile;
    Et nous pouvons dans notre étoile
    Lire le sort qui nous attend.

Alors la destinée à nos yeux se révèle,
Rêve affreux, que la mort apporte sur son aile,
Qui de l'homme endormi plisse le front d'effroi;
Car ainsi que Macbeth, on aperçoit trois femmes,
Qui, par des cris affreux, épouvantant nos âmes,
Nous laissent pour adieux ces mots : Tu seras roi !

II

On dit qu'il sommeillait... peut-être en une orgie :
Où de vin répandu, la table était rougie;
Une femme parut, qui pressait dans sa main
Des roses et des fleurs, fumier du lendemain.
Cette femme riait d'une effrayante joie;
Comme un peuple qui rit près d'un trône qu'il broie.
Mais son front était beau, mais on y pouvait voir
Le passé sans remords, l'avenir sans espoir,
Et de haine et d'amour un horrible mélange,
Un regard de démon, dans une larme d'ange;
Et celui qui dormait tout à coup tressaillit;
L'amour lui vint au cœur; l'insensé le lui dit.

— « Jeune homme, pour m'aimer ton âme est impuissante;
« Mon amour doit tuer ceux dont je suis l'amante.
« Fuis, les autres amants ont, pour mourir, un lit !
« Les miens n'ont, à leur mort, qu'une foule qui rit;

« Les autres ont des fers qu'ils trouvent pleins de charmes,
« Et mes fers sont rouillés, mais rouillés par les larmes,
« Et mon mari jaloux siége sur l'échafaud ;
« C'est le soutien des rois, il se nomme bourreau !

« Fuis, car de mon amour tu serais la victime,
« Car je veux être aimée, et m'aimer est un crime ;
« Et, des mille fureurs qui viennent m'enflammer,
« Ma plus grande fureur est de me faire aimer. »

Cette femme, pourtant, avait touché son âme,
Cette femme était belle, il aimait cette femme !

« — Quoi ! t'aimer est un crime ! Et moi, si je t'aimais,
« Si je t'aime, faut-il te laisser pour jamais ?
« Ton regard est si beau, que le feu qui l'anime
« Me force à demander : Femme, qu'est-ce qu'un crime ? »

« — Un crime, c'est un mot qui s'élève bien haut ;
« La moitié touche au sol, et l'autre à l'échafaud ;
« Mais il descend plus bas, car la tête qui tombe,
« Roule dans le linceul pour dormir dans la tombe. »

« — Ma vie est donc en jeu ? Soit ! mais j'ai ton amour.
« L'enfer est à Satan ; sois à moi sans retour ! »
Puis un baiser sanglant vint humecter sa bouche.
Comme un homme blessé qui s'éveille farouche,
Tout prêt à blasphémer, il se leva soudain,
Car il se réveillait au sein d'une audience,
Quand une voix criait, au milieu du silence :
Mort à celui qui fut seize fois assassin !

III

Quelle était cette femme ?... Etait-ce la Vengeance,
Qui rit à sa victime, et pour qui l'existence
Bien souvent n'est qu'un dé qu'on retourne au hasard !
La Vengeance qui met moins de foi, d'espérance
  Dans son Dieu que dans son poignard !
C'était... on ne le sait... Mais c'était le génie
Qui conduisit cet homme à l'affreuse agonie
  Qui fait mourir avant le temps,

Mourir jeune!... Et pourtant, même avant la vieillesse,
L'homme qui dans le crime aspira tant d'ivresse,
   N'a respiré que trop longtemps.

IV

Hélas! à ce malheur qui donc put le conduire?
— Quand on voit le mépris où brillait le sourire,
Quand ceux qui vous aimaient trouvent dans votre cœur
Le premier des forfaits, du malheur;
Quand la foule qui passe, à vous voir condamnée,
A votre aspect souffrant se détourne étonnée,
Froide comme un refus à quelque enfant jeté
Lorsqu'il vous tend la main après avoir chanté,

Entre vivre et mourir on voit un mot livide
Se dresser, et ce mot : c'est crime ou suicide.
Devant ces deux forfaits amené pour choisir,
Brûlant de se venger plutôt que de mourir.

Il prit le crime, lui!... le crime, quel partage!
— Écrire avec du sang sa vie à chaque page!
Se dire, je tûrai, je tûrai... c'est mon sort!
Attendre chaque jour que vienne la vengeance,
Etre martyr ainsi sans ciel pour récompense,
Et pour sa fiancée oser choisir la mort;
Défier le mépris et rechercher la haine,
N'avoir rien dans le cœur de la nature humaine;
En face du trépas, hélas! n'espérer rien,
Penser qu'on viendra voir, ainsi qu'à quelque fête,
Son souris infernal quand tombera sa tête!
   Quel sort!... et c'est le sien.

Pourtant il s'était dit : L'avenir me réclame!
Oui... pour mettre à ton nom une auréole infâme;
Oui, tu vivras, tandis que l'homme qui n'aura
Jeté sur son chemin que des bienfaits, mourra.

Car, si vous n'avez point fait pleurer sur la terre,
Si vous avez passé consolant, solitaire,
Si vous n'avez séché ni fait couler de pleurs,

Rien ne reste de vous ; lorsque l'orage gronde,
Du jour qui détruit tout, la trace est plus profonde,
   Que du jour qui mûrit les fleurs.

V

Alors que la jeunesse est une pure flamme,
Le premier sentiment du crime sur notre âme,
C'est un désir subit de vengeance et de mort;
La tristesse plus tard remplace la colère,
Puis vient l'indifférence à la robe étrangère,
Passant, sans du coupable interroger le sort;
Mais quand la passion, bouillonnant dans la tête,
Du jour le plus affreux vous fait un jour de fête,
Quand vers tout être étrange on élève les bras,
Alors il n'est pour nous rien de beau, rien d'infâme
Alors on sent au cœur, où vient mourir le blâme,
Un respect calculé pour les grands scélérats !

   Paris, janvier 1836.

CALME

L'homme est heureux lorsque dans la nature
Il n'est plus rien qui le puisse émouvoir,
Lorsqu'à l'abri du remords qui torture
Il sait dormir sans crainte et sans espoir;
Lorsqu'attendant le moment qui délivre,
Il peut compter ce qui lui reste à vivre,
Et puis, à la lueur d'un lugubre flambeau,
   En chantant composer un livre
   Pour épitaphe à son tombeau ?
Il est heureux lorsqu'à sa dernière heure
   Il peut ouvrir un œil serein
Sans rencontrer une mère qui pleure,
   Un ami qui presse sa main ;
Lorsque, frappé d'un sanglant anathème,
   Il n'a pas besoin de pardon,

Et ne laisse après lui ni maîtresse qui l'aime,
    Ni d'enfant qui porte son nom.
Alors, dans sa tonnelle où l'homme est mis en mue,
    Il trouve un paisible sommeil.
Si parfois jusqu'à lui vient le bruit de la rue,
    C'est comme un rayon de soleil
    Qui ne peut traverser la nue.
    La fraîche haleine du zéphir
    Vient tomber au seuil de sa porte,
    La nature est muette et morte,
    Et son cœur se ferme au désir.
Alors, il peut fixer (1) le gibet et la roue,
    Sans sourciller il peut encor
Voir en passant un enfant qui se joue
    Avec sa complainte de mort.
    C'est en vain qu'un peuple stupide,
    De douleurs et de meurtre avide,
    Veut surprendre un geste d'effroi.
    Sa face est un marbre impassible,
    Son âme une roche insensible,
    Et, s'il tremble alors, c'est de froid.
Puis, quand vient le moment, lorsque sa tête roule
    Sous le choc du pesant couteau,
Il ne reste plus rien pour amuser la foule
    Que le coup d'œil au tombereau,
Et quelque peu de sang qui lentement s'écoule ;
    Tout est fini, chacun se tait et part,
    Hors une voix qui répète : A Clamart !

UN MOMENT DE DÉSESPOIR

. . . .
Banni, chassé, proscrit, et broyé sous l'offense,
Un bonheur me restait, celui de la vengeance ;
Et je ne l'ai goûté qu'en pressant sur mon cœur
  . . . . . le seul dieu que je croyais vengeur.

---

(1) Faute de français : *fixer* est mis là pour *regarder* ou fixer le regard. Du reste, les vers de Lacenaire sont péniblement faits et mauvais en diable.

Mais la nuit, dira-t-on, craignez que dans la terre
Ne glisse jusqu'à vous un spectre au long suaire.
Il vaut mieux voir un spectre assis près de son lit
Qu'une lame briller dans une obscure nuit,
Et la sueur du front plus aisément s'efface
Que d'un coup de poignard ne disparaît la place :
Car il est doux, bien doux, de sentir sous ses yeux
Se tordre un ennemi... c'est un plaisir des dieux!
Tout homme. . . . .
. . . .

. . . .
Haïr et me venger, c'est tout ce que j'aimais!
Si tu n'es pas un mot pour expliquer le monde
Quand tu me jugeras dans ta haine profonde,
Au lieu de les ouvrir en me fermant tes bras
Qu'avec plaisir demain! . . . .
L'on m'a dit que le jour où tu me donnas l'être,
Ce qu'aujourd'hui je suis, tu pouvais le connaître!
C'est donc ma faute à moi, si du moment fatal
Où, semant sur mes pas et le bien et le mal,
Me criant : marche, marche, et me poussant sans doute,
Du crime devant moi tu n'ouvris que la route?

LA SYLPHIDE

Etre divin, beauté touchante et pure,
Que je rêvais dès mes plus jeunes ans,
Qui que tu sois, esprit ou créature,
Prête l'oreille à mes derniers accents!
Sur les rescifs d'une mer agitée,
Tu m'as guidé, phare mystérieux :
Je vois le port, et mon âme enchantée
Ira bientôt te retrouver aux cieux.

Je te cherchais sous les brillants portiques
Où vont ramper les séides des rois;
Je te cherchais sous les chaumes rustiques

Ton ombre seule apparut à ma voix.
Peut-être, hélas ! mon œil trop faible encore
Soutiendrait mal ton éclat radieux ;
Veille sur moi, sylphide que j'adore,
Vierge immortelle, attends-moi dans les cieux.

Je te rêvais dans la grotte sauvage,
Au souffle aigu des autans furieux ;
Je te rêvais sous un épais feuillage,
Aux doux accords d'un luth mélodieux.
Si tu n'étais qu'une vaine chimère,
D'un cœur malade enfant capricieux !
Mon âme enfin va percer ce mystère,
Vierge immortelle, attends-moi dans les cieux.

Je te rêvais au printemps de ma vie,
Le front paré de riantes couleurs ;
Pauvre et souffrant dans ma longue insomnie.
Je te rêvais plus belle dans les pleurs.
Mais de la mort j'entends la voix sévère,
Elle a brisé le prisme gracieux...
Je n'ai plus rien qui m'attache à la terre,
Vierge immortelle, attends-moi dans les cieux.

A MON AMI AVRIL

LE RÉVEILLON A LA CONCIERGERIE.

Noël ! Noël !
Tout tombe du ciel,
Allons, plus de fiel !
Vive Noël !

A nous, saucisse et poularde !
A nous, liqueurs et vin vieux !
Fais la nique à la camarde
Qui nous montre les gros yeux !
Noël ! etc.

LACENAIRE.

Salut, pays de Cocagne,
Lieu jadis si fréquenté !
Salut, pétillant champagne,
Vin si cher à la beauté !
    Noël ! etc.

Nous n'avons à notre table
Point de femme, c'est fort bien ;
Il serait désagréable
D'engendrer un orphelin !
    Noël ! etc.

Un bon buveur, c'est l'usage,
Boit à l'objet qui lui plaît :
Avec moi, frère, en vrai sage,
Bois à la mort, c'est plus gai !
    Noël ! etc.

Buvons au jour qui s'avance,
A l'oubli de tous nos maux,
A l'oubli de la vengeance,
Des méchants et puis des sots !
    Noël ! etc.

Buvons même à la sagesse
A la Vertu qui soutient :
Tu peux, sans crainte d'ivresse,
Boire à tous les gens de bien !
    Noël ! etc.

Un pauvre homme, d'ordinaire,
Pour mourir a bien du mal,
Nous, nous avons notre affaire,
Sans passer par l'hôpital !
    Noël ! etc.

Sur les biens d'une autre vie,
Laisse prêcher Massillon :
Vive la philosophie
Du bon curé de Meudon !
    Noël ! etc.

Nous trouverons bien par grâce
A nous caser aux enfers :
Moi, j'irai trouver Horace,
Toi l'ouvrier de Nevers (1) !

Noël ! Noël ! etc.

CHAPITRE XLII.

Opinions philosophiques et religieuses de Lacenaire. — Le moulage de sa figure.

En vain ceux qui voyaient Lacenaire lui faisaient-ils sentir de quelle importance devaient être pour lui les derniers instants de sa vie, il demeurait sourd aux plus sages exhortations. Voici les réflexions que lui inspirèrent les adjurations d'un célèbre abbé envoyé dans sa prison, et le récit des sensations qu'il éprouva pendant que M. Dumoustier opérait le moulage en plâtre de son visage. Ces passages sont textuellement tirés de ses Mémoires :

. . . .

« Par exemple, il faut en convenir, cette question religieuse qui semble préoccuper tant de monde, à la manière dont on s'obstine à me la présenter, n'excite réellement aucun retour sur moi-même : avec elle je reste Lacenaire tout entier. Ainsi, ils m'ont envoyé un abbé C*** à réputation : j'y mettais de la bonne volonté, je me sentais disposé à m'assouplir, point ! Voilà un abbé qui me parle de Massillon, de Bossuet, et qui veut qu'au point où j'en suis, je fasse de ce qu'il appelle mon salut, une question de doctrine ! Catholique ou damné ? Je m'abstiens de choisir.

(1) Avril était menuisier.

« Ils peuvent se vanter d'avoir, hier soir, et deux heures durant, placé cruellement ma tête sous le boisseau.

« Un phrénologiste, M. Dumoustier, m'a été amené, et m'a modelé : ma figure serait devenue pourpre, s'il m'eût fallu avouer tout haut les sensations chaudes, tièdes et froides, qui me couraient le long de la colonne vertébrale, pendant la préparation de l'épreuve du moulage. Mais, comme je sais garder la consigne que je me suis donnée, rien n'a paru.

« Les réels apprêts pour l'échafaud, jusqu'à me raser les cheveux ! le froid du rasoir sur la nuque, m'a fait courir un million de fourmis aux pattes froides sur la chair. Avec un peu plus d'humanité, ce médecin me tirait de peine et abrégeait la besogne des autres ! Il est vrai que le plâtre ne m'aurait plus représenté que mort, et qu'il faut au moins, pour la curiosité de la science, deux copies, une *avant*, l'autre *après*.

« Ensuite, j'ai dû, couché sur mon lit, renverser ma tête dans un demi-cercle en cuivre qui m'a pris au cou, comme la lucarne de la guillotine. J'ai compris tout cela.

« Est venu le plâtre : petit à petit ma face s'est trouvée couverte ; pour conserver ma respiration, deux petits tubes.

« Alors je me suis arrangé dans une autre hallucination : ma respiration était évidemment fort gênée ; avec un coup de collier, bien déterminé de ma volonté, je pouvais m'intercepter l'air, m'étouffer... ils m'auraient cru patient et docile ; j'eusse été mort ! sans autre avis ; à peine une convulsion dans les jambes qu'ils auraient prise pour une impatience nerveuse. Mort ! en ami de la science, et de la main d'un savant! de préférence à celle du bourreau !... j'y gagnais. Mon exécution devenait originale... on en eût parlé.

« La tentation d'éteindre moi-même le flambeau m'est venue. J'ai, l'espace de cinq minutes, retenu mon haleine; j'en serais venu à bout !... mais l'imagination, cette folle de la maison, m'a brusquement chassé de cette riante perspective. J'ai vu Avril ouvrant bien grands ses yeux de chat, puis entrant dans une rouge colère, parce que *monsieur* Lacenaire le laissait partir tout seul, et ne mêlait pas son sang au sien sur le *trimar*... Je me serais encore bien arrangé de la fureur et de la stupéfaction d'Avril, elles m'auraient même amusé un instant; mais ce bon M***, à qui je dois des rôles si complaisants et qui avait facilité ma mort !... il restait aux prises avec la justice; il perdait sa place, et il a de la famille ! Et encore ce pauvre médecin, harcelé par l'inquisition judiciaire, accusé presque d'assassinat avec préméditation, tout au moins accusé d'ignorance, de maladresse... c'était une réputation perdue !

« Tout cela m'a désenchanté : je me suis décidé à vivre.

« M. Dumoustier a tiré le fil, a fait la section du plâtre, a dépecé les contours; puis il m'a découvert la face et a enlevé la contre-épreuve de moi-même, avec précaution, en deux quartiers; le bourreau n'en fera qu'un morceau.

« Le bon docteur était transporté d'aise ! l'opération avait réussi; il m'a serré les mains : qu'aurait-il fait s'il se fût douté de l'obligation qu'il m'avait !

J'ai pris le plâtre, j'allais le briser; le médecin est venu à moi et m'a dit en me frappant sur l'épaule :

— « Bon M. Lacenaire ! comme il y a mis de la patience !

« J'ai épargné ma perfide ressemblance, pour ne pas détromper ce médecin. »

CHAPITRE XLIII.

Le dernier jour d'un condamné.

Le 8 janvier, à neuf heures du soir, il s'endormit d'un profond sommeil, comme à son ordinaire.

A dix heures, le directeur de la Conciergerie entra dans son cachot en lui disant :

— Eh bien ! Lacenaire, je ne croyais pas que nous nous quitterions si tôt; il faut vous habiller; on va vous transférer à Bicêtre.

— Allons, monsieur Lebel, allons ! tant mieux, lui répondit Lacenaire; que cela finisse; je ne demande qu'une chose, c'est que ce soit pour demain... Voulez-vous me permettre d'écrire trois lignes avant que de sortir d'ici ?

Il s'approcha de la table et traça d'une main assurée les lignes qui suivent, les dernières qu'il ait écrites :

8 janvier 1836, à la Conciergerie, dix heures du soir.

« On vient me chercher pour Bicêtre. Demain sans
« doute ma tête tombera. Je suis forcé, malgré moi, d'in-
« terrompre ces Mémoires, que je confie aux soins de mon
« éditeur. Le procès complète les révélations. — Adieu

« à tous les êtres qui m'ont aimé et même à ceux qui me
« maudissent : ils en ont le droit. Et vous qui lirez ces
« Mémoires, où le sang suinte à chaque page, vous qui
« ne les lirez que quand le bourreau aura essuyé son
« triangle de fer que j'aurai rougi, oh! gardez-moi quel-
« que place dans votre souvenir....., adieu! »

Il déclara ensuite être prêt à partir, et, donnant carrière jusqu'au bout à ses pensées littéraires :

— M. Victor Hugo, dit-il à un greffier présent, a fait un beau livre sur le dernier jour d'un condamné. Eh bien! je suis sûr que si on m'en laissait le temps, *je l'enfoncerais*... Et cependant, quoi qu'on en dise, M. Hugo a bien du talent!

Lacenaire, à qui l'on venait de passer la camisole de force pour cette suprême circonstance, s'excusa de ne pouvoir reconduire cérémonieusement les visiteurs, selon son habitude, jusqu'à la porte de sa cellule.

CHAPITRE XLIV.

Le départ. — La chapelle de Bicêtre. — La toilette des
condamnés. — La prière des agonisants.

Avril était également plongé dans le sommeil lorsqu'on vint lui annoncer le rejet de son pourvoi. Il comprit sur-le-champ ce que signifiait cette communication.

— Allons, dit-il avec le plus grand calme, sans être sorcier, je vois que, demain matin à huit heures, Lacenaire et moi nous battrons un quatre à l'*Abbaye de Monte-à-*

Regret. — Je voudrais alors entrer en danse le plus tôt possible.

Et il se laissa tranquillement revêtir de la camisole de force. Le condamné était, du reste, dans des sentiments de repentir sincère. Il en avait déjà donné des preuves dans une lettre touchante, adressée à ses anciens camarades de Poissy par l'entremise de l'aumônier de cette prison. Cependant, lorsqu'il fut réuni à Lacenaire, un reste de respect humain s'emparant de lui, il se mit à chanter la *Parisienne* avec son ancien complice, avant de monter dans la voiture qui devait les conduire à Bicêtre.

Au bout d'une heure à peu près, la souricière, escortée par quatre gendarmes, touchait avec fracas à cette destination.

Il était dix heures trois quarts quand les deux condamnés arrivèrent à Bicêtre.

M. Allard y arriva le même soir et pénétra immédiatement auprès des condamnés pour en obtenir de nouvelles révélations; mais tous deux déclarèrent au greffe qu'ils n'avaient rien ajouter à leurs paroles :

— J'ai dit ce que je savais, répondit Lacenaire.

M. le Procureur général n'en avait pas moins délégué M. Commerson, un des greffiers de la Cour, pour recevoir les communications qui pourraient être faites au dernier moment par ceux qui allaient mourir. Le même fonctionnaire avait été chargé de surseoir à l'exécution si cette circonstance se présentait.

Lacenaire et Avril avaient été placés dans deux cabanons séparés, mais reliés entre eux par une cloison très légère, afin qu'ils pussent causer ensemble en élevant la voix. La police aux aguets espérait obtenir par ce moyen quelques renseignements du plus haut intérêt.

— Dors-tu, Avril? dit Lacenaire.

— Non, répondit celui-ci, et toi?

— Ni moi non plus... Tu penses à demain?

— Dame!...

— Je connais certains de mes amis, reprit Lacenaire après une légère pause, qui voudraient bien être à demain soir! Ah! bah! continua-t-il en riant, pour prolonger ma vie j'ai envie de faire des révélations? Sais-tu que je pourrais faire tomber quelques têtes.

— Oh! surtout, répliqua vivement Avril, ne parle pas de la...

— Silence donc, imbécile! cria Lacenaire, en coupant la phrase de son ami, tu oublies que les murs ont des oreilles...

— Ils ne sont pas dangereux alors, s'ils n'ont que cela

— Oui, mais près des oreilles, il y a des langues Bonsoir, Avril, j'ai froid, il a gelé aujourd'hui...

— Bonne nuit...

— C'est la dernière : et tu sais le proverbe : — Aux derniers les bons. — Dis donc, je pense à une chose qui me contrarie, moi qui suis si frileux.

— Quoi donc?

— La terre sera bien froide demain...

— Alors demande à être enseveli dans de la fourrure.

Et tous les deux se turent après cet échange de plaisanteries. Ils avaient bien fait pour leurs complices, s'ils en avaient, car MM. de Beaufort, Allard et Canler, placés dans le chemin de ronde, écoutaient attentivement leurs moindres paroles.

Le lendemain matin, Lacenaire fut grave et silencieux; Avril, résolu et presque de bonne humeur. A six heures, deux prêtres furent introduits près d'eux : c'étaient les abbés Montès, aumônier général des prisons, et Azibert, aumônier de Bicêtre.

Avril reçut le dernier avec un empressement plein de déférence, écouta ses exhortations dans l'attitude du recueillement, et, comme pénétré des sentiments les plus religieux :

— Monsieur l'abbé, dit-il à l'ecclésiastique, veuillez accomplir un de mes désirs. Dites demain au prône des prisonniers de Bicêtre que je suis repentant de ce que j'ai fait; dites-leur que mon exemple doit leur être utile. Je suis bien coupable, je le sais; mais, si je n'avais pas été privé de ma famille quand j'étais tout jeune, je n'en serais pas où j'en suis.

Quant à Lacenaire, il accueillit M. Montès avec beaucoup de politesse; mais, persévérant jusqu'au bout dans son rôle d'incrédule il lui dit :

— Je vous remercie, monsieur l'abbé, mais je suis fâché de la peine que vous avez prise. Vous savez que tout cela n'entre pas dans ma manière de voir, et votre visite est inutile. .

Les mots ne sortaient pas de sa bouche avec la même facilité que de celle d'Avril; car, ainsi qu'on l'observe sur presque tous les condamnés à mort, à leurs derniers moments, l'absence de salivation desséchait sa langue.

Ce n'était pas là un symptôme de faiblesse, pas plus

que la pâleur; c'était tout simplement un fait physiologique, qui, par exception, n'avait pas eu lieu pour Avril.

Une demi-heure après la visite des deux prêtres, on amena les deux patients à la chapelle pour y faire la prière des agonisants.

Durant cette cérémonie funèbre dont tous les détails sont empreints d'une si navrante tristesse, Avril demeura calme et recueilli; Lacenaire, le visage pâle, resta indifférent à ce qui se passait. La prière terminée, les deux moribonds, escortés des deux abbés, qui continuaient à les exhorter, furent ramenés dans la pièce destinée aux derniers préparatifs. Plusieurs gardes municipaux s'y trouvaient déjà.

Lacenaire demanda une tasse de café et un verre d'eau-de-vie qu'il partagea avec Avril. A son tour, celui-ci se fit apporter un petit verre et en offrit la moitié à Lacenaire, qui l'accepta en lui disant :

— Ma foi, tu as raison, pour le peu de temps qu'il nous reste, il ne faut pas perdre ses anciennes habitudes.

Et tirant un cigare de sa poche, il l'alluma et commença de fumer.

— Fais-moi quelques vers pour dire au peuple avant de mourir? lui dit facétieusement Avril.

— Imbécile, lui dit Lacenaire, il n'y a que les capons qui chantent pour se donner du courage!...

En ce moment trois hommes entrèrent dans la chambre. Les gardes municipaux s'éloignèrent un peu pour leur laisser la place libre. C'étaient le bourreau et ses deux aides qui venaient faire la toilette des condamnés.

A l'aspect de ce groupe qui leur indiquait que l'heure

fatale était venue, Lacenaire jeta à terre son cigare, et s'adressant à l'un des trois hommes :

— Veuillez aller chercher mon habit bleu, s'il vous plaît, monsieur, je désire le mettre aujourd'hui.

C'était celui qu'il portait à la Cour d'assises. Se retournant ensuite vers M. le directeur de Bicêtre qui venait d'entrer avec M. Olivier Dufrène, inspecteur général des prisons de la Seine.

—Ah! monsieur Becquerel, j'ai l'honneur de vous saluer... J'avais fait demander ce matin du papier et de l'encre afin d'écrire à ma famille, on l'a oublié... je vois qu'on est pressé. — *Ce sera pour demain*, ajouta-t-il avec un sourire forcé.

Il salua ensuite l'inspecteur général en lui disant :

— Monsieur Olivier Dufrène, je suis fort aise de vous voir. Je vous remercie d'être venu assister à mes derniers moments.

Les préparatifs de cette lugubre toilette se faisaient à la lueur de deux chandelles, par des aides sombres et muets, car il est d'usage qu'ils n'adressent jamais la parole au condamné. Au moment où l'un d'eux s'apprêtait à couper les cheveux à Avril :

—Ah! ah! lui dit le criminel, j'ai fait votre besogne, je me doutais de la chose, et avant-hier j'ai pris mes précautions... je me suis coupé les cheveux... là... voilà ce que c'est... Ah! mettez-moi ma calotte sur la tête, il fait froid ce matin. — Puis, se levant avec vivacité. : — Allons, marchons; adieu mes amis, dit-il encore en s'adressant aux personnes présentes.

CHAPITRE XLV.

Le panier à salade. — La mutilation. — Jugement de Lacenaire. Sa main. — Fin mystérieuse sur François.

On partit ensuite pour Paris. Le jour était déjà levé : à la froide bise de la nuit avait succédé une température assez tiède pour faire fondre la glace des jours précédents. Le dégel avait eu lieu, et le *panier à salade* dans lequel étaient enfermés les deux criminels enfonçait à chaque instant ses roues dans les ornières bourbeuses de la route.

Une quinzaine de gardes nationaux en uniforme, échappés de leurs différents postes, plusieurs artistes dramatiques, des ouvriers allant à leurs travaux, et retenus sur le lieu du supplice par les apprêts de l'exécution qui avaient eu lieu aux flambeaux ; quelques dames en équipage, sortant d'un bal donné par un personnage officiel, et en quête d'émotions violentes, étaient déjà sur la place. Le reste des spectateurs se composait de filles publiques et de la lie de cette population suspecte qu'on rencontre sur le chemin de toutes les exécutions.

Avril sauta plutôt qu'il ne descendit de la voiture et se dirigea vers la guillotine d'un pas ferme et délibéré, avec les allures d'un homme qui va s'attabler à une guinguette. Lacenaire, lui, mit plus de lenteur dans ses mouvements, et, pendant que son complice était aux mains du bourreau, il s'informait de M. Allard, si telle ou telle personne était là, absolument comme un acteur prêt à entrer en scène. Il fit ensuite un petit signe au sous-chef de la police de sûreté. Le fonctionnaire s'approcha de lui.

—Voulez-vous me permettre de vous embrasser, monsieur Canler? lui dit-il à voix basse.

—Ma foi... non, répondit doucement et avec quelque hésitation celui-ci. Hier soir, oui; c'eût été avec plaisir, mais aujourd'hui, devant tout ce monde... franchement, je ne m'en soucie pas.

—Qui sait, disait plus tard M. Canler à ce sujet, qui sait si Lacenaire, que j'avais fait prendre, n'aurait pas profité de ce baiser pour m'enlever quelque morceau de nez ou de visage?...

Avant de se placer sur la planche fatale, Avril cria à son ami :

—Adieu, mon vieux Lacenaire! adieu, courage... j'ouvre la marche...

Et il répétait encore cet adieu, lorsque le couteau coupa sa phrase.

Le bourreau de Beauvais était venu en aide à son collègue de Paris. Pour empêcher Lacenaire de voir le supplice d'Avril, cet exécuteur voulut lui faire tourner le dos à la sanglante machine. Avec cette politesse cérémonieuse qui ne le quitta jamais, Lacenaire lui dit :

—Monsieur le bourreau, seriez-vous assez bon pour me laisser voir Avril?...

Il vit effectivement tomber cette tête; mais Dieu le punit de cette bravade en prolongeant son agonie.

Il arriva, en effet, pour cette exécution, ce qui s'était rarement vu. La guillotine était très vieille : aucun ouvrier de Paris ne voulait la réparer, et le bourreau et ses aides étaient obligés eux-mêmes, de temps en temps, de la raccommoder tant bien que mal.

Lacenaire gravit les degrés de l'échafaud et adapta sa tête dans la rouge lunette.

Il était déjà dans cette horrible position depuis plus d'une minute, — intervalle immense dans un pareil moment ! — que le couperet n'avait pas encore glissé dans la rainure qui l'emprisonne. Au lieu de tomber sur son cou, le triangle s'était arrêté en route...

Il fallut le remonter !

Pendant ce temps, par un suprême effort, Lacenaire se redressa sur ses coudes et regarda fixement l'instrument de mort, qui semblait reculer de lui avec horreur.

Peut-être aiguisait-il en ce moment suprême une dernière et funèbre moquerie, car sa bouche se crispait pour railler ; mais la mort faucha sur ses lèvres blêmes cette dernière plaisanterie. Une partie de son menton fut emportée... La veuve Chardon était vengée !

Ainsi périt cet homme dont la froide cruauté et l'impassibilité dans le meurtre sont devenues proverbiales. Sa tête cependant ne présente aucun caractère de férocité. Elle est volumineuse ; le front est large et bien formé ; les parties cérébrales destinées à l'intelligence sont plus développées que celles affectées aux appétits matériels. Il a été constaté, — et ceci donne un vigoureux démenti à la science de Spurzheim et de Gall, — que Lacenaire, *phrénologiquement*, avait toutes les bosses d'un homme bon, doux, sensible, religieux, ayant en horreur l'injustice et le vol, et à cent mille lieues de l'assassinat.

Mais comme une terrible contrepartie de ce crâne menteur, on m'a montré la main de Lacenaire, conservée par un procédé chimique. C'est la chose la plus sinistre qui se puisse voir! Cette main momifiée, aux doigts maigres et *canailles*, aplatis et élargis aux extrémités comme des têtes de jeunes serpents, explique la cruauté rampante de cet homme. Les poils qui la recouvrent ont des reflets sanglants lorsqu'on les regarde au prisme de la lumière. On dirait un débris de sépulcre égyptien. Elle sent encore l'odeur acre et pénétrante du baume mystérieux qui l'a maintenue jusqu'ici dans sa hideuse réalité. C'est bien là la main qui assassine les vieilles femmes dans leur lit.

Lacenaire, pris à l'improviste, au milieu de ses crimes, avait voulu se faire passer pour le vengeur des déshérités de ce monde, pour un assassin exerçant, avec sa tête pour enjeu, de sanglantes représailles contre une société marâtre. L'évidence de ce mensonge se démontre par le choix même de ses victimes, par le peu d'habilité qui présida à ses meurtres, et surtout par sa rage meurtrière contre ses dénonciateurs. Non, il n'y a pas d'assassin systématique, heureusement, encore moins d'assassin-poète! Les vers de Lacenaire sont là pour prouver qu'il n'avait aucun droit à déshonorer ce titre divin.

Ce scélérat ne manquait pas de cette instruction vague et incomplète que donne l'éducation universitaire, mais son amour-propre démesuré lui fit prendre ces notions banales pour du talent. Placé en face de son impuissance quand il lui fallut vivre de sa plume, il ne fut pas assez fort pour accepter la lutte, les durs labeurs et les souffrances de cette ingrate carrière des lettres. Alors il se drapa dans sa vanité, vécut de faux et d'escroqueries, et se choisit un auditoire d'hommes illettrés dont il devint l'oracle. Ses appétits matériels devenant de plus en plus tyranniques, la soif inextinguible et funeste dont il était affligé se développant sans cesse, il ne put jamais faire halte dans le chemin du crime.

C'est alors qu'abolissant en son âme d'athée la conscience, il se fit sans remords, pour vivre sans travailler, entrepreneur d'assassinats. La justice divine le fit trébucher sur un grain de sable. En se voyant à tout jamais perdu, il se cramponna en désespéré à son orgueil, et eut encore la force de mourir bravement après avoir composé lui-même une complainte sur sa vie.

Quant à François, il partit avec le dernier départ de forçats qui eut lieu à Bicêtre, et scandalisa la foule par l'immoralité de ses propos. Il se vanta d'avoir *fait voir le tour* aux jurés par ses discours devant les assises, et arriva au bagne en riant.

Quelques jours après son arrivée, nous a-t-on dit, il fut envoyé en mer avec d'autres forçats pour accomplir un travail pénible. Ses compagnons revinrent sans lui, et prétendirent qu'il s'était noyé. On se rappelle que François avait été le premier délateur dans l'affaire Chardon et que Lacenaire l'avait condamné à mort.

FIN

www.ingramcontent.com/pod-product-compliance
Lightning Source LLC
Chambersburg PA
CBHW060452170426
43199CB00011B/1174